이와나미서점 창업주

이와나미 시게오

나카지마 다케시 지음 · 김수희 옮김

이와나미 시게오岩波茂雄와 나의 만남은 아주 우연히 이루어졌다. 그것은 『도야마 미쓰루 옹 정전頭山滿翁正伝』을 열었을 때였다. 아시쇼 보葦書房에서 1981년 간행된 이 책은 전시戰時 중 발간될 예정이었다. 그러나 전세가 불리해지면서 출판은 어려워졌고 전후에는 오랫동 안 원고가 행방불명 상태였다.

전쟁 중 『도야마 미쓰루 옹 정전』 간행은 겐요샤玄洋社가 도야마의 미수米壽를 기념하여 기획한 것으로 '도야마 미쓰루 옹 정전 편찬위 원회'가 결성될 정도로 각별한 것이었다. 겐요샤는 일본 우익의 원 류로서 도야마는 그 상징적 존재이다.

내가 놀랐던 것은 이 『도야마 미쓰루 옹 정전』의 발행처가 애초에 이와나미서점이었다는 사실이다. 보통 이와나미서점이라고 하면 리 버럴 좌파 출판사라는 인식을 가진 사람이 많을 것이다. 우파 세력 에게 때로 눈엣가시 같은 존재로 비판을 받기도 한다. 그런 이와나 미서점이 왜 도야마 미쓰루의 전기를 출판하려 했던 것일까?

창업자 이와나미 시게오에 관심을 가졌던 나는 이와나미서점의 역사를 쓴 『이와나미서점 80년岩波書店八十年』을 펼쳐 보았다. 거기에 나 와 있는 전쟁 전의 출판 라인업에는 가케이 가쓰히코筧克彦 『신도神なが らの道』나 『요시다 쇼인 전집吉田松陰全集』 등이 포함되어 있었다. 이와나

2

미서점의 오너실에는 '5개조의 서약문五箇条の御誓文(1868년 메이지 천황이 천지신명
에게 서약하는 형식으로 공가나 제후 등에게 나타낸 메이지 정부의 기본방침)'이 크게 걸려 있었다고
한다. 전쟁 중에는 육해군에 전투기를 헌납하기도 했다.

이와나미 시게오란 사람의 정체는 과연 무엇일까?

여태까지는 아무래도 전후戰後(통칭 1945년 일본의 패전 이후)의 사회 상황이나
이와나미서점의 존재양식에서 비롯된 이와나미 시게오 상이 구축
돼 온 듯하다. 그러나 내셔널리스트를 연상시키는 일련의 언행들은
시류에 영합하는 행태라고 해석하기에는 너무나도 확신에 차 있다.
에피소드의 단편들로부터도 애국자로서의 강한 신념을 지닌 인간
이었다는 것을 쉽게 상상할 수 있다.

그와 동시에 이와나미서점이 창업 시부터 리버럴한 출판사였다
는 사실 또한 의심할 여지가 없다. 마르크스Karl Heinrich Marx의 번역본과
『일본 자본주의 발달사 강좌日本資本主義発達史講座』를 내면서 마르크스주의
자들에 의한 시류를 형성했던 것은 널리 알려져 있다. 권력의 측면
에서는 항상 언론 통제의 대상이 되어 몇 번이나 발간 금지 처분을
받았다.

그렇다면 이와나미의 행동 원리가 된 일관된 논리란 과연 무엇이
었을까?

그는 말한다.

『요시다 쇼인 전집』을 내는 마음가짐과 마르크스의 자본
론을 내는 것에 있어서 출판인으로서의 제 태도는 일관된

지조를 바탕으로 하고 있습니다.[이와나미 1998:154]

이와나미는 항상 의식적으로 자신이 내셔널리스트이자 리버럴리스트라고 주장했다. 그에게 있어서 양자는 일체의 존재이며 상호보완적 관계에 있었다.

이러한 논리는 어떠한 과정에서 형성되었고 이와나미서점의 출판활동에 어떻게 반영되었을까? 그 프로세스를 자세히 따라가 보는 것은 한 출판사의 사적을 되돌아보는 작업에 그치지 않고 근대 일본 정신사의 중요한 한 단면을 논하는 것이 되리라.

그러나 이와나미는 사상가가 아니다. 학자도 아니다. 그가 집필한 원고는 단편적인 것이 대부분이고 하나의 완결된 서적을 집필한 적은 한 번도 없다.

또한 이와나미서점의 출판물들이 이와나미의 사상을 그대로 반영한 것도 아니다. 이와나미는 자신의 서점에서 출판한 서적 대부분을 거의 읽지 않았다고 공언했다. 그는 독자적인 판단 기준으로 저자를 찾아내고 책의 집필을 의뢰했다. 이와나미의 사상이 곧 이와나미서점의 출판물이라고는 할 수 없다.

그러나 거기에는 이와나미의 일관된 논리와 기질이 존재한다. 그리고 그 안에 진정으로 이와나미서점이 근대 일본에 있어서 달성한 사상적 역할의 핵심 부분이 있다.

본서에서는 이와나미서점에 남겨진 방대한 문서를 하나씩 열어 이와나미 시게오의 본질을 추출하고자 시도한다. 우선은 이와나미서점에 부착된 특정 이미지를 벗겨내고 이와나미 자신의 가장 솔직한, 있는 그대로의 문장과 마주하는 것에서 작업을 시작한다. 출판사 역사상 새로운 시대를 연 획기적인 사항들을 쫓아가는 것보다는 이와나미의 논리와 인간상을 그려내는 것에 중점을 둔다.

이와나미는 많은 사람으로부터 사랑받았다. 표리 없는 솔직한 인간성은 많은 사람을 매료시켰다. 그 때문에 이와나미가 세상을 떠났을 때 이름 있는 혹은 무명의 무수한 사람들이 보낸 회상문도 수없이 많이 존재한다. 그의 기질과 일체화한 논리를 찾기 위한 사료는 의외로 매우 다채롭게 존재한다.

지금부터 이와나미 시게오라는 사랑스러운 출판인의 생애를 쫓아가 보고 싶다. 그를 통해 근대 일본의 리버럴 내셔널리즘의 고난을 살피고자 한다.

목차

커버 및 본문 중의 사진은 모두 이와나미서점 편집부에서 낸
『사진으로 보는 이와나미서점 80년寫真でみる岩波書店80年』 (이와나미서점, 1993)에
수록된 것이다.

일러두기

1. 이 책의 일본어 표기는 국립국어원 외래어 표기법을 따르되, 최대한 본래 발음에 가깝게 표기하였다.

2. 인명, 지명, 상호명은 일본어로 읽어주는 것을 원칙으로 하되, 극중에 처음 등장할 시에만 한자를 병기하였으며, 필요한 경우 옆에 주석을 달았다. 다만 지명의 경우, 소속 지명들과 같이 언급되었을 시에는 또다시 한자를 병기하였다.
   *인명
   예) 이와나미 시게오岩波茂雄, 나쓰메 소세키夏目漱石, 야나이하라 다다오矢内原忠雄
   *지명
   예) 나가노 현長野県, 요코하마横浜, 아타미熱海
   　　나가노 현諏訪郡 스와 군諏訪郡 나카스무라中洲村
   *상호명
   예) 뎃토쇼인鉄塔書院, 가이조샤改造社

3. 어려운 용어는 한자를 병기하였으며, 본문의 이해를 돕기 위해 필요한 경우 주석을 달았다. 모든 주석은 내용 이해를 돕기 위해 역자와 편집자가 붙인 것이다.
   *용어
   예) 선과選科(일부의 학과만을 선택하여 학습하는 코스)
   　　폐번치현廃藩置県(막부 시대에 지방 통치를 담당하던 번을 폐지하고 토지 지배 방식을 중앙 집권적으로 일원화한 행정 개혁)

4. 서적 제목은 겹낫표(『』)로 표시하였으며, 나머지 시리즈 명, 논문의 표제, 인용, 강조, 생각 등은 작은따옴표(' ')를 사용했다.
   *서적 제목
   예) 『아라라기阿羅々木』, 『마음』

5. 독자의 이해를 위해 예외적으로 한자음을 우리말로 표기한 부분이 있으며, 처음 등장할 시에만 주석으로 한자와 본래 일본어 발음을 병기하였다.
   예) 이와나미서점岩波書店(이와나미쇼텐), 세계世界(세카이)

6. 한국적 정서와 실정에 맞지 않는 일부 용어가 있으나, 인물의 의도나 행동양식을 나타내기 위해 원서의 용어를 그대로 사용하였다.
   예) 대동아전쟁

| 제1장 |
번민과 애국(1881-1913)

제일고등학교第一高等学校 동편 기숙사 15번 일동, 가운뎃줄 왼쪽으로부터 두 번째가 이와나미 시게오岩波茂雄.

탄생

나가노 현長野県 스와諏訪 분지.

그 중심에는 풍요로운 물을 머금은 스와 호수諏訪湖가 있다. 주변을 풍요로운 산들이 에워싸고 온갖 방향에서 강들이 모여든다. 호수 주변에는 호텔들이 즐비하고 관광객들이 산책한다. 간헐천이 뿜어져 나오는 옆을 백조 모양을 한 보트가 지나쳐 간다.

그러나 겨울의 추위는 혹독하다. 호수는 얼음으로 뒤덮이고 매서운 바람이 스쳐 지나간다. 호수 표면 위로 마치 산맥처럼 돌출된 얼음의 모습은 위쪽에 있는 신사의 남신이 아래쪽에 있는 여신을 만나러 갈 때 건너는 사랑의 길이라고 여겨지고 있다. 남신이 건너간 모습이 관측되면 신관들이 이를 인정하는 행사가 진행되고, 한 해 농사의 풍작과 흉작 여부와 세상의 온갖 길흉이 점쳐진다.

한가한 풍경 가운데 긴장감 넘치는 신성함이 감도는 스와. 1881년 8월 27일, 이와나미 시게오는 이 스와 호반의 한 마을에서 태어났다.

그의 아버지 이와나미 요시모토岩波義質는 몸이 약해 가업인 농사는 소작인에게 맡기고 관청에서 근무하고 있었다. 관청에서는 서기에서 시작해 가장 높은 자리 바로 아래까지 출세하여 집안 형편도 그리 어렵지 않았다. 이와나미 자신도 훗날 '시골에서는 중간 이상의 집'이었다고 회상하고 있다.[이와나미 1998:41]

우타うた 라는 이름의 어머니는 활달한 여성으로 훈육도 엄격했다. 이와나미의 성격이나 기질은 모친에게 물려받았다고도 일컬어진

다. 이와나미는 자신의 어머니에 대해 다음과 같이 쓰고 있다.

> 어머니는 학식이 높지는 않으셨지만 매우 활동적인 사람이었
> 습니다. 사내 같은 기질로 마을의 이런저런 일들을 혼자 힘으로
> 척척 해결하시거나 애국부인회 지부 창설에 힘을 쏟거나 마을을
> 위해 자주 진력하셨습니다. 또한 올바른 일은 끝까지 관철시키는
> 성실한 인간이었습니다.
> (중략) 어머니는 또한 친절하고 정이 많고 눈물이 많은 일면을 가
> 지고 있었습니다. 가난한 이들을 돌보셨고 소작인들에게도 무척
> 친절하게 대하셨습니다.[이와나미 1998:43-44]

이와나미가 도쿄에서 학창시절을 보낼 무렵 어머니가 상경한 적이
있었다. 그때 우에노 공원에 모시고 가자 어머니는 사이고 다카모리
西鄕隆盛(메이지 유신을 성공으로 이끈 일본의 군인, 정치가) 동상 앞에서 정중히 고개를 숙이
고 '사이고 님에게는 때때로 참배하도록 하여라' 하고 말했다. 이와
나미는 '어머니는 정의를 사랑했다'고 회고하고 있다.[이와나미 1998:43]
이와나미는 장남으로 여동생이 둘 있었다. 후에 이와나미가 가업
을 잇지 않았기 때문에 여동생 요시노世志野가 데릴사위를 맞이했지만,
요시노가 일찍 세상을 뜨자 데릴사위도 이와나미 가문을 떠났다.
이와나미는 활달한 아이였다. 공부도 잘 했지만 장난도 심했다.
또한 정이 많았는지 먹을 것이 있으면 혼자서 몰래 먹거나 하지 않
고 항상 친구들에게 나누어 주었다.[고바야시 1963:398]

집에서는 종종 농사일을 거들었다. 때로는 분뇨통을 짊어지거나 혹은 채소를 이고 마을에 팔러 가는 일도 있었다. 겨울에는 일요일마다 산에 올라가서 해온 땔나무를 마당 한가득 쌓아놓고 기뻐하곤 했다.[이와나미 1938a]

제가 노동을 고귀한 것으로 생각하고 노동자의 모습에서 신성함을 느끼는 것도, 혹은 적어도 보통 사람들만큼은 노력할 마음을 가지고 있는 것도 어린 시절 농사꾼 집안에서 자라 집안일을 돕거나 한 덕분이지 않을까 생각합니다.[이와나미 1938a]

그에게는 훗날 청경우독晴耕雨讀 생활을 동경하는 시기가 있었는데, 그 배경에는 이러한 어린 시절의 농경체험이 있었다.

사이고 다카모리와 요시다 쇼인

이와나미는 심상소학교尋常小学校 졸업 후 그대로 그 지역 고등소학교에 입학했다. 여기서 은사인 가나이 도미자부로金井富三郎를 만난다. 가나이는 이와나미를 '근면했던 사람', '연구열이 강했던 사람', '열혈 소년'이라고 평하며 인상 깊은 학생으로 회고하고 있다. 수학문제를 도저히 풀 수 없을 때는 방과 후가 되어도 자리에서 뜨지 않고 '아직도 모르겠다며 눈물이 글썽글썽했던 적'도 있었다. 가나이의 눈에는 '열심히 하려고 하는 의지로는 그가 반 학생 중에서 일

등'으로 비춰졌다.[가나이 1947]

이와나미에게 중요했던 것은 가나이의 교과 수업만은 아니었다. 가나이는 '영웅호걸의 전기나 세계 정황 등에 대한 이야기'를 했는데 이와나미는 그 이야기에 몰입했다.[가나이1947]

이와나미는 회고한다.

> 소학교 시절 선생님 중에서 지금도 기억에 남는 분이 한 분 계시다. 가나이 도미자부로라는 분인데 이분은 상당한 독서가셨다. 이나가키 만지로稲垣満次郎의 『동방책東方策』 같은 책들을 우리에게도 읽어주시곤 했다. 그것은 영국과 러시아가 일본 근해에서 그 패권을 겨룬다는 이야기였는데 그 사이에서 일본이 제대로 정신을 차리지 않으면 안 된다는 내용이었다. 그것을 매우 감정을 담아 토로하셨기 때문에 지금도 기억이 난다.[이와나미 1942a:8-9]

가나이는 사이고 다카모리에 대해서도 열심히 말했다. 이야기가 도중에 끝나면 이와나미는 '그다음 내용을 말해달라고 자꾸만 요구했다'고 한다.[가나이 1947] 이와나미는 가나이의 이야기를 들으며 우국의 정을 고양했다. 어머니는 그 지역 애국부인회 지부 창설에 진력한 인물이었기 때문에 이와나미의 애국심은 극히 자연스러운 형태로 길러졌다고 말할 수 있으리라. 가나이의 이야기를 들었던 것은 청일전쟁 직전부터 전쟁 중에 걸친 시기의 일이다. 그는 사이고의 전기를 반복해서 읽고 중학교에 진학하자 책상 옆에 사이고의 초상

이와나미의 출생지, 신슈信州(나가노 현長野県) 스와諏訪의 전경. 왼쪽 위는 스와 호수諏訪湖, 중앙 위는 기리가미네 霧ヶ峰 고원, 오른쪽 위는 야쓰가타케八ヶ岳, 쓰에쓰키토게杖突峠에서 촬영

이와나미의 생가, 나가노 현長野県 스와 군諏訪郡 나카스무라中洲村 나카가네코中金子

이와나미의 어머니 우타岩波うた

이와나미의 아버지 요시모토岩波義質

(목판화)을 걸었다.[이와나미 1998:64]

이와나미에게 있어서 사이고는 혁명적 애국자였다. 사이고는 에도 막부를 쓰러뜨리고 폐번치현廢藩置県(막부 시대에 지방 통치를 담당하던 번을 폐지하고 토지 지배 방식을 중앙 집권적으로 일원화한 행정 개혁)에 의해 봉건제를 타파했다. 그리고 의회제 도입을 모색하고 '일군만민—君萬民(한 사람의 군주에게만 권위가 있고 군주를 뺀 사람들은 모두 평등하다는 주장)'에 바탕을 둔 유신의 관철을 목표로 했다.

그러나 메이지정부는 사쓰마薩摩와 조슈長州을 중심으로 한 번벌정치(메이지 유신의 주역이었던 주요 번 출신자를 중심으로 이루어진 정치 세력이 군벌화한 것)를 전개했다. 사이고는 일부 특권화한 인간의 독점적 지배에 반발하고 세이난전쟁을 일으켰다. 사이고는 스스로가 만들어낸 정부를 자신의 손으로 공격해야만 하는 아이러니를 겪었다. 이와나미는 그 인간적 성실함과 유신을 완수하고자 하는 이념에 감동해 사이고를 경애했다. 이 생각은 요시다 쇼인吉田松陰에 대한 동경으로 이어진다.

도쿠토미 소호의 『요시다 쇼인』

중학교 시절에는 도쿠토미 소호德富蘇峰(근대 일본을 대표하는 언론인)가 쓴 『요시다 쇼인』을 읽고 감명을 받았다. 그는 '흥분하여 자기가 제2의 쇼인이라며 뛸 듯이 기뻐했다.'[이와나미 1933a]

『요시다 쇼인』은 1893년 12월에 민유사民友社에서 출판되어 훗날까지 널리 읽혔다. 도쿠토미 소호는 이때 30세. 참신한 필치로 쇼인을 묘사하며 동시대에 대한 통렬한 비평을 시도했다.

16

소호는 자유민권운동을 전개한 젊은 활동가들보다도 한 세대 젊은 세대였다. 그래서인지 '늦게 온 세대'로서 자유민권운동에 대해서는 냉담했다.[요네하라 2003:35] 그는 1886년 23세 때 세대교체를 호소했던 『장래의 일본将来之日本』으로 충격적인 데뷔를 했다. 이후 잡지 『국민의 벗国民之友』을 창간하고 '평민주의'를 외치며 신세대 청년들을 고무시켰다.

 소호의 '평민주의'가 내셔널리즘 색채를 농후하게 띠기 시작한 것은 1890년대 전반이었다. 그는 조약개정문제에 대해 적극적으로 발언하고 차츰 대외강경론을 전개하게 되었다. 그의 번벌정치 비판은 '국민주권의 요구'로 변했고, 조약개정론은 '국가주권의 확립'이라는 주장으로 발전했다. 내정·외교에 관한 논의가 양쪽 모두 내셔널리즘에 수렴되어 갔다. 그리고 이러한 논리전개가 '요시다 쇼인의 발견'으로 이어졌다.

 소호의 『요시다 쇼인』에는 ①강연필기판, ②『국민의 벗』 연재판, ③초판, ④개정판의 네 가지 버전이 있다. 강연필기판이 공표된 것은 1892년 3월이고 그 원고를 바탕으로 한 연재는 같은 해 5월부터 9월에 걸쳐서 진행되었다. 이것을 가필한 것이 초판이고 1893년 12월에 출판되었다. 개정판은 1908년 출판이기 때문에 이와나미가 읽었던 것은 초판이다.

 초판의 특징은 쇼인을 묘사함으로써 '메이지 유신 정신'을 다시금 생각해 보고, 곧바로 그 비판의 칼끝을 메이지 유신의 원로들에게 향했다는 점이다. 쇼인은 혁명적 내셔널리스트라고 자리 매겨지며 그 젊디젊은 '진정성', '진지함'이 강조되었다. 소호는 '제2의 메이지 유신'의 중요성을 강조하고 요시다 쇼인을 이상적인 혁명가 모델로 보았다.

이와나미는 1934년 이와나미서점岩波書店(이와나미쇼텐)에서 『요시다 쇼인 전집』을 간행했는데 그때 다음과 같이 쓰고 있다.

> 소호가 저술한 『요시다 쇼인』을 애독하고 그 말미에, '메이지 유신의 사업이 중도에 좌절되어 제2의 유신을 요구할 때가 되었다, 이를 짊어지고 일어설 자 누구뇨'라는 의미의 문구에 이르러서는 피가 끓고 온몸이 약동하는 것을 느꼈다.[이와나미 1934a]

이와나미는 쇼인을 통해 '제2의 메이지 유신'에 대한 의욕을 키우게 되었다. 이것은 세이난전쟁을 일으킨 사이고에 대한 경애와 일맥상통하고 있다.

이와나미가 매료되었던 쇼인은 소호가 제시한 혁신적 내셔널리스트로서의 모습이었다. 메이지 유신에 의해 새로운 시대가 막을 열었지만 시간이 흐르자 번벌정치가 굳어지고 유신의 정신은 황폐해졌다. 다시 한 번 원점으로 돌아가 현 상황을 타개하기 위해서는 유신의 대업을 상기하고 '제2의 메이지 유신'을 수행하지 않으면 안 된다. 그렇게 생각했을 때 사이고 다카모리와 요시다 쇼인의 생애가 이와나미의 동경의 대상이 되었다.

이와나미는 두 인물상에도 강한 감화를 받았다. 친구인 미야사카

아키라宮坂春暉에게는 '사이고 다카모리와 같은 담력, 요시다 쇼인 같은 기개가 없으면 안 된다'며 수차례 열변했다.[미야사카1947] 이와나미는 훗날 『인물평론人物評論』 편집부에게서 받은 '20세 전후에 사숙하신 인물'이라는 질문에 '사이고 다카모리'와 '요시다 쇼인'이라고 답변하고 다음과 같이 말하고 있다.

> 형제들을 위해 목숨을 버리고, 시로야마城山(사이고 다카모리가 결전 후 자진한 지역)의 이슬로 사라진 당당한 남아 사이고 선생님의 심경과 진실, 지성至誠의 화신이라고도 말할 수 있는 쇼인 선생님의 품격은 내 소년 시절의 목표였다.[이와나미1933a]

쇼인에 대한 존경심은 전 생애에 걸쳐 지속되었으며 1939년 11월 『요코하마 청년橫浜青年』에서도 '존경하는 인물'에 대해 질문을 받자 '요시다 쇼인'이라고 대답했다. 시대가 어려워질수록 사이고와 쇼인에 대한 마음은 더 절실해졌다.

이와나미의 내셔널리즘은 가나이 선생님의 영향으로 시작해 사이고 다카모리, 요시다 쇼인에게 이끌리는 마음에 의해 정착했다. 여기서 싹튼 애국심은 훗날 그의 리버럴리즘이나 데모크라시 론과 통합되는데 이때까지는 아직 그 논리를 완전히 자각하기 전이다. 그러나 봉건제 타파에 힘을 쏟았던 지사들에 대한 존경심은 리버럴·내셔널리스트로서의 첫 번째 발걸음이 되었다.

고등소학교 시절에는 직접 교우회를 창설하여 회장이 되었고 연구회나 토론회를 개최하는 등 여러 방면에서 활약했다. 학교에서도 상위권 성적을 유지했다. 학구열도 강했다. 때문에 그는 졸업이 다가오자 중학교 진학을 희망했다.

그러나 부모들은 장남이었던 이와나미가 가업을 이어줄 것을 바랐다. 그는 스스로의 의지를 관철해 부모를 설득했고 결국 스와실과중학교諏訪實科中學校로 진학했다.

훗날 이와나미는 다음과 같이 회상하고 있다.

시골이었고 가업도 이어야 했기 때문에 진학을 반기는 분위기는 아니었다. 그 당시 농사일을 하는 사람들은 대부분 소학교 정도만 나오는 것이 보통이었다. 중학교에 간다는 것은 상당히 드문 일이었는데도 나는 꼭 가고 싶다고 했기 때문에 결국 부모님께

스와실과중학교諏訪實科中學校 전교 학생, 앞줄 오른쪽으로부터 네 번째가 이와나미, 1898년

서 허락해 주셨다.[이와나미 1942a:5-6]

이와나미는 어떻게든 무사히 중학교에 입학했지만, 그 후 시련이
찾아온다.

아버지의 죽음

1894년 1월 5일.

아버지가 갑자기 돌아가셨다. 이와나미는 당시 14세. 중학교 1학
년이었다.

외출했다가 집에 돌아오자 아버지는 고타쓰에 누워있었다. 그 모
습은 '뭔가 괴로워하고 있는 듯'했다. 아버지는 '할 말이 있다'고 했
다. 그러나 이와나미는 먼저 의사를 불러야 할 것 같아 집을 뛰쳐
나갔다.[고바야시 1963:400]

가미스와上諏訪에 있는 의사에게 갔는데 공교롭게도 사정이 있다
며 진료를 거절했다. 방법이 없어 집으로 돌아오려 하자 나막신의
끈이 떨어졌다. 불길한 예감이 들었다. 집에 돌아왔을 때 아버지는
이미 숨을 거둔 후였다.

이와나미는 아버지의 마지막 이야기를 듣지 못한 것을 후회했다.

나중에 생각해 보니 아버지 스스로 마지막이라는 것을 알고 나
에게 무언가 말하고 싶은 것이 있었던 것 같다. 이제는 영원히 알

수 없는 것이 되었다.[고바야시 1963:400]

이와나미는 비탄에 빠졌다. 효도도 하지 못한 채 아버지가 이 세
상을 떠났다는 것에 몹시 침울해졌다. 그 '한탄'은 심각했다. 그 고
통으로부터 좀처럼 회복되지 못한 채 '반년 정도는 멍하니 있었
다.'[이와나미 1942a:2]

약 2년 후인 16세 때 쓴 문장에는 당시의 상태를 다음과 같이 쓰
고 있다.

나는 넋이 나가고 정신이 혼미해져 망연히 어찌해야 할 바를 모른
채 꿈인지 생시인지 정신을 차리지 못했다. 수개월간 우울하고 무상
한 마음이 가슴에 가득차서 헤어날 길이 없었다.[이와나미 1998:31]

그는 이 무렵 자주 하쿠분칸博文館의 잡지에 문장을 투고했다. 내용
은 아버지를 잃은 슬픔에 대해서였다. 이때의 고뇌와 내성은 이와
나미의 인생에 늘 존재하는 번민의 토양이 되었다.

그 무렵 접했던 것이 『효경孝經』의 '출세하여 후세에 이름을 날려
부모를 드러내는 것이 효도의 마지막이다'라는 구절이었다. 그는
'계속 한탄만 한들 도리가 없다는 체념과 동시에 그보다는 열심히
해야지 하는 마음도 들었다.' 마침내 '어둠에서 광명으로 나온 것
같은' 긍정적인 의욕을 되찾았다.[이와나미 1942a:3]

그러나 문제는 이어졌다.

이와나미는 장남이었기 때문에 집안의 대를 이어야 했다. 아버지는 몸이 약했기에 직접 농사를 짓지는 않았지만 본래 이와나미 집안은 농가이다. 아버지가 세상을 떠났기 때문에 아버지 직장에서 나오는 수입은 없어졌다. 지금까지처럼 소작인들에게 소작료를 주며 따로 사람을 부릴 형편도 못되었다. 당연히 이와나미의 친척들은 이와나미에게 농사일을 이어받으라고 요구했다.

그 때문에 그는 중학교를 퇴학할 수밖에 없었다. 어떻게든 공부를 계속하고 싶었지만 집안 사정은 그를 그렇게 두지 않았다.

이와나미는 농사일에 전념하기 시작했다. 그러나 공부를 향한 의욕은 사라질 줄 몰랐고 반년 후에는 중학교에 다시 복학하기에 이르렀다.

이세신궁에서 가고시마로

복학 후 1897년 12월. 이와나미는 여행을 떠나게 되었다.

당시 마을에는 '이세고伊勢講 ('고講'란 에도 시대 유행한 서민들이 조직한 일종의 여행 계 조직)'가 있었다. 1년에 한 번, 이세고의 대표자가 이세신궁伊勢神宮에 참배를 하고 부적을 받아 멤버들에게 나눠주는 것이 관례였으나 이 해에는 아무도 갈 사람이 없었다. 그래서 이와나미가 입후보했다.

당시에는 아직 16세 소년. 멤버들은 설마 진짜로 갈 거라고는 아무도 생각하지 않았다. 그러나 그는 집에 돌아가 어머니를 설득하여 결국 허가를 받았다.

평소에 행해지는 이세신궁 참배는 여럿이 같이 가는 형태였으나 이 해에는 이와나미 이외에 희망자가 없었기 때문에 그가 홀로 가게 된다. 태어나서 처음으로 혼자 여행을 해 보는 순간이었다.

12월 30일 이와나미는 스와에서 도보로 고후甲府까지 와서 가지카자와鰍沢에서 후지가와富士川까지 배를 타고 내려와 니치렌종日蓮宗 총본산 미노부산身延山 구온지久遠寺를 참배했다. 그리고 나고야名古屋를 거쳐 야마다山田에서 하루를 머문 후, 1월 2일에 목적지인 이세신궁을 참배했다.

그러나 그는 여기서 여행을 멈추지 않고 교토京都로 향했다. 교토행의 목적은 묘신지妙心寺 다이호인大法院에 있는 사쿠마 조산佐久間象山의 성묘를 위해서였다. 조산은 쇼인松蔭의 스승으로 도쿠토미 소호의 『요시다 쇼인』에도 자세한 기술이 있었기 때문에 이와나미에게 있어서는 동경의 대상이었다.

훗날 이와나미는 다음과 같이 회상하고 있다.

교토의 첫 여정으로 사쿠마 조산의 성묘를 했다. 당시 조산에 대한 책들을 읽고 있었기 때문이다. 중학교 시절에는 요시다 쇼인, 사쿠마 조산 등 메이지 유신의 지사들에게 끌리는 마음이 무척 컸다. 중학교 시절에도 사이고 다카모리의 목판화 등이 있어서 내 책상 옆에 붙여두고 있었던 것 같은 기억이 난다. 그래서 조산의 사진을 사 왔다.[이와나미 1942a:23]

그는 이후 운명적인 만남을 하게 된다.

관광을 위해 도지東寺(교토京都에 있는 불교사원)로 향하고 있을 때 한 남자에게 길을 물었다. 남자는 일본 전통 복장 위에 서양식 외투를 걸친 차림으로 게타를 신고 있었다. '도지에 가려고 하는데 어찌 가야 하는지' 묻자, '나도 가니 함께 가자'고 했다. 그 남자가 선배이자 벗으로 막역한 사이가 되는 기야마 구마지로木山熊次郎였다.[이와나미 1942a:23-24]

기야마는 1907년에 『내외교육평론内外教育評論』을 창간한 인물로 『희망의 청년希望の青年』, 『정세와 교육国勢と教育』, 『사회주의운동사社会主義運動史』 등의 저술로 유명하다. 당시에는 아직 제일고등학교第一高等学校 학생으로 교토에는 여행을 위해 방문하고 있었다.

두 사람은 서로 '나는 스와중학교', '나는 제일고'라고 자기소개를 했다. 이때 이와나미는 '제일고'가 무엇의 약자인지를 몰랐는데, 그것이 '제일고등학교'를 의미하는 것임을 알자 '그렇다면 나도 동경하는 학교이다'라고 말해 기야마도 이와나미에게 흥미를 나타냈다.[이와나미 1942a:124]

두 사람은 도지에서 히가시야마東山의 아미다가미네阿弥陀身ヶ峰로 가서 도요토미 히데요시豊臣秀吉의 묘에도 참배했다. 여기에 있는 돌계단 위에서 교토의 거리를 내려다보며 서로 이야기를 나누었다. 기야마와는 상경 후에 재회하여 가까운 의논 상대가 된다.

그 후 이와나미는 서쪽을 향해 계속 걸어갔다. 그는 고베神戸에서 배를 타고 곧장 가고시마鹿児島로 향했다. 그 목적은 동경해 마지않던 사이고 다카모리의 성묘였다. 배 안에서는 난생처음으로 서양인을 보았다. 그는 과감히 말을 걸거나 하며 배 여행을 즐겼다. 여행 전까지 스와를 떠난 적이 없었던 그는 태어나서 처음으로 바다를 보았다.

가고시마에 도착하자 사이고 다카모리 관련 옛 유적들을 여기저기 방문하였다. 그리고 류큐琉球(현재의 오키나와)로 가볼까 하는 생각이 들어 부두까지 갔다. 그러나 배가 막 떠난 참이었기 때문에 단념하고 규슈九州 전체를 여행하기로 했다. 구마모토熊本, 나가사키長崎를 돌아볼 때쯤 가지고 있던 돈이 바닥났다. 그는 다케오시武雄에 들러 여행 도중에 사귄 사람에게 돈을 빌려보려고 했지만 찾을 수가 없었다. 그래서 스와중학교에서 히로시마広島의 사범학교로 전근 가신 선생님을 방문하여 돈을 빌리고 도쿄東京를 경유한 후 스와로 돌아왔다. 약 20일간의 여행이었다.

여행 전에 가족이나 마을 사람들에게는 이세신궁에 들른 이후의 여행 계획을 말하지 않았다. 그 때문에 이와나미의 여행이야기에 가족들은 '깜짝 놀랐다.'[이와나미 1942a:31]

자유를 향한 갈망, 스기우라 주고에 대한 경애심

여행에서 돌아온 이와나미는 중학교에서의 학업을 재개했다. 그러나 점차 학교에 대한 불만이 쌓여만 갔다.

고등소학교 때의 가나이 도미자부로 같은 경애하는 은사도 만나지 못한 채 점차 초조해지기만 했다. 중학교 4학년이 되자 '학교 교육 자체에 매우 압박감을' 느끼게 되었다. 스와실과중학교는 교칙이 엄격했다. 인사를 할 때의 각도까지 정해져 있어서 '규칙 안에 갇힌' 상태였다.[이와나미 1942a:11]

갑갑하고 불만족스러운 학교 생활에 고민하기 시작했던 그는 '도저히 견딜 수 없어' 전학을 생각하게 되었다.[이와나미 1942a:11]

마침 그러한 때 스기우라 주고杉浦重剛가 교장으로 근무하는 일본중학교日本中学(현재의 일본학원중학교日本学園中学. 일본의 사학으로 손꼽히는 학교로 당시에는 제국대학 진학을 목표로 하는 젊은이들을 위한 예비학교로 전국에서 영재가 모였다)에 대한 소문을 듣게 된다. 일본중학교는 '방임주의'에 '자유 창달의 분위기'라는 것을 알고 강한 동경심을 품었다.[이와나미 1942a:11-12] 사이고 다카모리나 요시다 쇼인을 존경하고 있었던 이와나미에게 있어서 구태의연한 권위주의는 타파 대상이었다. 그는 자유와 자립을 갈망하여 도쿄에 있는 일본중학교로 편입할 생각을 하게 되었다.

당시 스와실과중학교에서는 동급생의 퇴학이 이어졌다. 하급생은 폐쇄적인 학교 방침에 반발하고 집단행동에 돌입했다. 반항한 학생들은 퇴학 처분을 받고 학교를 떠나갔다. 이와나미가 느끼는 실망과 반감은 더더욱 커질 뿐이었다.

이와나미는 마음 깊숙이 자유를 열망했다. 규칙에 얽매여 상명하달이 절대시되는 사회는 정말 진저리쳐졌다. 소호의 『요시다 쇼인』에 영향을 받고 있었던 그에게 교장을 비롯한 교원들은 메이지 유신의 정신을 잃은 원로들과 똑같은 존재들이었다. 쇼인의 뜻에 회귀함으로써 새로운 시대를 열어야 한다고 생각하고 있던 그는 스와를 벗어나 상경하여 자유스러운 교풍의 일본중학교로 가고 싶은 마음이 강해졌다.

그러한 이와나미에게 스기우라 주고의 존재는 눈부시게 보였다. 스기우라는 1855년 오미제제번近江膳所藩 (현재의 시가 현滋賀県 오쯔 시大津市) 유학자 가정에서 태어난 메이지 제2세대이다. 이 세대의 특징은 유소년기에는 한학 교육을 받고 청년기에는 메이지정부의 서구화 정책의 일환으로 신설된 제국대학 등에서 서양적 학문 지식을 몸에 익혔다는 점에 있다. 스기우라도 막부 말기에 고향에서 한학·유교적 교양을 배우고 메이지 유신 후(1873년) 대학남교大學南校(도쿄제국대학의 전신)에서 영어보통과에 다녔다.

스기우라는 제2회 문부유학생 화학부문에 선발되어 1876년, 영국으로 유학을 갔다. 그는 여기서 서양의 선진문화를 접하며 내셔널리스트로의 자각을 굳히게 된다. 귀국 후에는 이학자로서 활약하는 한편 교육에 대한 정열을 불태워 1885년에는 도쿄영어학교東京英語學校를 창설하고 젊은 인재 양성에 매진한다. 이 도쿄영어학교가 1892년에 명칭을 바꿔 일본중학교가 된 것이다.

스기우라는 언론인으로서도 활약하여 1888년에는 미야케 세쓰레이三宅雪嶺, 시가 시게타카志賀重昻 등과 함께 세이쿄샤政教社를 결성했다. 세이쿄샤는 잡지『일본인日本人』을 창간하고 급속한 서구화주의에 대해 지속적으로 비판했다. 이것은 유신의 뜻을 잃은 메이지 유신 원로들에 대한 신세대의 반발로서 자유민권운동의 연장선상에서 싹튼 새로운 내셔널리즘 운동이었다.

이와나미는 스기우라의 리버럴하면서 동시에 애국적인 자세에 깊이 공감했다. 또한 스기우라가 의를 존중하고 지성至誠으로 사는 것을 교육방침으로 하고 있다는 점에도 끌렸다. 그는 일본중학교에 대해 더더욱 간절한 마음을 가지며 스스로의 처지와 생각을 담은 편지를 스기우라에게 보내게 되었다.

청원서

1898년, 이와나미는 '청원서'를 쓰고 스기우라에게 보냈다. 거기서 이와나미는 아버지를 잃은 사실을 언급한 후 다음과 같은 포부를 쓰고 있다.

> 뜻하는 바는 무엇이랴. 말하자면 힘이 닿는 한 학식을 연마하고 인물을 양성하여 사회에 나가는 새벽녘에는 지성至誠으로 일관하여 작금의 부패한 사회를 개혁하고 국가를 위해 온몸을 바쳐 대사업을 이루고 우선은 황은皇恩에 보답하고 그 다음에는 돌아가신 아버지의 넋을 위로하여 다소나마 효도의 마지막을 이루고자 함에 있다.[이와나미 1998:31]

이와나미는 '지성至誠'에 의해 부패한 사회를 개혁하는 것을 스스로의 '뜻하는 바'라고 호소했다. 그리고 국가를 위해 몸을 바치고 '대사업'을 이뤄내는 것이야말로 '황은'에 보답하고 돌아가신 부친의 넋을 위로하며 효도 하는 것이라고 주장했다.

그러한 이와나미의 눈에 최근의 엘리트들은 문제가 있는 존재였다.

> 작금의 수재라는 자들을 보면 박학하기는 해도 국가적 관념이
> 없다. 필경 그 재주는 국가에 해가 될 것이다. 몽매한 인민은 글자
> 따위는 모른다 해도 그 마음은 광풍제월光風霽月과 같다.[이와나미 1998:31]

이와나미는 이어서 이토 히로부미伊藤博文를 비판한다. 이토가 세 번째 수상으로 막 취임했을 무렵이었다. 이토에 대해서 그는 '때론 교활한 속임수로 위를 흐리게 하고 아래를 기만하는 일 없지 않았다'고 회의적인 마음을 드러냈다.[이와나미 1998:31]

뛰어난 정치적 속임수에 의해 '큰 인물', '큰 영웅'이라고 칭해졌던 이토 히로부미는 이와나미에게 있어서 존경할 가치가 없는 인물이었다. 그는 메이지 유신의 정신을 상실하고 사회를 황폐하게 만든 원흉이었다.

이와나미는 말한다.

> 그 기량이나 수완은 이토 후작에게 훨씬 미치지 않지만 이타가
> 키 백작을 받들어 존경한다. 왜냐하면 이타가키 씨는 지성至誠에
> 서 시작하여 지성으로 끝나는 진정한 인물로서 가면을 쓰지 않았
> 기 때문이다. 그렇기 때문에 이타가키 백작을 고지식한 바보라고
> 칭하는 자도 있지만 나는 그 분을 믿는다.[이와나미 1998:31-32]

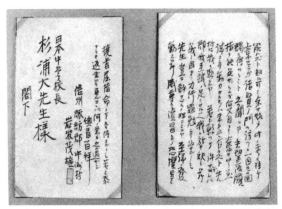

일본중학교日本中学 교장 스기우라 주고杉浦重剛에게 보낸 청원서(말미 부분), 1898년

　이와나미에게 있어서 존경할 만한 인물은 이토보다는 이타가키 다이스케板垣退助였다. 당시 제3차 이토 내각이 총사퇴를 한 후 중의원 제1당이었던 헌정당憲政党의 수반 오쿠마 시게노부大隈重信와 이타가키에 의한 오쿠마 내각이 탄생했다. 헌정당에서는 구 진보당 계열의 오쿠마를 수상으로 하는 대신 구 자유당 계열의 이타가키를 내무대신으로 앉혀 '오쿠마-이타가키 내각'을 형성했던 것이다. 이 내각은 일본 최초의 정당 내각으로 칭해진다.

　이와나미는 자유민권운동을 벌이며 내각의 중추에 이른 이타가키를 높이 평가했다. 이타가키의 '애국'은 국민주권의 요구와 일치하는 것이었다. 이타가키는 번벌정치를 비판하고 특권화된 일부 인간에 의한 정치체제를 비판해 왔다. '애국'을 이름에 내건 정당('애국공당愛国公党', '아이코쿠샤愛国社')을 결성하고, 민선의원설립을 지속적으로 요구한 자유민권운동은 국민주권 내셔널리즘의 표현이었다.

이와나미는 이타가키의 행보에 리버럴한 내셔널리즘의 존재양식을 발견했다. 내셔널리즘의 시작은 독점적 정치 체제에 대한 주권요구 운동으로 형성된다. 베네딕트 앤더슨Benedict Anderson이 『상상의 공동체想像の共同体』에서 언급한 바와 같이 국가란 '주권을 가진 정치공동체라고 상상할 수 있다.'[앤더슨 1997:25] 사이고 다카모리, 요시다 쇼인의 내셔널리즘은 이와나미에게 있어서 '지성至誠'에 바탕을 둔 국민주권의 요구였다. 그 정신은 자유민권운동으로 이어져 평민주의를 부르짖는 도쿠토미 소호에게 계승되었다. 또한 번벌정치·서구화주의 비판으로 국수파의 중핵이 된 세이교샤政教社도 이와나미 안에서는 동일한 흐름으로 파악되었다. 이와나미에게 있어서 스기우라에 대한 경애심은 국민주권 내셔널리즘에 대한 정열의 연장선상에 있었다.

이와나미는 스기우라에게 호소한다.

> 저는 사이고 선생님을 존경하여 가르침을 청하고자 했고 요시다
> 선생님을 친애하여 지기知己가 되길 희망하는 사람입니다. 저는 이
> 미 혼돈스러운 작금의 세상에 분개하고 이를 차마 견디지 못하였나
> 이다. 그리하여 저를 여기로 지망하도록 이끄셨습니다.[이와나미 1998:32]

이와나미는 스기우라에게 일본중학교로 입학하길 희망하며 서생書生으로 받아줄 것을 간절히 호소했다. 어려운 가정 상황을 솔직히 털어놓고 도쿄에서 배우고 싶다는 의욕을 나타냈다. 더는 모친에게 금

전적인 부담을 지울 수는 없었다. 우유 배달이든 뭐든, 어떤 일이라도 할 수 있으니 그렇게라도 공부하고 싶다. 그러니 반드시 자신을 받아주길 바란다. 스기우라 밑에서 공부하고 싶다. 그렇게 호소하며 회답해 주길 요구했다.

아아, 선생님. 제가 간절히 원하는 것은 선생님이십니다.
선생님, 원컨대 저의 어리석음을 내치지 마시고 불행하고 가련한 아이의 지성스러운 마음을 가엾이 여기셔서 저를 서생으로 받아주옵소서. 선생님, 허락해 주시겠습니까? [이와나미 1998:34]

이 편지를 받은 스기우라는 서생으로 두기는 어렵지만 어찌 됐든 한번 상경해 보라는 편지를 보냈다.
이와나미는 결의를 굳히고 어머니에게 간절히 호소했다.

'저에게는 재산도 그 무엇도 필요 없습니다. 누이에게 주시고, 저에게는 자유를 주시옵소서.'[이와나미 1940a]

아버지도 안 계신 마당에 가업을 이어야 할 이와나미가 고향을 떠나 도쿄로 가는 것을 친척들이 용인할 리 없었다. 실제로 어머니는 쉽게 허락해 주지 않았다. 그러나 이와나미의 열의에 압도되었는지 어머니는 '네가 그렇게까지 원한다면'하고 결국 무단으로 상경한 것처럼 해서 이와나미가 원하는 대로 해 주었다.[이와나미 1940a]

마침내 이와나미가 스와를 벗어날 때가 온 것이었다.

상경, 그리고 일본중학교로

1899년 3월.

이와나미는 스와실과중학교 4학년을 수료했을 무렵 상경했다. 도쿄에 도착하여 우선 만나러 간 사람은 교토에서 만났던 기야마 구마지로였다. 그는 제일고의 기숙사를 찾아가서 오랜만의 재회에 기뻐했다. 기야마는 이와나미를 스와번의 기숙사 조젠칸長善館에 데리고 가서 체재할 수 있는 곳을 확보해 주었다.

이와나미는 다음 날 세타가야世田谷에 있는 쇼인 신사松蔭神社를 참배했다. 그리고 일본중학교 시험에 대비했다.

4월 4일, 그는 일본중학교 5학년생 편입시험에 임했다. 시험은 어려웠다. 특히 도쿄영어학교를 전신으로 하는 일본중학교는 영어 레벨이 높았다. 영어 시험은 시골 중학교에서 받았던 교육으로는 도저히 당해낼 수가 없었다.

결국 이와나미에게는 불합격이 통지되었다.

납득할 수 없었던 그는 '당치 않아, 당치 않아'하고 분개했다. 그리고 '이토록 스기우라 선생님을 흠모했는데 받아주질 않는다면 나는 이제 죽어버릴 거야'라고 소동을 벌였다.[모리야 1947]

이와나미는 스기우라에게 직접 담판을 지으러 갔다. 그러나 스기우라는 '합격하지 못한 이상 어쩔 수가 없다'고 되받아쳤다.

그래도 이와나미는 물러서지 않았다. 그는 말했다.

저는 4, 5일 전 선생님을 흠모하여 일본중학교에 입학할 결의를 하고 시골에서 올라왔습니다. 다른 학교에 들어갈 마음은 추호도 없습니다. 일본중학교에 넣어주시지 않는다면 죽는 길밖에는 달리 없습니다. 고향으로도 차마 돌아갈 수 없습니다.[모리야 1947]

그는 필사적으로 간절히 탄원하다 마지막에는 '받아주시지 않는다면 여기서 움직이지 않겠다'고 말했다. 스기우라는 그런 모습에 마음이 움직여 재시험을 인정했다. 그 결과 이와나미의 입학은 인정되었고 당당히 일본중학교 5학년생으로서 새롭게 출발할 수 있었다.

일본중학교에서의 학교생활은 스와하고는 전혀 다른 것이었다. 시골 교육은 억압적인 '사범주의'였던 반면, 일본중학교의 교풍은 자유로웠다. 교사와 학생들 간의 관계도 형제처럼 이어져 있었고 '매일 매일 자기 하고 싶은 대로 할 수 있었다.' 교실 좌석도 정해져 있지 않았다. 공부하고 싶은 사람은 아침 일찍 학교에 와서 앞자리를 잡고 낙제생은 뒷자리에서 놀았다. 이와나미는 너무나도 기뻐서 어찌할 바를 몰랐다. '온갖 규칙으로 가득찼던 곳으로부터 규칙 따윈 전혀 개의치 않는 세계로 왔다'는 것에 대한 해방감을 기뻐했다.[이와나미 1942a:33]

이와나미는 몇 번인가 후배들을 데리고 우에노 공원에 갔다. 목적은 사이고 다카모리 상이었다. 그는 상 앞에서 가장 최대한으로 공손히 경례하고 후배들에게도 그렇게 하도록 명했다. 주변 사람들이 낄낄거리며 웃고 있었지만 전혀 개의치 않았다.

친구들과 먼 곳에 다녀와 보기도 했다. 다소 무모한 행동도 허락되었다.

그는 알찬 1년간을 보냈다. 개성이 존중되는 나날은 기분이 좋았다. 순조롭게 학업에 정진할 수 있었고 졸업 때의 성적은 100명 정도의 학생들 가운데 25번째였다.

1900년 3월 이와나미는 일본중학교를 졸업했다. 그리고 동경해 마지않던 제일고등학교 입학을 위한 준비에 집중했다.

제일고등학교 입학

1900년 7월 이와나미는 제일고등학교 수험에 임했다. 그러나 결과는 불합격이었다. 그는 1년간 재수하기로 하고 그대로 도쿄에 머물렀다.

다음 해 합격을 목표로 수험공부를 재개하기는 했지만 심신의 균형을 잃었고 신경쇠약에 시달렸다. 그 때문에 10월부터 이토伊東에 있는 료칸旅館의 한 방을 빌려 휴양하게 되었다.

처음에는 반년간 충분히 휴식만 취하려고 마음먹었다. '해안 생활이 난생처음이었기 때문에 3개월이 지나자 몸이 무척 좋아졌다.' 12월 후반이 되자 몸 상태는 완전히 회복되어 더는 휴양에 전념할 필요가 없어졌다.[이와나미 1942a:38]

일본중학교 무렵

이 해의 마지막 날은 마침 20세기의 서막을 올리는 날이었다. 그는 이 순간을 도쿄에서 맞이하겠다고 생각하고 12월 31일 귀경했다. 혼고本鄕에 있는 하숙집 호쿠신칸北辰館에서 새로운 해를 맞이하고 이후 수험공부에 몰입했다.

다행히도 1901년 7월 이와나미는 제일고등학교에 합격했다. 9월에는 그토록 바라던 입학을 할 수 있게 되었고 당당히 1학년생이 되었다.

이 해 제일고등학교에서는 전교생이 기숙사에 입사하는 제도가 도입되었다. 자치 기숙사가 발족된 것은 11년 전인 1890년으로 당시 교장 기노시타 히로지木下廣次가 하숙 문화를 싫어했던 것이 발단이었다. 기노시타는 학생을 세상의 '악습'으로부터 격리하여 면학에 집중시키기 위해 '농성주의籠城主義'를 부르짖었다. 그리고 입학자 전원이 기숙사에 들어갈 것을 검토하고 일사천리로 자치 기숙사를 건설했다.

이때는 자금 부족 때문에 모든 학생의 기숙사 입사는 실현되지 않았지만 1900년 9월이 되자 새롭게 3개 동의 기숙사가 건설되어 전교생을 수용할 수 있을 정도가 되었다. 이와 아울러 1901년 1월 '본교 생도는 재학 중 기숙사에 입실해야만 함'이라는 교칙이 정해져 특수한 사정이 있는 자 이외에는 원칙적으로 기숙사 생활이 의무적으로 바뀌었다.[제일고 자치 기숙사 백 년 위원회 1994:73-74]

이 무렵 제일고의 기숙사에는 '호걸주의'가 위세를 떨치며 철권재판鉄拳裁判이나 폭력사태, 음주 소동이 때때로 일어나고 있었다. 특히 취침 중 신입생 방에 난입해서 기숙사곡을 열창하고 폭력적 설교를 행하는 '스톰'이라는 명물이 일상적으로 행해지고 있었는데 일부에서는 폭력 행위를 문제시하는 목소리도 일고 있었다. 1898년 10월에는 학생 총 대회에 '스톰 금지 의안'이 제출되어 결과적으로 부결되긴 했지만 토론은 치열했다. 1900년 2월에는 폭력 스톰에 의해 십 수명이 구타당해 한 명이 실신. 만취 상태에서 폭행을 가한 학생은 즉각 정학 처분을 당했다. 그러한 과정에서 호걸주의는 상대화되었고 비판적인 목소리가 커지게 되었다.

제일고등학교 학생이 투고하는 『교우회잡지校友会雜誌』에서는 교풍이나 기숙사의 존재방식을 둘러싸고 토론이 행해졌다. 기야마 구마지로는 1900년 2월 '교풍의 오늘校風の今日'이라는 제목의 논거를 투고하고 '청년의 타락이 오늘보다 심한 때는 없었다'고 격하게 비판했다. 기야마에게 있어서 제일고 학생은 '전국 수백의 중학교의 상위에 위치하여 학생들의 모범이 되어야 마땅함'에도 불구하고 그 교풍은 문란하고, 도의를 잃고 있었다. 그는 '개인을 바르게 하고 진정한 자치를 이룰' 필요성을 호소하며 이상주의적 교풍을 위한 쇄신을 역설했다.[기야마 1900:11-19]

이 무렵부터 호걸주의, 농성주의 등 종래의 교풍에 등을 돌리고

개인의 고뇌에 빠지려고 하는 개인주의적 경향이 보이게 되었다. 1901년 11월에는 아라이 쓰네오荒井恒雄가 『교우회잡지』 111호에 '개인주의를 논하다個人主義を論す'를 발표하여, 술에 취해 노래를 부르고 내키는 대로 춤을 추는 등, 당시 만연했던 습관 등을 통렬히 비판했다. 그리고 '개인주의는 자치 기숙사의 정신이며 자치 기숙사는 개인주의의 단체이다'라고 선언하고 규율 있는 개인주의에 의한 자치의 중요성을 지적했다. 그는 이따금 논고를 발표하고 '금주주의禁酒主義'를 주창함과 동시에 '가짜 호걸주의'로부터 탈피할 것을 주창했다.

원래 이와나미는 호걸주의적 풍조에 동조하여 보트부에서 활약했다. 그는 보트부에 들어간 지 얼마 되지 않아 주전 선수로 발탁되어 매일같이 연습에 전념했다. 기숙사에서는 빈번히 다과회를 주도적으로 개최하고 동급생들과도 여기저기 놀러 다녔다. 문제시되고 있었던 스톰도 솔선해서 행했다. 그러나 '방식은 악랄하지 않고 극히 산뜻하게 또한 남자답게 하는 편이었다.'[구도 1947]

그와 같이 입학한 동기로 아베 지로阿部次郎, 이시하라 겐石原謙, 하야시 히사오林久男, 하토야마 히데오鳩山秀夫(민법학자) 등이 있었다. 그들과는 훗날 함께 일을 하거나 이와나미서점에서 서적을 출판하게 된다. 괴테 연구 등으로 널리 알려진 하야시는 같은 보트부 부원이었다.

번민과 구도학사

1902년 9월, 이와나미는 2학년이 되었다. 이 무렵부터 인생의 방향성에 변화가 생긴다. 계기는 보트부 내부의 트러블이었다.

그는 말한다.

> 운동부 세계도 순수하지만은 않았다. 여러 가지로 사회적인 추
> 태라고 할 만한 것들이 언제나 주위를 맴돌고 있었다. 운동부 세
> 계의 부패에도 무척 혐오스러운 마음이 들었다.[이와나미 1942a:42]

구체적으로 '운동부 세계의 부패'가 어떠했는지는 분명치 않다. 그러나 제일고등학교의 호걸주의에서 '순정'을 추구하고 있었던 이와나미는 서클활동에서 엿본 '사회적 추태'를 견딜 수 없었다.

고민은 조용히 내면에 침전되어 갔다. 이 시기에는 깊은 실연도 맛보았다. 상대는 도쿄에 유학 온 고향 스와의 여학생이었다. 그녀는 이미 같은 고향의 동급생을 사랑하고 있었기에 이와나미의 일방적인 짝사랑이었다. 사랑에 실패한 그는 실의에 빠져 방황했다. 번민은 깊어갔다.

방황하던 이와나미는 제일고 근처의 구도학사에 다니기 시작했다. 구도학사는 1902년 6월에 지카즈미 조칸近角常観이 개설한 정토진종淨土真宗 오타니파大谷派의 수양을 위한 곳이었다. 1915년에 다케다 고이치武田五一의 설계로 지어진 벽돌식 구도회관이 현재에 이르고 있다. 매주 말에 개최된 '일요 대화'에서는 제일고등학교의 학생을 비롯한 많은 번민 청년이 모여들어 지카즈미와의 교류를 통해 내적인 성찰을 심화시켰다.

지카즈미는 1870년생으로 구도학사 개설 시에는 32세의 젊디젊은 승려였다. 그는 시가 현滋賀県 히가시아자이 군東浅井郡 아사히초朝日村 사이겐지西源寺의 장남으로 태어나 제일고·도쿄제국대학東京帝国大学 철학과를 졸업했다. 그는 종문개혁운동에 참가했는데 그 안에서 인간관계에 어려움을 겪어 큰 고뇌를 안고 있었다. 동료들과는 마음이 맞지 않았을 뿐만 아니라 열심히 활동하면 다들 싫어했다. 자신을 받아들여 주지 않는 타자를 원망하며 거부하자 더더욱 동료들로부터 경원시 당했다.

침울해하던 지카즈미는 회의적인 사람이 되어 신앙심까지 잃을 지경이었다. 자기혐오가 극대화되었고 때로는 자살까지 생각했다. 도쿄를 벗어나 고향 집에 돌아가자 이번에는 중병에 걸리고 말았다.

제일고등학교 보트부, 가운데 열 왼쪽이 이와나미, 1902년 봄

그런 와중에 그는 불교와 다시금 만나게 되었다. 부처님을 진정한 벗이라 생각하자 번뇌구족煩悩具足인 스스로를 받아들일 수 있었다. 죄 많은 자신과 온전히 마주하며 참회하면서 살아간다면 저절로 부처님께서 다가와 주신다. 자기 체험을

이야기함으로써 내재적 악과 대치하고 그 이야기의 상호성에 의해 벗들과 유대를 깊게 할 수 있었다.

지카즈미는 '체험주의'를 테제로 하여 고뇌를 안고 있는 사람들이 서로서로 이야기를 나눌 수 있는 자리의 필요성을 통감했다. 그래서 창설했던 것이 구도학사였다. 그는 젊은이들과 침식을 함께하며 자신의 체험을 전했다. 일요일에는 외부에서 이야기 자리를 열어 많은 사람을 받아들였다.

이와나미는 막 개설된 구도학사에 다니며 스스로의 번뇌를 털어 놓았다. 그러자 지카즈미는 깊게 동정하고 자신의 체험을 말해 주었다. 그리고 자신의 젊은 날의 궤적을 기술한 『신앙의 여력信仰之余瀝』 (1900년, 대일본불교도동맹회)을 건네며 신란親鸞(가마쿠라 시기의 승려. 나무아미타불만 외우면 누구라도 평등하게 구원된다는 설법의 정토진종을 창종)의 가르침을 설교했다.

동 시기에 구도학사에 다니기 시작했던 제일고등학교 학생으로 미쓰이 고시三井甲之가 있었다. 그는 후에 미노다 무네키蓑田胸喜 등과 함께 잡지 『원리일본原理日本』을 창간하고 지식인들에게 광신적인 공격을 반복했다. 1930년대 이후, 이와나미는 『원리일본』 그룹으로부터 격렬한 비판을 받으면서 대결할 수밖에 없게 된다.

미쓰이는 이와나미보다 한 학년 위로 학내 하이쿠회俳句숲에 소속되어 있었다. 그러나 호걸주의가 지배적인 기숙사 생활에 적응하지 못한 채 신경쇠약에 걸렸다. 그런 와중에 구원을 찾았던 것이 구도학사였다. 그는 지카즈미에게 감화를 받았고, 신란에 매료되었다.

미쓰이는 훗날 『원리일본』이라는 잡지를 통해 이와나미서점에서 출판된 쓰다 소키치津田左右吉의 저작물에 대해 격렬히 비판하고 쓰다를 대학 강단에서 물러나게 했다. 이와나미는 쓰다와 함께 미쓰이 등과 다투게 되는데 같은 제일고등학교 시절에는 두 사람 모두 동시기에 지카즈미에게 배우러 다녔고 번민을 토로하고 있었다.

10월에 접어들자 지카즈미는 이와나미에게 톨스토이Lev Nikolayevich Tolstoy의 『나의 참회わが懺悔』를 읽도록 권했다. 이와나미는 곧장 근처 서점에서 책을 샀고, 기숙사 소등 후에도 몰래 촛불을 켜고 읽을 정도로 몰두했다.

이와나미는 격하게 감동했다. 이것은 '나를 위한 작품'이라 생각하고 환희했다.[이와나미 1998:53] '신앙 없는 곳에 인생 없다'는 한 마디는 그의 폐부를 깊이 찔렀고 여태까지의 자신의 과오를 반성하게 했다.

> 당시에는 무척 마음이 편안해졌다. 구구절절 이해가 되었다. 신
> 앙을 통해 이제까지 인생에서 추구했던 것이 잘못되었다고 느꼈
> 다. 그 때부터 신앙을 가져야겠다는 마음이 들었다.[이와나미 1942a:45]

그는 번민을 해결할 실마리를 찾았다고 기뻐했다. 여태까지 암흑 속에 있었던 세계에서 벗어나 환한 세계로 나아갈 수 있다고 생각했다. 다음 날 아침 그가 너무나 해맑은 표정이었기 때문에 주위 친구들은 그 변한 모습에 놀랐다.

1929년 이와나미는 『톨스토이 전집』을 출간하였고, 일본에 온 톨스토이의 딸 알렉산드라를 만났다. 톨스토이에게 매료된 마음은 평

생에 걸쳐 지속되었다.

우치무라 간조의 '일요 강의'

1902년 11월 추계 1부 레이스 친목회에서 이와나미의 불만은 폭
발했다. 그는 '술김에 가득 찬 불평을 한꺼번에 털어놓았다.' 그리
고 만취 끝에 제정신을 잃고 기숙사까지 실려 갔다. 눈에는 눈물이
가득했다.[이와나미 1942a:43]

이와나미는 보트부를 그만두었다. 세상에 실망했고 삶의 의욕마
저 잃었다. 그러자 인생에 대한 근원적인 의문이 솟구쳤고 공부도
손에 잡히지 않았다.

> 고등학교에 들어간 후 고등학교만은 세상과 다르며 기숙사 생활
> 은 참으로 소중한 생활이라고 생각하고 있었는데 결국 세속과 조금
> 도 다를 바 없었기 때문에 '인생이란 무엇일까'라는 생각이 들었다.
> 그 무렵 읽었던 것이 기타무라 도코쿠北村透谷였고 깊이 감동했다. 이
> 토록 내 마음과 똑같은 녀석이 있구나 하는 생각을 정말 절실히 했
> 던 적도 있다.[이와나미 1942a:43-44]

동경해 왔던 제일고등학교에서의 기숙사 생활도 이상과는 달랐
다. 그곳은 일반 사회와 전혀 다를 바 없는 세속적 세계였다. 운동
부 세계에도 역시 '세속의 어두운 그림자'가 깃들어 있었다. 그렇게

앞줄 왼쪽으로부터 두 번째가 아베 지로阿部次郎, 세 번째가 이와나미, 뒷줄 오른쪽이 아베 요시시게安倍能成, 1904년 초여름

'점점 인생 문제를 생각하게 됐다.'[이와나미 1998:53]

쾌활한 보트부 청년이었던 이와나미는 마치 딴사람처럼 한순간에 인생의 고뇌를 끌어안은 번민 청년으로 변했다. 더 이상 공부는 손에 잡히지 않았고 고뇌 안에서 살아가는 날이 계속되었다. 제일고에서의 생활은 '동경에서 실망으로, 실망에서 인생 비관으로' 변화해 갔다.[이와나미 1998:54]

그러나 이러한 심각한 번민의 경험이야말로 이와나미의 인생을 지탱하는 것이 된다. 그의 세대는 도쿠토미 소호나 스기우라 주고 등 '늦게 온 세대'와도 성격이 달랐다. 소호 등 메이지 제2세대들은 메이지 유신을 성공시킨 원로들의 세대에게 반발했다. 유신을 이루어 냈으면서도 번벌정치를 구축한 점에 불만을 품었고, 세대교체에 의한 '제2의 메이지 유신'을 주장했다. 그러나 이 세대는 여전히 메이

지라는 한계에 갇혀있었다. 그들은 조약 개정이 진전되지 않는 것에 대해 분노를 느끼며 일본이 일등 국가가 되길 간절히 염원하고 있었다. 그들은 국가 목표와 자신의 인생을 연결지어 국가의 번영과 입신출세를 일체화시켜 생각했다.

그러나 이와나미가 속한 세대는 이미 청일전쟁에서 승리를 거두었고 치외법권의 철폐가 이루어진 후에 청춘기를 맞이하고 있었다. 메이지 유신으로부터 30년 이상이 지났고 부국강병, 식산흥업이라는 국가 목표도 어느 정도 달성되어 있었다. 그들에게 있어서 메이지라는 시대는 이미 과거에 불과했고 그때 통용되던 것들은 더는 당연하지 않았다. 입신출세라는 꿈은 상대화되기 시작하고 있었다.

대신 널리 퍼지기 시작했던 것이 '인생론적 번민'이었다. 그들 사이에서는 개인이 국가에 환원되지 않은 채 '내면'으로의 몰입이 진행되어 갔다. 이와나미의 청소년기에 해당하는 1890년대는 국가 체제의 확립기로서 '내면'이 형성된 시기이기도 했다.[가라타니 1980] 또한 '번민'이라는 단어가 '자기의 내면을 엿보는 고뇌를 나타낸 특별한 단어로서 정착'해가고 있었던 것도 이 시기이다.[히라이시 2012:21]

'번민 청년'들은 다음 세대의 사상·문학·정치를 움직여 간다. 이와나미의 고뇌는 새로운 시대의 전조와 함께하고 있었다.

이와나미가 마음으로 기댄 사람이 우치무라 간조內村鑑三였다. 우치무라는 1909월부터 잡지 『성서의 연구聖書之研究』를 간행하고 일요일 오전에는 자택에서 성서 강의를 하고 있었다. 이것은 '쓰노하즈 성서 연구회角筈聖書研究会'라고 불렸고 오사나이 가오루小山内薫 등이 참가했다.

우치무라 간조內村鑑三 성서강연회. 나가노 현長野県 시모스와초下諏訪町의 가메야亀屋 1915년 4월

이와나미가 우치무라에게 관심을 두게 된 것은 1900년 8월 나가노 현長野県 우와노上野에서의 강연회가 계기였다. 당시 이와나미는 제일고 진학에 실패하여 재수생 생활을 막 시작한 참이었다. 한편 우치무라는 우와노를 거점으로 크리스트교의 전도 활동을 개시하려고 했는데 생각대로 되지 않아 단념했다.

그 후 이와나미는 이토에서 요양 생활을 보내게 되는데 우연하게도 우치무라의 강연이 이토의 온천 료칸에서 열린 적이 있었다. 이와나미는 이야기를 들으러 가서 감명을 받았다. 그리고 다음 날 우치무라를 방문하여 아타미熱海까지 동행하게 되었다.

여행 도중 '홋카이도北海道의 자연은 대륙적'이라는 우치무라의 말에 이와나미는 크게 기뻐했다. 아타미에 도착하자 숙소 2층으로 이와나미를 초대하여 소고기를 대접했다. 이와나미가 황송해 하며 식사를 사양하고 있자 우치무라는 '사람을 고용한 것이나 마찬가지니까 이와나미가 미안해하지 않았으면 한다'고 말했다.[이와나미 1933b]

그러나 이와나미는 분개했다. 이와나미는 우치무라를 '경애한 나머지 순정 그 자체'로 아타미까지 동행한 것이어서 설마 일꾼 취급을 당할 줄은 몰랐다. 이와나미가 여행을 함께하고 우치무라를 직접 만난 것에 '지대한 영광과 기쁨을 느끼고 있었음'에도 불구하고 그는 자신을 깔본 것이었다. 오해한 이와나미는 분개했다. 나중에 이와나미는 '금후 선생님에게는 사사하지 않겠다'는 내용의 편지를 적어 보냈는데, 우치무라로부터 매우 정중한 답신이 돌아왔기 때문에 분노는 가라앉았고 다시금 존경의 마음이 강해졌다.[이와나미 1933b]

이와나미 주변에 있는 사람 중에서 우치야마를 경애하기로는 기야마를 빼놓을 수 없다. 기야마는 창간 시부터 『성서의 연구』를 강독하고 있었고 하숙집에 창간호부터 최근에 나온 30호까지 갖추고 있었다. 기야마는 이와나미에게 우치무라의 저서와 『성서의 연구』를 추천했다. 번민을 안고 있었던 이와나미는 미친 듯이 통독했고 우치무라에 대한 존경심은 더욱 커졌다.

1902년 12월 이와나미는 우치무라를 다시 만날 기회가 생겼다. 당시 '쓰노하즈 성서연구회'는 정원제였고 '1년간 성서를 연구한 자가 아니면 청강도 할 수 없는' 체재였지만[이와나미 1942a:40] 이와나미는 '출석할 수 있는 특권을 부여받아', 매주 일요일마다 우치무라를 만

나러 다니기 시작했다.[이와나미 1933b]

우치무라는 이와나미에게 성서 가운데 '애송하는 구절'이 무엇이
냐고 물었다. 이와나미는 구약성서에 나오는 '의로운 자에게는 고
난이 많다'라는 구절이라고 대답했다.[이와나미 1933b]

> 나는 정해진 성서 강의보다도 그것을 대하는 선생님의 감상이
> 나 해석이 더 흥미로워서 따로 암기해두기도 했다. 그중에는 선
> 생님이 나를 위해 말해 주신 게 아닐까 라는 생각마저 든 경우도
> 있었다.[이와나미1933b]

이와나미는 우치무라에게 강한 영향을 받았다. 그는 이와나미서
점을 창업하자 『성서의 연구』를 열심히 판매했다. 또한 『우치무라
간조 전집內村鑑三全集』을 간행하고 1933년 12월에 완결했다. 그는 전
집 제20호 월보에 쓴 '전집 완료에 즈음하여' 안에서 우치무라로부
터 받은 가르침을 다음과 같이 열거하고 있다.

> 신국神國의 은혜는 결국 이해할 수 없었다 해도 이 세상의 영화
> 가 덧없는 것이라는 것은 절절히 배웠다. 영원한 것과 물거품처
> 럼 사라져 가는 것의 구별도 배웠다. 민중을 현혹하는 외면적인
> 사항보다도 밀실에서의 한 사람의 기도가 훨씬 더 소중한 일이라
> 는 것을 배웠다. 사교가 하찮은 일이며 자연을 벗 삼는 것과 독서
> 를 즐기는 것이 얼마나 마음 편한지도 배웠다.[이와나미 1933b]

우치무라는 크리스천이었고 내셔널리스트였다. 이와나미에게 있어서 우치무라의 신앙과 애국심은 깊은 감동을 주었다. 그리고 우치무라를 '국적國賊', '비국민非國民'이라고 야유하는 국가주의자들에 대해서 혐오감을 품었다. 이 경험은 쇼와기에 이와나미가 편협한 내셔널리스트들과 대치할 때 중요한 의미를 가지게 된다.

한편 우치무라의 성서 강의에 나가면서 학교 수업은 자연히 소홀해졌고 결국 연말에 치를 학기말 시험을 포기해 버렸다. 그는 겨울 방학을 '한 권의 성서를 들고' 보소반도房総半島에서 지냈다.[이와나미 1998:53]

그러나 그렇게 성서를 연구하고 해석해도 그리스도교 신자가 되지는 못했다. 그는 도저히 마지막 한 걸음을 내디딜 수가 없었다. '신앙으로의 계기는 부여받았지만 신앙을 얻진 못했고, 그 후에는 학업도 팽개친 채 그저 자연에 대한 애착만 남아 사방으로 떠돌며 방황했다.'[아베 1957:60]

번민은 방황으로 이어졌고 방향성을 잃었다. 앞이 보이지 않는 날들이 계속되었다.

개인주의적 경향

1902년 가을에는 1학년 아래에 아베 요시시게安倍能成가 입학했다. 아베는 훗날 철학자로서 활약하고 제일고등학교 교장, 문부대신 등을 역임한다. 이와나미와는 평생에 걸친 벗으로 이와나미서점의 좋은 이해자이자 협력자였다.

아베는 당시 제일고의 호걸주의에 대해 비판적이었다.

> 그 후 자치 기숙사의 위기를 외치거나 해결책을 고민하거나 하는 글이 1902년부터 다카야마 조규高山樗牛의 영향, 더욱 거슬러 올라가면 우치무라 간조, 기타무라 도코쿠 등, 더 이전의 기요자와 만시清澤満之(근대 일본 종교철학계의 거장), 지카즈미 조칸, 쓰나시마 료센綱島梁川(종교사상가, 평론부)등의 영향도 있어서, 제일고등학교 문예부를 중심으로 자기 안으로 침잠하려고 하는 개인주의적 경향이 대두했다. 이것이 농성주의적 교풍론자와 대립하게 되는데 그런 가운데에서 절충적 입장의 사람도 나왔다. 아베 지로는 사색적으로, 우오즈미 가게오魚住影雄는 정열적, 종교적으로 종래의 교풍에 저항하였고, 저자(아베 요시시게 본인)도 또한 그런 부류였다.[아베1957:44]

아베 요시시게는 호걸주의자와 대립하며 자기의 고뇌에 침잠하는 개인주의를 지지했다.

『교우회잡지』에서는 개인 존중을 논하며 기숙사 자치를 바라는 목소리가 높아지고 있었다. 118호(1902년 6월)에 '술을 논하다酒を論ず'를 투고하고 금주주의를 호소하여 화제가 된 아라이 쓰네오는 계속된 119호(1902호 9월)에서 '교풍이란 무엇인가校風とは何ぞや'를 발표하여 개인주의와 기숙사 자치의 중요성을 강조했다.

우리 학교 교풍의 연원은 자치뿐이다. 오로지 자치뿐인 것이다. 자치로서 완성되지 못하면 무엇을 교풍이라 거론할 수 있으랴. 외형만 잘 정리되어 있다고 해도 이것은 그저 사상의 누각일 뿐.

(중략) 우선 스스로의 존재를 인식하고 개인의 사상적 독립을 꾀한다면 자치의 근본이 이로부터 나올 것이다. 이렇게 스스로 일어나고 홀로 행한다. 정의의 검을 품고 인원仁怨의 정을 다스린다면 의연한 인격을 비로소 이룰 수 있을 것이다. 또한 근검과 상무尚武의 정신을 일상의 규범으로 삼는다. 교풍 비로소 천하에 과시하기에 족하리라.[아라이 1902]

이와나미는 이러한 번민 청년들의 개인주의적 경향에 접근해 갔다. 동급생인 하야시 히사오도 마찬가지로 인생의 번민을 끌어안고 고민하는 청년으로서 이와나미와 서로 공감했다. 1934년 하야시가 이 세상을 떠났을 때 이와나미는 '조문사'를 낭독했는데 그 가운데 제일고 시절에 대해 언급하며 '인생에 대한 번민을 함께했기 때문에 그로 인해 한층 친밀함의 정도가 더해졌다'고 회상하고 있다.[이와나미 1934b]

이와나미의 고뇌는 비슷한 고뇌에 괴로워하는 청년들 속에서 더더욱 심화되어 갔다.

후지무라 미사오의 자살

바로 그럴 때 충격적인 사건이 일어난다. 같은 제일고등학교 학생으로 이와나미보다 한 학년 후배인 후지무라 미사오藤村操가 게곤 노타키華厳の滝라는 폭포에 뛰어들어 자살했던 것이다.

후지무라는 1886년생으로 삿포로에서 태어나 12세 때 부모님의 직장 때문에 상경했다. 제일고등학교에 입학했던 것은 1902년 9월. 이와나미보다 1년 후배였다.

이와나미와 후지무라와 얼굴 정도는 아는 사이였다. 스미다가와隅田川에서 같은 보트를 탔던 적도 있었다. 그러나 거의 같은 시기에 두 사람 모두 스포츠로부터 멀어져 번민을 계속했다.

1902년 겨울에는 후지무라도 보소반도를 여행했다. 그는 조시銚子에서 혼자 등대지기를 만나 감명을 받았다. 등대지기는 온몸으로 자연을 마주하며 자연과 함께 살고 있었다. 그는 그 모습에 종교적 존재를 발견해 내고 마음을 온통 빼앗겼다.

그러나 깊은 회의에서 좀처럼 벗어날 수가 없었다. 세상을 의심하고 논리를 의심하자 그 창끝은 필연적으로 스스로에게 향했다.

그는 괴로워하다 이윽고 침울함 속으로 빠져들었다. 공부가 손에 잡히지 않는다. 스포츠에 관심이 가질 않는다. 유쾌하지 못한 마음이 전신을 뒤덮고 페시미즘이 지배했다.

그런 가운데 유일하게 마음을 위로해 주었던 것이 자연이었다. 모든 것이 싫어져도 영겁의 자연만은 그를 배신하지 않았다. 책상에는 황매화나무나 철쭉 등의 꽃을 놓았다. 워즈워스William Wordsworth의 시를 애송하고 '자연은 결코 자연을 사랑하는 마음을 배신하지 않는다'라는 문구에 위로받았다.

후지무라는 자연과의 일체를 지향했다. 그리고 그가 선택한 길은 게곤노타키라는 폭포에 몸을 던지는 것이었다. 그는 1903년 5월 22일 폭포 근처에 서서 나이프를 꺼냈다. 그리고 거목의 줄기를 잘라 '암두지감巖頭之感'이라는 제목을 글을 썼다.

> 머나멀구나 하늘과 땅, 아득하노니 과거와 현재, 오 척의 작은 몸으로 이 거대함을 헤아리려 하나니. 호레이쇼의 철학은 이제껏 아무런 설득력을 찾을 수 없구나. 삼라만상의 진실은 오로지 한 마디로 말하면 '불가해不可解.' 내 이 한을 품에 안고 번민 끝에 마침내 죽음을 결심하기에 이르노라. 이미 바위 위에 서 있음에 이르러 가슴 속에는 어떠한 불안도 없노라. 비로소 깨닫는 바 커다란 비관은 거대한 낙관과 일치한다는 것을.[아베 1957:61-62]

후지무라는 대지에 박쥐우산을 꽂고 폭포에 몸을 던졌다. 향년 16세였다.

이 자살은 세간에 큰 화제가 되었다. 그 죽음을 '철학적인 것'으로 해석해서 공감하는 사람도 많았다. 뒤를 쫓는 자살자가 계속 이어지고 번민 청년이라는 존재가 클로즈업되었다.

『교우회잡지』에서도 후지무라의 죽음을 크게 다루었다. 1903년

6월에 간행된 128호에서는 '후지무라 미사오 군을 생각하다'라는 특집이 꾸며졌고 옛 친구들이 추도문을 실었다. 동급생으로 교류가 깊었던 아베 요시시게는 다음과 같이 말하고 있다.

> 무신경한 이 나라 사람들 가운데, 진지하지 못한 이 국민 가운데, '우주의 큰 틀, 인생의 근본적인 뜻'의 해석에 번민하고, 번뇌 끝에 마침내 죽음에 이른 사람이 나왔다. 실로 이 거짓되고 천박하고 무신경하며 형식만을 좇고 피상적이기만 한 사회. 혼탁한 사회와 함께하기에는 자네는 너무나도 진지했었네. 너무나도 깨끗했었네. 아아, 자네의 죽음을 이토록 앞당겼던 것은 실은 자네의 진지함이었다네.[아베1903:71-72]

이 해 영국에서 귀국한 나쓰메 소세키夏目漱石가 4월부터 제일고등학교에서 영어 수업을 하게 되었다. 소세키는 학업에 그다지 의욕이 없는 후지무라를 엄하게 질책한 적이 있었다. 훗날 소세키는 『나는 고양이로소이다吾輩は猫である』나 『풀 베개草枕』에서 후지무라에 대해 언급하고 그 죽음에 대한 충격을 남기고 있다.

이와나미는 후지무라의 죽음에 큰 충격을 받았다. '암두지감'을 몇 번이나 읽으며 눈물을 흘렸다. '죽음 이외에 안주할 세계가 없다'라고 생각했지만 진지함과 용기가 부족하여 자살할 수 없었다.

후지무라의 행위를 너무나 미치도록 동경했었다. 이때 따라서 뛰어내리지 않으면 용기없는 자, 진지하지 못한 자다. 그런 기분 이었다. 여하튼 너무나 부러워했었다.[이와나미 1942a:46]

우리는 후지무라 군을 승리자처럼 생각하고 감탄해 마지않았습니다. 우리 따위에겐 아름다움을 동경할 순정이 부족하며 진지함도 충분치 못하고 용기마저 없어서 죽음의 승리를 맛보지 못한 채 패배자로서 살아가고 있다는 생각마저 들었던 것입니다.[이와나미 1942b]

이와나미는 후지무라를 '부러워했었다.' 그 죽음은 '동경하는 목표'였다.[이와나미 1998:37] 가능하다면 후지무라와 같은 길을 걷고 싶다고 생각했다.

이와나미에게 있어서 후지무라는 동시대이자 동세대의 동지였다. 후지무라의 죽음에 공감하고 그 고뇌와 자신의 고뇌를 동일시했다.

이와나미는 후지무라로 대표되는 '번민 청년'의 출현을 훗날 다음과 같이 회고하고 있다.

당시는 번민의 시대라고 할 만한 시대였다. 천하 국가에 스스로를 임명하고 본인이 나가지 않으면 창생을 어찌하랴, 라는 식의 전 시대의 뒤를 이어 자신의 내면을 바라보는 시대였다. 유구한 천지에 자신의 생을 의탁하는 의의를 찾아 괴로워했던 시대이기도 했다.[이와나미 1998:52]

이와나미는 스기우라 주고나 도쿠토미 소호로 대표되는 윗세대와의 차이에 민감했다. 윗세대가 추구했던 '입신출세의 꿈'을 아무런 생각 없이 순진하게 공유할 수 없었다. 메이지라는 시대에서 만들어진 사상들은 이미 한계에 달했고, 남은 이들에게 최대의 관심사는 인생 문제였다. 그들은 '입신출세, 부귀공명 같은 단어는 남아로서 입에 담으면 부끄러운 일이며, 영원한 생명을 손에 넣고 인생의 근원적인 의의에 투철하기 위해서는 죽음도 꺼리지 않는 시대'를 살고 있었다.[이와나미 1998:36]

이와나미의 사상은 유신 지사나 도쿠토미 소호의 영향으로 감화된 국민주권 내셔널리즘의 이념, 그리고 번뇌하던 젊은 시기에 쌓은 철학과 문학을 향한 의지의 조합이었다. 이 리버럴한 애국심과 철학적 교양주의가 훗날 이와나미서점의 대들보가 된다.

실연과 염세

이와나미의 번뇌는 나날이 심각해져 갔다. 그는 장래의 방향성을 잃고 비탄에 젖어 있었다. 후지무라가 바랐던 것처럼 자연과 일체화하고 싶었지만 죽음에 이르는 길을 선택할 용기는 없었다. 그렇다고 번뇌를 강인하게 봉인하고 출세를 위한 학업에 전념하는 것도 불가능했다.

이름을 후세에 남긴다고 하는 입신 출세주의의 인생관은 완전히 매력을 잃고 오히려 이것을 경멸하게 되었습니다. 그와 동시

에 면학의 목적도 잃고 한때 저는 학업마저 내팽개쳐 버렸습니다.[이와나미 1942b]

6월에는 학년 시험이 있었지만 도중에 포기해 버렸다. 이 시점에서 낙제가 확정되어 이와나미 인생의 톱니바퀴는 크게 틀어져 버렸다.

이와나미는 한 여성을 사랑했다. 아베는 상대 여성을 만난 적이 없었지만 '쾌활하고 세속적인 여자'라고 들었다.[아베 1957:71]

사랑은 성취되지 못했다. 이와나미는 더더욱 정신적으로 피폐해져 갔고 번민은 계속되었다. 당시 이와나미가 남긴 노트에는 남녀 사이의 사랑이나 그 숭고함에 대해 적혀 있는데 그와 동시에 '내 생명 일부를 바칠 만한 것은 이 사랑이다'라는 표현도 보인다. 또한 사랑은 '인간의 지극한 정'이며 '혼탁한 세상의 광명'이라고도 적혀 있다.[아베 1957:70-71]

이와나미는 계속 실연에 연연해하고 있었다. 그는 자기 방에 틀어박혀 '울고 또 울며' 그 여성을 생각했다. 그리고 그녀와의 영적 레벨에서의 일체화를 바라며 그 마음을 평생 지킬 결심도 했다.[아베 1957:71-72]

그녀의 영혼과 합체하기 위해서는 물불을 가리지 않고 목숨도 돌아보지 않으며 오로지 온 힘을 다해 이를 구해 마지않아야 한다. (중략) 나는 이렇게 평생 독신이라고 해도 그녀의 영혼을 위로하고 달래는 사람으로 기꺼이 맑고 성실한 생애를 살고자 한다. 이를 나의 연애관으로 삼는다.[아베 1957:71]

그는 더욱 비관했다. 친구를 만나는 것조차 고통스러워져서 자연 안에서 조용히 지내고 싶다고 생각하게 되었다. 이윽고 '학문 따위는 그만두고 싶어졌다.'[이와나미 1942a:49]

이와나미는 죽음을 생각했다. 후지무라의 그림자가 언뜻언뜻 스쳐 지나갔다. 성실하게 생각하면 생각할수록 죽음에 대한 동경과 염세주의로 빠져들었다. 살아있는 것이 싫어졌다.

이와나미는 말한다.

> 나는 실로 세상이 완전히 싫어졌다. 생이 혐오스럽고 모든 희망을 잃었다. 이렇게 해서 마침내 나는 나를 싫어하게 되었다.[아베 1957:70]

그는 도쿄를 벗어날 결심을 했다. 자연과 일체화하기 위해서 도쿄는 너무나도 부자연스러운 도시였다. 그는 고독과 함께 자연 속의 생활을 바라며 도쿄를 뒤로했다.

노지리 호수에서의 생활

1903년 7월 13일.

이와나미가 도착한 곳은 나가노 현長野県 노지리 호수野尻湖였다. 그는 이 호수 북서쪽에 자리 잡은 비와지마琵琶島로 건너가 홀로 세속과의 관계를 끊고 지내보고자 생각했다.

섬에는 735년 창건되었다는 우가진자宇賀神社가 있다. 옛날에는 참
배객도 많았고 섬으로 가는 다리도 있었지만 당시엔 다리는 무너지
고 인기척도 없어진 상태였다. 이와나미는 참배객들이 참배하는 곳
인 배전拜殿 옆 널빤지 사이에 돗자리를 깔고 자취 생활을 시작했다.
호수 건너편에 있는 마을 사람들은 거의 오지 않았고 간간이 참배
객이 신사를 찾아와 줄 뿐이었다. 음식은 그가 '목동'이라 불렀던
소년이 날라다 주었다.

첫날밤은 외로움을 견디기 어려워 벗의 이름을 불렀다. 물론 친
구가 나타날 리 만무했다. 그는 더더욱 적막해짐과 동시에 자연 자
체에 서린 고독 속에서 죽음을 예감하고 공포를 느꼈다.

> 슬프구나. 적막감을 바라며 벗을 부르고, 생을 혐오하며 죽음
> 을 두려워하나니. 사람은 모순된 동물이구나. 약한 것은 사람의
> 마음이노라.[아베1957:67]

이와나미는 이 섬의 자연 속에서 조용한 나날을 보냈다. 호수는
맑은 물을 머금고 있었고 주위는 광대한 산으로 에워싸여 있었다.
'이 경치 속에서 책을 읽는 것도 아니요, 무엇을 하는 것도 아닌
채, 새 소리를 듣거나 구름이 걸쳐진 봉우리를 바라보며 무념무상
한 상태로 지냈다.'[이와나미 1998:38]

그는 자연과의 일체화를 염원했다. 아이가 어머니 품에 안겨 잠
드는 것처럼 자연에 에워싸여 자기 자신을 잊는 경지를 원했다. 그

는 이 무렵을 회상하며 '자연은 언제까지라도 한없이 위로해 주며 결코 사랑하는 사람의 마음을 배신하는 일이 없다'라고 말하고 있는데[이와나미 1998:38], 이것은 후지무라가 사랑했던 워즈워스의 영향이리라. 이와나미는 후지무라가 죽음으로 실현하고자 했던 경지를 살아보려고 하고 있었다. 그 생활은 죽음에 대한 욕망과 서로 등을 마주한 가운데 있었다. 그는 세속 세계와의 인연을 끊고 죽은 것처럼 살고자 했다.

> 묘코 산妙高山 꼭대기를 언뜻언뜻 스쳐 지나가는 구름의 움직임을 가만히 바라보고, 숲 속을 여기저기 거닐며 호수를 바라보기도 하며 특별히 무엇을 하는 것도 아니요, 무슨 생각을 하는 것도 아닌 채 자연의 품속에서 생활했습니다. 자연을 사랑한다는 따위의 안일한 마음이 아니라 자연과 동화된 마음으로 충만해서 행복했습니다.[이와나미 1998:44]

이와나미는 아무 일도 하지 않은 채 조용한 매일매일을 보내고 있었다.

섬에 건너와 10일이 지난 7월 23일의 일이었다. 이날은 폭풍우가 몰아친 거친 날씨였다. 그는 널빤지 위에 누워 '대자연의 분노를 미동도 하지 않은 채 듣고 있었다.'[이와나미1998:44]

그러자 갑자기 폭풍우를 막기 위한 덧문의 틈새가 밝아지더니 검은 그림자가 들어왔다. 그가 벌떡 일어나서 놀란 눈으로 검은 그림자를 응시하자 비에 온몸이 흠뻑 젖어 버린 어머니가 보였다. 어머니는 뱃사공에게 간절히 부탁하여 그 폭풍우 속에서 배를 띄우고 찾아와 주었던 것이다.

어머니는 이와나미와 다섯 시간 정도 이야기를 나누었다. 어머니는 이와나미를 걱정하고 학업에 복귀하길 원했다. 그는 어머니의 사랑을 느끼며 제멋대로 행동했던 것들을 깊이 반성했다.

그는 어머니를 가장 가까운 역까지 모셔다드리고 섬으로 돌아왔다. 그 밤에는 '나의 죄 많음을 떠올려보고' 좀처럼 잠을 이루지 못했다. 감정은 고양되었고 최종적으로 하나의 결심을 하기에 이르렀다.

> 내 이성이 아무리 생존의 무의미함을 가리킨다 해도 내 감정이
> 아무리 죽음이라는 안식을 청한다 해도 나는 내 유일한 어머니가
> 천지간에 생존해 계시는 한 결단코 결단코 스스로 내 인생을 마
> 치지 말아야 할 것이다.[아베 1957:68-69]

이와나미는 어머니의 사랑을 느끼고 자살하고자 했던 마음을 접었다. 살아있는 것이 아무리 무의미하게 생각되어도, 마음이 아무리 죽음을 갈망해도 자기 손으로 목숨을 끊는 일은 절대로 하지 않겠다고 결심했다.

이와나미는 후지무라를 생각했다. 그리고 그와 같은 길을 걷지 않으리라 마음속으로 맹세했다.

설령 만유 불가해라는 것을 알아도 후지무라 군을 좇아 꽃 같
은 마지막으로 안위를 얻지는 않으리라. 또한 인생의 고뇌를 벗
어날 길에 실패하여도 베르테르의 뒤를 따르지는 않으리라. 아
아, 일단 결심하고 기뻐하던 나는 즉시 커다란 슬픔에 빠져 든
다……. 아아, 그토록 눈물을 흘렸던 밤, 어머니의 사랑을 얻었던
날, 죽음의 자유를 잃었던 날, 인생이란 초원에서 그 어디로 가야
할지 몰랐던 내가 가까스로 하나의 길을 찾은 날. 잊을 수 없는
1903년 7월 23일이다.[아베 1957:69]

이와나미는 자살이라는 선택지를 버렸다. 어머니의 사랑에 의해
죽음의 자유를 잃었다. 가까스로 살아갈 활로가 보였지만 눈물이
흘러넘쳐 멈추지 않았다.

그는 자기 자신과 마주했다. 앞으로 어떠한 인생을 보내야 할까
진지하게 생각했다.

많은 사람과 마찬가지로 세상에 나아가 일을 하고 평범한 '속인'
으로서 살아가고자 생각했지만, 도저히 자기 이상이 그것을 허락하
지 않았다. 반대로 후지 산 기슭의 땅에서 농사일에 힘쓰며 따뜻한
가정을 만들어 평화롭게 살아갈까 하는 생각도 했지만 자신 안에
있던 욕망이 꿈틀거렸다.

나에게는 불온한 정신과 야유하는 근성이 있고, 동정하는 마음
과 우국지정이 마음 깊숙이 존재한다. 지금 번뇌하는 나에게 이

런 신세는 안위를 가져다주는 것이 틀림없지만 일체의 사회적 생
활을 그만두고 평생 이렇게 살아버릴 수 있을지. 이것이 큰 의문
이다.[아베 1957:72-73]

이와나미는 '번뇌'와 '야심' 사이에서 갈피를 잡지 못하고 헤맸다.
그 안에는 중학교 시절부터 가지고 있던 '우국지정'이 소용돌이 치
고 있었다. 모든 '야심'을 버리고 세속적 세계로부터 거리를 두는
생활에 매력을 느끼는 한편, 그러한 생애에 만족할 수 없기도 했
다. 이와나미는 '번뇌'와 '우국'을 저울에 달며 고뇌하다가 차츰 두
가지를 통합하는 방향성을 모색하게 된다.

또한 이와나미는 '신앙'을 가져야 할지 말지에 대해서도 고민했
다. 우치무라의 일요 강의에 참가하여 그리스도교를 접했지만 도저
히 세례를 받을 수는 없었다. 지카즈미 조칸의 구도학사에도 다녔
지만 정토진종의 문하에 들어갈 수도 없었다. 톨스토이의 '신앙 없
는 곳에 인생 없다'라는 말에 감화되어 진지하게 종교적인 길을 모
색해 보았지만 마지막 한 발자국을 뗄 수 없었다.

섬에서 생활하면서도 신앙 문제에 대해 계속 생각했다. 번뇌로부
터 좀처럼 벗어날 수 없는 것은 신앙을 가지지 않은 탓이라고 생각
했다. 신앙만 확립되면 문제는 해결될 것 같았다.

그러나 도저히 신앙을 가질 수 없었다.

나는 신앙의 필요성을 안다. 그러나 아직도 신념이 없다. 부활

을 믿지 않으면 기독교의 구세주를 믿을 수 없다. 또한 불교를 끝까지 믿지 않으면 해탈이 무엇인가를 알 수 없다. 그렇지만 나에게는 나의 신이 있다. 나의 신은 진리인가. 인격을 갖춘 것인가. 만유 그 자체인가. 나는 이를 알지 못한다. 단지 나는 말하고자 한다. 나의 신은 나에게 자유, 정의, 박애, 순결을 절대적으로 갈망하는 마음을 전해주셨다고. 나는 나의 신이 내 마음속에 있는지, 마음 바깥에 있는지, 또한 그 어떠한 것인지 전혀 모른다. 나는 그저 이러한 것이 있다는 것을 안다. 그리하여 나는 이것을 위해서는 기꺼이 죽을 수도 있다. 이것이 나의 신이다.[아베 1957: 73–74]

이와나미는 초월적이고 절대적인 존재를 확신하면서도 특정한 신앙을 가질 수가 없었다. '신'이 '존재하는 곳'을 알 수 없었지만 '신'이 '존재한다'는 것은 확실했다. 진리는 '자유, 정의, 박애, 순결'의 갈망과 일치했다.

이와나미는 고독한 가운데 벗에게 자신의 고뇌를 적어 보냈다. 걱정하고 있던 하야시 히사오가 그를 찾아왔다. 하야시는 이와나미와 함께 고뇌하고, 후지무라가 죽었을 때에 함께 통곡했던 사이였다.

드디어 그는 약 40일간의 체류를 접고 도쿄로 돌아올 결심을 하게 된다.

자연 안에서의 생활은 그에게 귀중한 경험이 되었다. 섬을 떠날 때는 눈물이 솟구쳤다. 그것은 '천지가 통곡하는 기분이었다.'[이와나미 1942a:50]

그러나 고민이 해결된 것은 아니었다. 장래에 대한 전망이 세워진 것도 아니었다. 도쿄에 돌아가면 다시금 학업이 기다리고 있다. 낙제한 후의 학교생활이 기다리고 있다. 그곳에 정말로 희망은 존재하는가.

> 아아 세상의 빛을 인정치 못하고 생존의 의의를 알지 못해도 나는 당분간 모정의 포로가 되어 괴로운 생을 계속하지 않으면 안 된다. 학문을 닦을 마음이 없어도 학업에 힘쓰지 않으면 안 된다. 맞은편 육지의 땅은 기쁘지 않지만 다시금 밟지 않으면 안 된다.[아베 1957:76]

이렇게 해서 이와나미는 다시금 제일고등학교로 돌아왔다.

학생에서 교원으로

노지리 호수를 떠난 이와나미는 친구와 보소 반도로 여행을 떠난 후 9월 신학기 시작에 맞추어 귀경했다. 그는 기숙사를 떠나 다바타田端에서 하숙했다.

낙제한 그는 1학년 아래의 아베 요시시게와 같은 학년이 되었다. 그러나 학업에 대한 열의는 전혀 회복되지 않았고 학교에도 얼굴을 내밀지 않는 나날이 계속되었다. 가을에는 후지무라가 떨어졌던 게 곤노타키 폭포를 방문하여 폭포 입구에서 폭포를 내려다보거나 하고

66

있었다. 그는 '이 폭포에서 죽어도 목숨은 아깝지 않다, ……다만, 고향에 계신 어머니를 생각하면 죽을 수 없다'고 말했다.[아베 1957: 80]

한때는 밀레Jean-François Millet의 그림에 빠져 남미로 건너가 양치기를 할까 하는 생각도 한 적이 있었다. 기야마와 이별 사진을 찍고 미국 도항 절차까지 밟았으나 당시 이민문제가 심각해져서 도항 허가가 떨어지지 않았다.[아베 1957:60]

음악 학교로의 입학도 생각해 보았다. 그러나 이것은 아베 지로가 말려 단념했다.[이와나미 1998:53]

그 결과 이와나미는 다시 한 번 낙제를 하고 최종적으로 제일고등학교에서 제명되었다. 1904년 여름부터는 독일협회학교獨逸協会学校나 세이소쿠영어학교正則英学校에 다니며 가까스로 학업을 지속했다. 그리고 1905년 9월 그는 도쿄제국대학 문과대학 철학과에 입학했다. 단 제일고를 중퇴했기 때문에 '본과本科' 입학은 불가능했고, '선과選科(일부의 학과만을 선택하여 학습하는 코스)'에서 배우게 되었다.

도쿄제국대학에서는 케벨Raphael von Koeber(러시아 출신 철학자이자 음악가. 도쿄제국대학에서 철학과 서양 고전학을 강의했다)의 강의를 들었다. 그는 '잘 알아들을 수 없어도 강의에 참가하고 있었는데, 역시 선생님을 존경하는 마음만으로도 정말 감사했다.'[이와나미 1942a:55]

그는 간다神田의 아카이시赤石 집안에서 하숙했다. 그리고 이 집안의 딸 요시ㅋﾞ와 만나게 되었다. 그는 입학한 후 반년 정도 지나서 요시에게 '우키마가하라浮間が原에 앵초를 따러 같이 가지 않겠느냐'고 데이트 신청을 했다. 둘이서 우키마가하라로 놀러 가 초원에서

도시락을 먹고 있는데 느닷없이 이와나미가 '너무나도 부끄러운 듯한, 곤란한 듯한 표정으로' 프로포즈를 했다. 요시가 '어쨌든 어머니에게 이야기해보지 않으면 안 된다'고 대답하자, '당신의 마음은 어떻습니까?'라고 묻고 '저는 좋습니다만…….'이라는 대답을 얻자 '그렇다면 그 증표로 악수를 하자'고 말했다.[이와나미 1947]

1907년 이와나미는 학생 신분으로 결혼했다. 그는 기야마가 간행하고 있는 『내외교육평론』의 편집을 돕기도 하고, 중학교에서 아이들을 가르치면서 생계를 꾸렸다.

1908년 6월 어머니가 돌아가셨다. 향년 46세의 젊은 나이였다. 그는 훗날 '어머니에게는 걱정만 끼쳐드렸다'고 회고하며 '무엇 하나 어머니를 기쁘게 해드릴 수 없었다'고 후회하고 있다.[이와나미 1998:44]

이와나미는 직후 7월에 졸업 논문 '플라톤의 윤리설プラトーンの倫理説'을 제출하고 무사히 도쿄제국대학을 졸업했다. 다음 해 8월에는 장녀가 태어났다. 그리고 1909년 3월 아베 지로의 소개로 간다고등여학교神田高等女学校에 취직하여 교원으로서의 인생을 걷기 시작했다.

여학교에서의 교원 생활은 약 4년에 이르렀다. 그는 열심히 수업을 준비하는 친절한 교사였고 학생들에게 인기도 많았다. 그러나 다시금 그의 내면에서 의문이 솟구쳐왔다. 여성 교육에 힘쓰고 세상을 위해 최선을 다하려고 생각했으나 곰곰이 생각해 보니 자기 자신의 번민은 무엇 하나 해결되지 않았다. 제일고등학교 시절의 고뇌가 다시금 되살아났다. 그러자 갑자기 교육자로서의 자신감이 사라졌다.

아카이시 요시赤石ヨシ와 결혼. 1907년 3월

나는 다른 사람에게 무언가를 가르치기에 충분한 존재인가——.

스스로에 대한 회의는 깊어만 갔다.

인생에서 근본신념이 있는 것이 아니었기 때문에 다른 사람을 가르치기 전에 배워야 할 사람은 나 자신이며, 다른 사람을 구하기 전에 구원받아야 할 존재는 나 자신이라는 고민을 계속하게 되었고, 몇 년 지나지도 않아 다른 사람의 아이를 망치는 고통에서 벗어나 환경을 바꿔서 마음의 안정을 되찾자는 생각이 들었습니다.[이와나미 1942a]

자신의 교육방침이 세상의 실태에서 벗어나 있는 것에 괴로워했고 상사의 명령에 따라 살아가는 것에 고통을 느꼈다. 그러나 그 이상으로 교육자로서의 자기 자신에게 자신감이 없어져 학교를 그만둘 결단을 내렸다. '돌이켜 생각해 보았을 때 나 자신은 다른 사람을 가르치는 데 충분한 자격을 갖춘 사람이 아니라고 자각했던' 점이 가장 큰 원인이었다.[이와나미 1914a]

간다고등여학교神田高等女学校 교사시절의 이와나미와 제자들. 1912년 12월 7일

　신성한 교육 사업에 종사하여 다른 사람의 자녀를 인도할 자격 있는가. 너 자신의 인격과 품행은 타의 모범이 될 만한가. 하얀 종이와 같은 아동의 뇌리에 네가 전하는 인상은 어떤가. 교육에서의 이상, 주의라는 것의 근본에는 과연 무엇이 있는가. 너는 무슨 권위로서 다른 사람의 자녀를 이끌고자 하는가. 조용히 내면을 성찰해 보니 내 마음은 헛되고 망령된 것으로 가득 차 있을 뿐. 신앙 없는 곳에 의지할 곳 없고 자각 없고 근본 없고 어디를 따라야 할지 모르는 형국이다. 이러한 불안하고 착란적인 마음을 가지고 어찌 다른 사람을 가르치는 큰 소임을 다할 수 있으랴. 다른 사람을 가르치기 전에 먼저 자신을 가르치지 않으면 안 된다. 다른 사람을 돕기 전에 우선 자신을 구원하지 않으면 안 된다.[이와나미 1914a]

이와나미의 번뇌는 끝난 것이 아니었다. 인생의 근본 문제는 해결되지 않았다. '불가해의 문제는 불가해로서 영원히 남아 있었던' 것이다. 갑자기 '적료한 비애의 느낌이 덮쳐와 혼자 눈물을 흘리는 일'이 계속되었다.[이와나미 1914a]

그리고 이 단호한 결단과 행동이 이와나미의 인생의 새로운 페이지를 넘기게 된다. 물론 이때 이와나미는 장래에 어떠한 행로가 기다리고 있을지 전혀 상상하지 못했다.

31세 봄의 일이었다.

제2장

이와나미서점 창업(1913~1930)

개점 당시의 이와나미서점岩波書店 전경. 1918년 4월

고서점 개업

간다고등여학교를 사직하기로 한 이와나미는 다음 일을 생각했다. 우선 머릿속에 떠오른 것은 농사일이었다. 자연과 함께 살아가는 길에 대해 다시 한 번 생각해 보았다. 어린 시절 체험했던 농사일이 뇌리를 스쳤다. 제일고등학교 시절 남미에서 양치기를 하고 싶어 했던 것이 떠올랐다.

그는 후지 산을 좋아했다. 남미로의 도항을 생각했을 때에는 후지 산에서 멀어지는 것이 그 무엇보다도 괴로웠다. 그 때문에 '도카이(일본에서 가장 큰 섬인 혼슈本州 중앙부의 태평양측을 가리키는 말로 아이치 현愛知県, 기후 현岐阜県, 미에 현, 시즈오카 현静岡県 등을 가리키는 경우가 많다) 근처에서 아침저녁으로 후지 산과 가까이하면서 청경우독하는 생활을 하려고' 생각했다.[이와나미 1942b]

그러나 바로 생각을 고쳐먹었다. 전원생활은 좀 더 나이가 든 후 시작해도 상관없었다. 잠시 그런 생각을 접어두고자 마음먹었다.

그리고 다시금 생각해낸 것이 장사였다. '다른 사람들이 필요로 하는 것을 최대한 염가에 제공하고 취급하는 물건에도 심혈을 기울여 잘 골라야 한다. 그리하여 다른 사람의 필요를 충족시킴과 동시에 나 자신의 생활이 성립된다면 그것으로 충분하지 않을까'라고 생각했다.[이와나미 1942b]

이와나미는 도쿄에서 신주쿠 나카무라야新宿·中村屋라는 가게를 성공적으로 경영하던 고향 선배 소마 아이조相馬愛蔵에게 조언을 구했다.[소마 1947] 그러자 소마는 '어떤 장사든 경험이 없는 초보자도 충분

신주쿠 나카무라야新宿·中村屋의 주인
소마 아이조相馬愛蔵

히 해나갈 수 있다'며 격려를 아끼지 않았고 용기를 북돋워 주었다. 이와나미는 소마로부터 정보를 얻어 매물로 나와 있던 건어물가게를 보러 신주쿠로 갔다. 그러나 선뜻 마음에 들지 않았다.

이와나미는 '무엇을 팔든간에 상관없었지만', 이왕이면 여태까지 살아온 인생과 관련있는 일이 하고 싶었다. 그래서 생각해 낸 것이 고서점이었다. 그에게 있어서 지知에 대한 탐구는 곧 인생론적 번민에 맞서는 것이었다. 게다가 고서점이라면 자본금이 적어도 상관없기 때문이었다.

그는 장소를 물색해 보았다. 그러자 1913년 간다에서 발생한 대형 화재 후 새롭게 지어진 임대건물이 비어 있었다. 그는 여기에서 가게를 열 결심을 하고 계약을 했다.

문제는 가게 이름이었다. 그는 아내와 상의하여 후보를 꼽아보았다. 그러자 아내가 '가게 이름만 세간에 알려졌을 뿐 가게 주인장이 어떤 사람인지 일절 모르는 경우가 있다. 허나 그건 좋지 않다고 생각하니 성 그대로 이와나미서점岩波書店(이와나미쇼텐)이라고 하면 어떨까'라고 했다. 이와나미는 '아아, 그게 좋겠네'라고 찬성하였고 이로 인해 '이와나미서점'이라는 가게 이름이 정해졌다.[고바야시 1963:428]

자금은 시골 전답을 팔아 겨우겨우 마련했다. 서점을 한다면 '자

전거 타는 법을 배우지 않으면 안 된다'며 자전거 연습도 했다.[고바야 시 1963:428–429]

1913년 7월 29일 이와나미는 간다고등여학교를 퇴직했다. 그는 이 날 고별식을 마치자마자 그 길로 바로 손수레를 끌고 고서점 시장에 갔다. 그리고 다량의 책을 사서 가게로 가지고 왔다.

8월 5일 이와나미서점이 창업했다.

그는 각 방면에 다음과 같은 '개업 안내' 엽서를 보냈다.

가을바람이 차가운 때 강녕하신지요. 인사 올립니다. 소생은 극히 평범한 생활의 속박에서 벗어나고 동시에 다른 사람의 자녀들을 망칠 불안과 고통에서 벗어나고 싶어 교직을 그만두고 일개 시민으로서 일찍이 바라왔던 독립자영업의 길을 걷고자 아래에 기재한 곳에서 서점 개업을 하였습니다. 신간 도서 잡지 및 고서의 판매를 주로 하고 있습니다.

이에 종래에는 물건을 사는 입장에서 받았던 많은 괴로운 경험을 돌이켜보며 어디까지나 성실하고 진지한 태도로 제가 할 수 있는 최선을 다해 많은 분의 편의를 도모하고 독립시민으로서 선량한 생활을 온전히 다하고 싶은 희망에 차 있습니다. 불민한 몸에 빈약한 자금으로 험난한 행로를 거쳐 가시밭길을 열고 새로운 천지에 자기의 영역을 개척하려고 할 때는 필시 조우할 수밖에 없는 많은 어려움이 있을 것으로 생각합니다. 소생이 새로운 생활에서 다소나마 이상을 실현할 수 있도록 동정해주시고 도움을 주신다

면 진정 이보다 더한 행복은 없으리라 생각됩니다.[이와나미 1913]

개업을 한다고 해서 그에게 큰 야심이 있지는 않았다. 어디까지나 '독립시민으로서 선량한 생활을 온전히 다하고 싶다'는 생각이 우선으로 일본 문화에 대한 공헌 따위의 거창한 생각은 없었다.

그러므로 장사는 이익 최우선이 아니라 어디까지나 성실하게 '참된 생활'을 목표로 경영해 가고 싶다고 생각했다. 창업 1년 후 『독서세계讀書世界』에 게재된 문장에서는 다음과 같이 밝히고 있다.

인간에게 참된 생활이라는 것은 불가능할지도 모른다. 그러나 참되고 진실한 생활을 하고 싶다는 욕구는 우리의 의식에 잠재하는, 결코 범할 수 없는 엄숙한 사실이다. 우리는 하루하루 헛된 생활을 보내며 태연히 생활하고 있지만 한번 반성하고 깊이 생각할 기회를 얻는다면 진실한 생활을 해야만 한다는 충심衷心의 외침에 놀라게 될 것이다. 참된 생활은 우리를 본래의 충심으로 되돌아가게 해주는 가장 높고, 가장 깊은 요구다.

세간에서 벗어난 생활이 아니라 저속하기 짝이 없는 상인 생활에서 비교적 거짓이 없게 살아가는 것은 너무나 어려운 일이라고 생각한다. 하지만 나는 이익을 바라며 이 세계에 들어온 것이 아니기에 미력이 남아있는 한 가히 이룰 수 있는 진실한 생활을 추구하기 위해 싸워갈 작정이다.[이와나미 1914b]

이와나미의 장사는 인생론적 번뇌의 연장선에 있었다. 그는 '참되고 진실한 생활을 하고 싶은 욕구'와 서점 경영을 일치시켜 논리적으로 살아갈 길을 모색했다.

이는 고서의 정찰 판매를 통해 드러났다. 당시 고서점 업계에서는 가게 앞에서 가격 흥정을 하는 것이 당연했다. 그러나 이와나미는 단호히 정찰 판매를 실행하여 손님과 흥정을 절대 하지 않았다. 가격 인하를 요구하는 손님이 있으면 때에 따라서는 구매 가격을 털어놓고 성실히 응대했다. 화를 내며 가게를 나가는 손님도 있었지만 한 발자국도 물러서지 않았다.

> 지금이야 정찰 판매라고 해도 아무렇지 않지만 당시에는 실로
> 황당무계한 시도로 '고서를 주인이 부른 가격 그대로 사는 경우
> 가 세상에 어디 있느냐'며 야단을 치는 손님들이 대부분이었다.
> 매일 가게 앞에서 싸움만 하는 형국이었다.[이와나미 1998:14]

이와나미에게 손님과의 흥정에 의한 이익 추구는 꺼림칙한 행위였다. 그에게 '참되고 진실한 생활'의 추구는 정당한 가격을 붙이고 성실히 장사하는 것이었다. 그는 흥정을 일체 배제하고 '가게를 신뢰해 주는 사람하고만 거래한다'는 스타일을 관철했다.[이와나미 1914b]

이와나미는 말한다.

> 내 가게는 영업에 있어서 제3 제국이었으면 한다.

내 가게는 나의 개성 위에 지어진 성이었으면 한다.[이와나미 1914b]

개업 초기에는 아무래도 물건이 적어 선반에 빈자리가 생기는 경우가 있었다. 그럴 경우에는 자기가 가지고 있던 소장본이나 친구에게 몰래 빌린 책을 '최대한 팔리지 않도록 가장 높은 선반에 늘어놓으며' 급한 불을 끄곤 했다. '손님이 그것을 손에 집어 들 때마다 식은땀이 났지만' 그래도 어떻게든 장사를 계속할 수 있었다.[이와나미 1998:15] 당시 경제학자 후쿠다 도쿠조福田德三가 이와나미서점에서 고서를 골라 사려고 하자 이와나미가 판매를 거부했던 적이 있다고 한다.[아베 1957:124]

그는 성서 판매에도 힘을 쏟았다. 요코하마 성서회사에서 직접 물건을 받아 왔는데 이것은 제일고등학교 시절 우치무라 간조로부터 받았던 영향 때문이었다. 우치무라가 간행하는 『성서의 연구』도 일찌감치 가게 앞을 장식했다. 신간 잡지는 이와나미 자신이 팔고 싶은 것을 사들여 판매했다.

개점 다음 해에는 이와나미서점에 커다란 프로젝트 의뢰가 날아든다. 대만총독부 도서관 창설을 위한 도서구매였다. 총액 1만 엔. 막 창업한 고서점에게는 파격적인 거래였다.

이와나미서점의 사업은 본궤도에 올라 고객으로부터 신뢰를 모아갔다.

나쓰메 소세키의 『마음』 출판

고서점 창업으로부터 약 4개월 후인 12월 1일, 이와나미는 한 권의 자비출판에 착수하게 된다. 이와나미서점에 있어서 기념비적인 첫 번째 출판은 아시노 게자부로蘆野敬三郎의 『우주의 진화宇宙之進化』였다.

아시노는 1866년생의 천문학자로 오랫동안 해군대학교 교수를 역임했다. 그는 도쿄제국대학에서 천문학을 배우고 미국으로 유학을 갔다. 거기서 만난 천문학자 조지 헤일(시카고대학 교수)의 원서를 바탕으로 『우주의 진화』를 집필했다. 이 책은 일본 근대 천문학 관련 전문 서적의 선구적 작품으로 알려졌다.

이 책이 이와나미서점에서 자비 출판된 경위는 아시노의 가족관계에 있으리라. 아시노는 후지무라 미사오의 숙부로, 후지무라 집안과는 친척 관계였다. 그 전년도 12월에 후지무라의 여동생과 아베 요시시게가 결혼하여 후지무라 집안은 이와나미와도 가까운 사이였다. 아베와 이와나미의 우정은 제일고등학교 시절부터 이어지고 있었기 때문에 이 출판도 아베, 혹은 후지무라 집안과의 관계 안에서 진행되었으리라 짐작된다. 훗날 아시노의 딸은 이와나미의 도움으로 철학자 다나베 하지메田辺元와 결혼하기에 이른다.

단 『우주의 진화』의 출판은 이와나미의 기획이 아니었다. 그는 의뢰를 받아 사무적 작업을 했을 뿐 본격적으로 출판사로서 출발했다고는 볼 수 없다.

『우주의 진화』를 출판하면서 이와나미서점은 생각지도 않게 출

나쓰메 소세키夏目漱石, 소세키 산장 서재에서. 1914년 12월

판 쪽으로도 사업을 확장하게 되었다. 다음 해인 1914년 5월에는 우치다 다다시內田正의 『유가 이상학 인식론儒家理想学認識論』의 자비 출판에 착수하여 경험을 쌓았다. 이와나미는 차츰 자체 기획으로 출판하고 싶다는 의욕을 품었다. 이와나미서점을 본격적인 출판사로서 운영하고 싶다는 마음이 생긴 것이다.

그 때 눈에 들어온 것이 당시의 국민적 인기 작가 나쓰메 소세키였다.

소세키는 이와나미가 제일고등학교와 도쿄제국대학에 다닐 무렵 양교에서 교편을 잡고 있었는데 강의를 직접 들은 적은 없었다. 그는 '선생님이 다니는 것을 본 적은 자주 있었다'고 말하며, 당시에는 '반은 재미 삼아 교실을 들여다본 정도'였다고 회상하고 있다.[이와나미 1942a:55] 소세키는 1907년에 대학을 사직하고 아사히신문사에 입사하여 직업 작가로서의 길을 막 걷기 시작하고 있었다.

이와나미는 고서점을 창업할 때 아베를 통해 소세키를 소개받았다. 이와나미는 아베와 함께 소세키산장(와세다에 있었던 소세키 자택)을 방문하여 '간판을 써 주셨으면 좋겠다'고 간곡히 부탁했다. 소세키는 이를 흔쾌히 수락하여 '이와나미서점岩波書店'이라고 크게 써 주었다. 이 글자가 가게 간판이 되어 관동대지진으로 소실될 때까지 가게에 걸려 있었다.[아베 1957:138]

나쓰메 소세키의 가족과 제자들. 앞줄에 앉아 있는 것이 고미야 도요타카小宮豊隆, 뒷줄 왼쪽부터 네 번째가 소세키, 오른쪽 끝이 아베 요시시게. 원 안은 왼쪽으로부터 스즈키 미에키치鈴木三重吉, 모리타 소헤이森田草平. 1911년 4월

1917년 9월 예약 모집을 발표한『소세키 전집漱石全集』전 14권

이와나미는 1914년 4월부터 아사히신문에 연재되고 있던 『마음 ㄷㄷㄱ』을 읽었다. 그는 제일고등학교 시절부터 알고 지냈던 친구이 자, 당시 소세키에게 사사받고 있던 노가미 도요이치로野上豊一郎(일본의 영문학자)에게 '나쓰메 선생님을 만나게 해 달라'고 부탁하였다. 이렇게 성사된 만남을 통해 『마음』의 출판을 타진했고, 소세키는 '그렇군, 그것은 자네에게 주겠네'라고 말했다. 노가미는 '(이와나미의) 그 순간 그 기쁜 표정이란!'하고 회상한다.[이와나미 1942a:96~97]

그러나 이와나미의 수중에는 충분한 자금이 없었다. 그 때문에 소세키에게도 자비 출판을 요구했다. 소세키는 오히려 흥미를 나타 내며 직접 장정에 손 댈 것을 조건으로 합의했다.

소세키는 디자인에 집중하여 '중국 고대의 석고문石鼓文 탁본에서 따온 장정을' 답습하게 되었다.[아베1957:139]

『마음』은 9월 20일에 간행되었는데 8월 말부터 9월 초에 걸쳐 소 세키와 이와나미가 빈번히 연락을 취하며 제본의 상세한 부분까지 의논한 것으로 보인다. 이는 서로가 주고받은 서간을 통해 엿볼 수 있다.

이 사이 소세키가 이와나미에게 보낸 서간은 4통이 현존하고 있다.

[첫 번째 편지] 8월 24일
어제는 실례가 많았습니다. 그때 잠깐 말씀 올렸듯이 책 뒤에
찍는 도장은 별지에 있는 것으로 정하였으니 우선 한번 봐주시면
감사하겠습니다.[나쓰메1957b:64]

[두 번째 편지] 8월 31일

판권장 석장을 써 본 가운데 가장 좋을 것 같은 것을 봐 주시길 바랍니다. 이 가운데 저자, 발행소, 인쇄소의 이름을 빨간 글씨로 자세히 배치하는 이유는 '고양이'의 판권장을 보시면 대체로 짐작이 가시리라 믿습니다.

또한 자세한 사항은 직접 만나서.[나쓰메 1957b:66~67]

[세 번째 편지] 9월 6일

주석을 써 보았으나 잘 되지 않습니다. 우선 그 가운데 완성도가 있다고 생각하는 것을 보여드립니다. 만약 이것을 넣을 시간이 안 된다면 보통의 것을 인쇄소에서 파게 하면 어떨까 합니다. 이상.[나쓰메 1957b:70]

[네 번째 편지] 9월 7일

어제 저녁에 보내주신 서문 가운데 필요한 문구만을 넣었사오니 잘 부탁드립니다. 그리고 목차 쪽도 같이 첨부했습니다만 서문을 고치는 이상 목차에 손을 댈 필요도 없지 않을까 생각하기 때문에 이것은 그대로 보내드립니다.[나쓰메 1957b:71]

소세키의 아내 교코鏡子가 회상하고 있는 것처럼 『마음』은 소세키가 '표지도 책 후면도 모두 직접 지시해' 주었기 때문에 소세키로부터 소상한 제안과 지시가 행해졌다. 이와나미는 애초에 '가장 좋은 것을 사용하여 너무나 훌륭한 것을' 만들고자 했다. 그 때문에 소세키에게 '표지가 좋으면 종이 질을 떨어뜨린다거나 용지가 좋으면 커버를 조금 검소하게 한다거나, 어떻게든 책이란 것은 그런 식으로 방법을 생각해서 적절하게 만드는 것'이라고 주의를 받았다.[나쓰메 교코 1947] 도중에 이와나미는 소세키의 육필 디자인화를 분실하여 대소동을 겪기도 했다. 자기 집 책상 위에 놓아둔 것을 딸과 근처 아이들이 '예쁜 색지가 있다고 생각해 잘라 나누어 버렸던' 것이다. 천만다행으로 서로 다시 이어서 사용할 수 있는 상태여서 안도했다. 창업 이래 이와나미는 가족과 함께 점포의 한구석에서 살고 있

『명암明暗』 금일 발매의 날 가게 앞에 모여 있는 이와나미(오른쪽으로부터 네 번째)와 직원들. 1917년 1월 26일.

없는데 이런 사건이 있기도 해서 가게와 주거공간을 분리하기로 하고 고지마치 구麹町区 후지미초富士見町로 이사했다.[고바야시 1963:435-436]

계약은 최초 비용을 소세키가 내고 '점차 돈을 벌어나가면 이와나미 쪽에서 그것을 변상해 간다'는 형태를 취했다. 소세키는 1916년 12월 9일에 타계하는데 이 이후에는 통상적인 출판계약으로 바꾸었다.[고바야시 1963:435] 소세키가 세상을 떠나던 밤, 이와나미는 나쓰메 집안의 변소에 빠졌다. 침울했던 자리에 웃음이 일었지만 점차 눈물로 바뀌어 갔다고 한다.[야마자키 1961:68]

이와나미서점에서 나온 소세키의 단행본은 『마음』, 『유리문 안에서硝子戸の中』, 『한눈팔기道草』, 『명암明暗』, 『소세키 하이쿠집漱石俳句集』, 『소세키 시집漱石詩集』 등 여섯 권으로 그 가운데에서도 유작이 된 『명암』(1917년 1월)이 3만 424부로 가장 잘 팔렸다.[야마모토 2000:179] 1916년 소세키가 세상을 떠나자 다음 해 12월에 이와나미서점으로부터 『소세키 전집漱石全集』 출판이 시작되었다. 이 전집 출판이 '대리점 및 소매점에 이와나미서점의 권위를 인식시킨 유력한 무기가 되었다.'[고바야시 1963:104]

『마음』의 출판은 성공적이었다. 이로 인해 이와나미서점은 본격적으로 출판업에 뛰어들게 된다. 이 해 연말에는 아베 요시시게의 편집으로 우오즈미 가게오의 『세쓰로 유고折蘆遺稿』를 출판하고 다음해 2월에는 아베 지로의 『제2 산타로의 일기第弍 三太郎の日記』를 세상에 내놓았다. 전년도에 아베는 『산타로의 일기三太郎の日記』를 간행하여 좋은 평판을 얻었다. 이와나미는 즉각 절친한 벗에게 부탁하여 후속 출판에 박차를 가했다.

아베 요시시게와 아베 지로라고 하는 제일고등학교 시절부터의 오랜 벗들의 협력으로 이와나미서점은 출판사로 착실한 첫발을 내디뎠다.

『아라라기』

이와나미는 가게 전면에 내세운 단가 『아라라기ㄱㄱㄱㅋ』 판매에 힘을 쏟았다. 1915년 3월 『아라라기』 8권 3호부터는 발매소가 되었고 이후 가인들과의 교류도 더욱 깊어졌다.

『아라라기』는 마사오카 시키正岡子規 아래 결성된 네기시단가회根岸短歌会의 기관지로 1903년 이토 사치오伊藤左千夫에 의해 창간된 『아시비馬酔木』를 원류로 한다. 1908년 1월 재정난에 의해 『아시비』가 종간에 이르자 후속 잡지로서 『아카네ㄱㄱㅋ』가 창간된다.

이토가 『아카네』의 편집인으로 지명한 것이 미쓰이 고시였다. 미쓰이는 마사오카 시키를 동경하여 네기시단가회에 출입하다 점차 이토의 신뢰를 얻게 되었다.

그러나 이 미쓰이로 이어지는 배턴 터치가 문제를 불러일으키게 된다.

처음에는 밀월 관계였던 두 사람이 점차 의견 차이를 보이면서 대립이 표면화되었다. 관계가 회복 불가능 상태에 접어들자 이토는 1908년 10월 『아라라기阿羅々木』를 창간하고 네기시단가회는 사실

마사오카 시키正岡子規『교가만로쿠仰臥漫録』콜로타이프 판.
1918년 9월판

상 분열되었다. 미쓰이는 1912년 5월 『아카네』를 『인생과 표현人生と表現』으로 개칭하고 자신의 사상에 입각한 문예 비판 잡지로 탈바꿈시킨다. 이 잡지에 모여든 멤버가 중심이 되어 1925년 11월에 창간된 것이 『원리일본』이다. 후에 이와나미는 이 잡지로부터 엄청난 공격을 받기에 이른다.

한편 이토는 『아라라기阿羅々木』의 명칭을 『아라라기ｱﾗﾗｷﾞ』로 변경하고 재기를 노렸지만 1913년 세상을 떠나 버린다. 잡지 편집은 사이토 모키치斎藤茂吉가 이어받았지만 잘 되지 않아 시마키 아카히코島木赤彦가 후속 편집 발행인이 되었다.

아카히코의 고향은 이와나미와 마찬가지로 나가노 현 스와였다. 그는 고등소학교 교원을 역임하는 한편 이토에게 사사하며 단가를 지었다. 『아라라기』의 어려운 상황이 진행되자 모키치는 휴간을 하자고 했지만 아카히코가 맹렬히 반대했다. 그는 휴간을 취소하게 하고 스스로 상경하여 편집·발행인이 되었다.

아카히코의 본명은 구보타 도시히코久保田俊彦. 이와나미는 아카히코와 만나 의기투합하여 보통 때는 '구보타 씨'라고 불렀다. 이와나

사이토 모키치斎藤茂吉 유학 송별회. 앞열 왼쪽부터 모리타 쓰네토모森田恒友, 사이토 모키치, 아베 요시시게, 이마이 구니코今井邦子, 나카무라 겐키치中村憲吉, 오리구치 시노부折口信夫, 가운데열 왼쪽부터 히가시 아라타東新, 고미야 도요타카, 히라후쿠 하쿠스이平福百穂, 스기우라 스이코杉浦翠子, 이와나미, 오카 후모토岡麓, 뒷열 왼쪽부터 와라비 도켄蕨桐軒, 시마키 아카히코島木赤彦, 고이즈미 치카시古泉千樫. 1921년 10월

미는 훗날 다음과 같이 말하고 있다.

　　나와 아라라기와의 관계는 구보타 씨에 의해 친밀히 이어졌지만, 그 이전 제일고 시절 혼고本郷 세이순도盛春堂에서 『아시비』를 본 적이 있다. 우선 이름이 특이해서 주의를 끌었다. 빈약한 잡지이긴 했지만 범할 수 없는 일종의 품격을 갖추고 있었던 것을 어렴풋이 기억한다. 이것이 아라라기의 전신이라는 사실은 훨씬 이후에 알게 되었다.[이와나미 1933c]

　아카히코가 『아라라기』의 편집·발행인이 된 것은 1915년 2월. 다음 달인 3월부터 이와나미서점이 발매소가 되면서 동향이었던 두 사람의 관계가 네기시단가회와 이와나미서점을 이어주게 되었다. 소세키가 이토를 높이 평가하고 있었던 것도 관계가 깊어지는 계기가 되었을지도 모른다.

이후 이와나미는 『아라라기』 인맥을 중시했다. 그는 '아라라기 총서' 출판을 맡아 네기시단가회를 융성하게 했다.

이와나미는 말한다.

> 경솔하고 경박한 현대에서 아라라기는 보기 드물 정도로 견실한 존재이다. 우직하다고도 말할 수 있을 정도로 성실한 단체이다.[이와나미 1933c]

1926년 3월 27일, 아카히코가 스와에서 숨을 거둘 때 이와나미는 병상을 찾았고, 위독함을 알리는 전보가 전해져 왔을 때도 '잠시도 주저하지 않고' 달려왔다.[고바야시 1963:67] 1929년부터 1년에 걸쳐 『아카히코 전집赤彦全集』(전 8권)을 이와나미서점에서 간행한다.

이와나미는 젊은 시절부터 단가短歌에 대한 관심이 있었던 것으로 보이며 학창시절에는 요사노 아키코与謝野晶子의 『헝클어진 머리みだれ髪』를 애독했다. 이와나미서점이 출간을 시작하자 바로 아키코와 접촉하여 원고 의뢰를 했다. 1917년 3월에는 아키코로부터 이와나미에게 돈을 빌려달라고 의뢰하는 편지가 왔다.[이와나미서점 편집부 2003:10-12]

철학 붐과 '철학총서'

1915년 10월 이와나미는 '철학총서哲学叢書' 간행을 개시했다. 그리고 '철학총서'의 출판은 '철학서 유행시대를 주도함'과 동시에 출판계에서 이와나미서점의 지위를 확립하는 계기가 되었다.[아베 1957:140-141] 이와나미는 훗날 회고하며 다음과 같이 말한다.

> 철학 따위가 유행하지 않던 때에 신념으로 임했다. 지금 사회가 사상적으로 동요가 심한 것은 결국 철학 사상이 부족하기 때문이며, 상식이 부족하기 때문이다. 철학적, 일반적 상식을 배양하는 정신과학의 기초적 지식이 없어서 그것이 매우 필요했다. 철학이라는 것이 매우 특별한 취급을 받고 있던 그 당시에 철학서 출판이 하나의 계기가 되어 새로운 시대를 열었던 것이다. 일반적으로 철학 따위가 사회에 흥미를 일으켰던 것은 그게 처음이었다. 애당초 상업적인 대상이 될 만한 것도 아니었다. 그 당시 사회적으로 필요성이 있다는 이유로 했다. 결코 잘 팔릴 거라는 이유로 했던 일이 아니었다. 그러나 그렇게 했기 때문에 잘 팔리기 시작했다.[이와나미 1942a:115]

당시 일본에서는 물질문명 비판이 고조되어 원시적 생명력이나 정신세계를 찬미하는 생명주의적 풍조가 확대되고 있었다. 이 흐름은 오이켄Rudolf Eucken이나 베르그송Henri Bergson에 대한 주목으로 이어지며 일종의 붐이 일어났다. 오이켄에 대해서는 가네코 지쿠스이金子筑

水(철학자), 이나게 소후稲毛詛風(철학자), 구와키 겐요쿠桑木嚴翼(철학자), 나카지마 한지로中島半次郎(교육학자), 아베 요시시게 등이 논문과 저서를 계속해서 간행하였고 베르그송에 대해서는 메이지 시대 말기인 1910년 8월 니시다 기타로西田幾多郎(일본을 대표하는 철학자)가 '베르그송의 철학적 방법론 ベルグソンの哲学的方法論'을 문예잡지 『게이분芸文』에 게재한 후 관심이 높아졌다. 1914년에는 한꺼번에 베르그송 관련 서적이 출판되어 베르그송 붐 시대가 왔다.

나쓰메 소세키는 1914년 11월 25일 행한 강연 '나의 개인주의' 안에서 다음과 같이 말하고 있다.

근년 유행하는 베르그송이든 오이켄이든 모두 그쪽 사람들이 어쨌든 말하기 때문에 일본인도 덩달아 따라서 야단스럽게 그러는 겁니다.[나쓰메 1957a:139]

1910년대 전반에 일어난 이러한 오이켄, 베르그송 붐은 1915년 타고르 붐으로 이어져 과열되었다. 라빈드라나드 타고르Rabindranath Tagore는 1913년 아시아인으로는 처음으로 노벨문학상을 받은 시인으로 당시 일본 방문이 기획되고 있었다. 다음 해인 1916년 타고르의 일본 방문이 성사되어 열광적인 환대를 받았으나 강연에서 일본을 비판한 것이 화제가 되어 타고르 붐은 오히려 호된 비난으로 바뀌었고 열기가 급속히 꺼져들었다.

이러한 일회적인 붐과 비교하면 철학총서 간행은 본격적 철학 제시를 의도한 획기적인 시리즈였다. 이와나미는 말한다.

> 1915년 철학총서의 간행으로 오이켄, 베르그송, 타고르 등이
> 경박하게 유행하던 시절에 견실한 철학 근본지식을 제공할 수 있
> 었습니다. 이로써 지식을 희구하는 진지한 마음에 양질의 자극을
> 부여할 수 있었습니다.[이와나미 1922]

출판에 임해 이와나미는 '철학총서 간행에 대해서 『哲学叢書』 刊行に就い
て'를 발표하는데 여기서도 당시의 오이켄, 베르그송, 타고르 붐에
대해서 언급하고 경박한 일회적인 붐에 대한 회의와 본격적인 철학
에 대한 제시야말로 창간 의도임을 명시하고 있다.

> 오이켄, 베르그송, 타고르. 우리 사상계의 변화도 실로 변화무
> 쌍하다. 이러한 것은 물론 기뻐할 만한 일, 축하할 만한 일이다.
> 그러나 그것이 우리 사상계에 실질적인 의의를 지니려면 우선 이
> 것을 받아들일 기반을 잘 구축해야만 한다. 근래에 총서류 출판
> 이 성행하는 것은 실로 이러한 시대적 요구에 부응하는 일임을
> 의심하지 않는다. 그러나 종래에 세상에 나온 것은 불행하게도
> 대다수가 얄팍하고 편협한 소책자이거나 혹은 겉만 번지르르한
> 빛 좋은 개살구 같은 것들이라 공연히 허황됨에 영합하여 오히
> 려 근본적 이해의 길을 단절시켜버리는 폐해가 없다고 할 수 없
> 다.[이와나미 1915]

단 이 문장은 이와나미의 이름으로 세상에 나오긴 했지만 아베 요시시게가 '당시 내가 쓴 발간 취지'라고 말하고 있으므로[아베 1957:141], 실제로는 아베가 초안을 잡고 이와나미가 손을 봐서 세상에 내놓은 것으로 추측된다.

'철학총서'는 '견실하고 정확한 지식의 기초를 제공하고자' 집필자는 '의욕에 넘치는 소장파 학자'를 영입하였다. 이와나미가 저자로 눈독을 들인 것은 '가장 민감하고 뜨거운 학자적 양심을 가진 지사'로서 이름은 아직 세상에 널리 알려지지 않았지만 '실력은 이른바 대가들에게 절대 뒤지지 않는 자'였다.[이와나미 1915]

이와나미는 간행사를 다음과 같은 문장으로 끝맺는다.

세간의 학자들이나 출판사들이 허위를 부끄러워하지 않는 풍조 속에 저자와 출판사의 진실한 노력이 될 수 있는 이 기획을 온 천하에 고하는 것은 불초한 소생의 남모를 영광이로소이다. 세상의 군자들은 바라건대 불초 소생의 한 조각 뜻을 살피시어 이 행위를 끝까지 해낼 수 있도록 하소서.[이와나미 1915]

'철학총서'의 간행은 학생 시절 번민을 거듭하고 제국대학에서 철학을 공부한 이와나미만이 생각할 수 있는 아이디어였다. 그에게 있어서 철학은 살아가는 것 그 자체와 직결된 문제였다. 철학의 최전선은 인생의 투쟁으로 이어지고 있었고 그 때문에 종래의 소책자와 같은 가벼운 개론서로는 도저히 만족할 수 없었다. 그러한 것들은 인생의 절망이나 적료함에 대한 해답이 될 수 없었다.

이와나미에게 재산이 된 것은 제일고등학교 시절부터 우정을 이어온 친구들이었다. 그들은 이와나미와 마찬가지로 번뇌하고, 그 후 당시를 대표하는 소장파 철학자로서 두각을 드러내고 있는 와중이었다. 그는 아베 지로, 아베 요시시게, 우에노 나오테루上野直昭(미학자)에게 편집을 맡기고 중견학자나 소장파로 활약하고 있는 의욕적인 철학자들에게 집필을 의뢰했다.

> 철학이라면 당시에는 이노우에 데쓰지로井上哲次郎(철학자. 제국대학 최초의 일본인 철학 교수), 나카지마 리키조中島力造가 유명했으며, 적어도 그런 분의 서문이 없으면 책이 팔리지 않을 정도였다. 그러한 상황에서 젊고 의욕적인 소장파 지사들이 그러한 풍조에 항거하며 대중에게 철학의 교양을 전하는 것이 필요하다는 입장에서 실력으로 승부하고자 했던 것이 출발점이 되었다. 모두 우리 친구들이었다.[이와나미 1942a:110-111]

그리고 전 12권의 총서가 차례차례 간행되었다.

(1) 기히라 다다요시紀平正美(철학자. 헤겔 철학 연구의 선구자) 『인식론認識論』
(2) 다나베 하지메 『최근의 자연과학最近の自然科学』
(3) 미야모토 와키치宮本和吉(칸트철학 연구자로 저명) 『철학개론哲学概論』

다나베 하지메田辺元

(4) 하야미 히로시速水滉『윤리학倫理学』

(5) 아베 요시시게『서양고대중세철학사西洋古代中世哲学史』

(6) 아베 지로『윤리학의 근본문제倫理学の根本問題』

(7) 이시하라 겐『종교철학宗教哲学』

(8) 우에노 나오테루『정신과학의 기본문제精神科学の基本問題』

(9) 아베 지로『미학美学』

(10) 아베 요시시게『서양근세철학사西洋近世哲学史』

(11) 다카하시 사토미高橋里美『현대의 철학現代の哲学』

(12) 다카하시 유타카高橋穣『심리학心理学』

'철학총서'는 잘 팔렸다. 당초에 12권을 위해 준비했던 종이가 2권,

3권째에 없어질 정도의 기세였고 다음 해가 되어도 꾸준히 계속 팔렸다. 그 가운데에서도 특히 잘 팔렸던 것은 하야미 히로시의 『윤리학』으로 1926년까지 7만 5000부, 1963년까지는 16만 6800부가 세상에 나왔다. 다카하시 유타카의 『심리학』도 주목을 모아 1926년까지는 4만 3000부, 1949년까지는 10만 1300부가 팔렸다.[이와나미서점 1996:5]

당초 이와나미는 초판을 1000부로 설정하고 있었다. 그러자 관계자들에게 지나치다며 조심하라고 주의를 받았다.[이와나미 1942a:113] 물론 이것은 철학서가 1000부나 팔릴 리가 만무하다는 충고였다. 그러나 철학총서는 예상을 훨씬 뛰어넘어 잘 팔렸고 일약 철학서가 독서계에 보급되었다. 이와나미도 '철학이라는 것이 사회에 흥미를 일으켰던 것은 그게 처음'이라고 말하며 '애당초 상업적인 대상이 될 것은 아니었다'고 회상하고 있다.[이와나미 1942a:115]

이와나미는 벗 아베 지로의 『윤리학의 근본문제』에 특히 감명을 받아 이 책의 보급을 출판인으로서의 책무로 느꼈다고 말한다.

제가 초기에 출판했던 철학총서 중 한 권에 『윤리학의 근본문제』라는 것이 있습니다. 이것은 립스Theodor Lipps의 학설을 아베 지로 씨가 쓴 것입니다. 오늘날 립스의 인격주의는 그다지 세간에서 환영받고 있지 않습니다만, 그 당시 우리에게는 무척 대단한 감동을 주었습니다. 그래서 저는 이러한 책이야말로 일본 국민 모두가 읽도록 하고 싶다, 이런 책을 보급하는 것이야말로 우리가 출판인으로서 국가에 봉사하는 일이다라고 생각했던 것입니다.[이와나미 1943a]

또한 주목해야 할 점은 제2권의 집필자로서 당시 무명이었던 다나베 하지메를 발탁했던 점이다. 다나베는 이때 30세로 도호쿠제국대학東北帝国大学 이학부 강사로 취임한 지 얼마 안 되었을 무렵이었다. 다나베는 이와나미보다도 네 살 연하였으나 제일고등학교에 동기로 입학하였고 이와나미와 마찬가지로 도쿄제국대학 문과대학 철학과를 졸업했다. 학창시절에는 깊은 교류가 없었지만 두 사람 모두와 친구였던 벗을 통해 면식은 있었다.[다나베 1947] 『최근의 자연과학』 출판 이후 두 사람의 관계는 깊어졌고 다나베의 주요한 저서는 이와나미서점에서 출판하게 된다. 훗날 다나베는 교토제국대학에서 니시다 기타로와 함께 철학 교수로 근무하며 근대 일본을 대표하는 철학자로 알려지게 되는데 이와나미는 그 존재에 가장 빨리 주목하여 재능과 작품을 높이 평가하고 있었다. 다나베에게도 이와나미의 존재는 마음의 큰 의지가 된 듯하다. 만년 '자네(이와나미)와의 교류를 빼고 생각한다면 내 일생은 얼마나 궁핍하고 공허한 것인지 모른다'고 회상하고 있다.[다나베 1947]

이와나미는 '철학총서' 성공의 기세를 몰아 1917년 5월 잡지 『사조思潮』를 창간했다. 주간은 아베 지로였으며, 동인으로 이시하라 겐, 와쓰지 데쓰로和辻哲郎, 고미야 도요타카小宮豊隆, 아베 요시시게가 가담했다. 이와나미는 훗날 『사조』 창간의 목적이 '케벨 선생님 작품을 내는 것'이었다고 회고하고 있는데[이와나미 1942a:141], 아베가 집필했다고 전해지는 '발간사'에는 세계적 시야를 가질 것의 중요성이 강하게 언급되고 있다.

> 훌륭한 문명을 건설하고 풍요로운 생활을 펼치기 위해서는 그 기초를 넓고 크게 구축하지 않으면 안 된다. 그를 위해서 우리는 조국에 대해서뿐만 아니라 세계에 대해서, 자기 자신과 더불어 타인에 대해서, 광대하고 심원한 흥미와 동정과 이해를 가지고 있지 않으면 안 된다. 편협한 국수주의는 철저한 이해와 비평이 결여된 외국 모방과 함께 우리 문명과 생활을 빈약하게 만들 뿐이다. 이 두 가지 오류에 대항하여 모든 일들에 풍요로운 동정과 철저한 이해를 가지는 우리들의 첫 번째 사명이다.[고바야시 1963:438]

이러한 장대한 구상으로 발간된 잡지였지만 창간 후 2년도 지나지 않은 1919년 1월 아베의 유럽 유학으로 인해 폐간된다.

그러나 세간에서는 '철학의 이와나미서점'이라는 이미지가 퍼졌고 순식간에 명문 출판사로 발돋움했다.

구라타 햐쿠조의 등장

이와나미서점의 성공은 번민과 자기 표현에 고군분투하고 있던 청년들을 고무했다. 그들에게 있어서 이와나미서점은 동경의 대상이 되었고 공감대가 형성되었다.

1916년 12월.

'철학총서'가 항간에서 화제가 되고 있던 무렵, 이와나미는 한 통의 편지를 받았다. 편지를 보낸 사람은 구라타 햐쿠조倉田百三. 당시에는 완전히 무명의 청년이었다.

구라타는 그로부터 한해 전 가을 이와나미에게 편지를 보내 니시다 덴코西田天香(참회봉사단체 잇토엔—燈園 창설자)의 주소를 물어본 적이 있었다. 이에 대해 전보로 회답을 주고받은 적이 있지만 두 사람 사이에 직접적인 교류는 없었다.

구라타는 1891년생으로 1910년 제일고등학교에 입학했다. 이와나미의 제일고등학교 퇴학은 1904년이기 때문에 시기적으로 겹치지는 않는다.

막 입학했을 때의 구라타는 입신출세의 꿈을 향하고 있었지만 점차 이기적인 자기 자신에게 고뇌하고 독아론에서 탈출할 길을 모색했다. 그때 서점에서 손에 집어 든 것이 니시다 기타로의『선의 연구善の硏究』였다. 서문에는 '개인적 구별보다도 경험이 근본적이라는 생각을 통해 독아론을 벗어날 수 있었다'고 되어 있어 구라타는 구원받는 느낌으로 책을 끝까지 읽었다. 그는 '자타 합일의 마음이야말로 사랑이다'라고 생각하며 지성과 애정이 '하나의 자연현상'으로 존재한다고 느끼게 되었다.

그러나 구라타의 고민은 계속되었다. 그것은 신앙과 성욕에 대해서였다. 그는 도저히 '신의 사랑'이 존재하는지 믿을 수 없었고 또한 성욕을 극복하는 것도 불가능했다. 그런 와중에 그는 연애에 의한 자타 합일의 존재양식에 대해 의문을 품고 마침내 '진정한 종교

100

는 Sex 안에 잠재하고 있다'고 언급하기에 이른다.[구라타 2008:103]

그는 한 여성과 사랑하여 하나로 맺어졌지만 어느 순간 생각지도 못하게 인연을 끊겠다는 연락을 받아 어이없게도 순식간에 파탄에 이른다. 그는 연애의 한계를 뼈저리게 느끼며 그리스도교에 접근한다. 그리고 심신에 깃든 병으로 학업 또한 지속할 수 없게 되자 제일고등학교를 퇴학하고 고향인 히로시마로 귀향했다.

여기서도 연애와 투병을 계속하였고 그 과정에서 신란의 사상에 깊은 관심을 갖게 되었다. 그는 신앙의 길로 인도해 줄 지도자를 찾았고 잇토엔─燈園의 니시다 덴코의 존재를 알게 된다. 이와나미에게 편지를 보내 니시다의 연락처를 알려달라고 한 것도 그런 연유였다. 교토의 잇토엔을 방문하여 약 반 년간 공동생활을 한 후 다시금 히로시마로 귀향. 거기서 희곡 『출가와 그 제자出家とその弟子』를 썼다. 이 작품은 신란과 유이엔唯円이라는 사제관계를 축으로, '기도'와 '용서'를 테마로 한 이야기이다. 잡지 『생명의 강生命の川』 1916년 11월호에 첫 회분이 게재되었다.

그는 12월 20일 이와나미에게 편지를 보냈다.

귀하에게 의뢰하기 위해 이 편지를 씁니다. 실은 저는 성인이신 신란을 소재로 한 『출가와 그 제자』라는 드라마를 썼습니다. 6막 13장입니다. 이것을 책으로 하고 싶습니다만, 원고를 보낼 터이오니 읽어 보아 주시고(바쁘시겠사오나) 혹여 그만한 가치가 있는 작품이라는 마음이 드시면 출판을 맡아주시는 것은 불가능하겠는지요(이름 없는 저의 작품이기에 팔리지 않을 거라는 마음이 들어 부탁드리는데 기가 죽어 있습니다)[이와나미서점 편집부 2003:7-8]

구라타는 '어쩔 수 없다면 자비로 내고 싶다'며 '돈을 벌려는 목적이 아니기에 그 어떤 조건이라도 무방하다'고 호소했다.[이와나미서점 편집부 2003:8-9]

편지를 받은 이와나미는 작품을 읽었다. 그리고 그 완성도에 감탄하며 과감히 출판해 볼 결심을 굳혔다.[고바야시 1963:440] 단 출판비용은 구라타의 부담으로 결정이 났기 때문에 구라타는 초판 800부를 위한 경비 500엔을 만들어내기 위해 백방으로 돌아다녔다.[스즈키 1980:103]

그리하여 1917년 6월 『출가와 그 제자』는 출판되었다. 이와나미는 '무명의 사람을 세상에 내보내는 것을 저의 의무라고 느끼고 있습니다. 아무쪼록 이 책을 읽어 봐 주십시오'라고 각지를 돌아다니며 『출가와 그 제자』를 열심히 선전했다.[모리조노 1947]

결과는 대성공이었다. 『출가와 그 제자』는 출판되자마자 화제가 되었고 찬사가 쏟아졌다. 아리시마 다케오有島武郎는 야기사와 젠지八木沢善次에게 보낸 편지(1918년 3월 17일 자) 속에서 '어제 『출가와 그 제자』를 읽고 울어버렸습니다. 어쩜 이리도 훌륭한 예술품이 있을까요'라고 극찬했다.[아리시마 1984:558]

1921년 3월에는 구라타가 제일고등학교 시절 쓴 것을 중심으로 편집된 『사랑과 인식의 출발愛と認識との出発』이 출판되었고 그것도 순식

간에 베스트셀러가 되었다.[이와나미서점1996:19] 다이쇼, 쇼와 시대의 번민 청년들에게 있어서『출가와 그 제자』,『사랑과 인식의 출발』은 아베 지로의『산타로의 일기』와 함께 필독서이자 바이블적인 존재로서 계속 읽혔다.

이 해에는 다시금『출가와 그 제자』의 판매에 불이 붙어 '재고조사부에 매일같이 500부씩 제본소에서 책이 실려 왔고 그 자리에서 그걸 기다리고 있던 거래처가 그대로 가지고 갔다.'[고바야시 1963:23]

구라타의 작품은 그 외에도『노래하지 않는 사람歌はぬ人』(1920년),『아버지의 근심父の心配』(1922년),『표식 보이는 길標立つ道』(1925년),『일부일처냐 자유연애냐一夫一婦か自由恋愛か』(1926년),『붉은 영혼赤い霊魂』(1926년),『보시태자의 입산布施太子の入山』(1927년)이 이와나미서점으로부터 출판되었다.『붉은 영혼』은 폭력을 긍정하고 있다는 이유에서 발간 금지가 되었다. 이것은 이와나미서점이 받은 최초의 발간 금지 처분이었다.[이와나미서점 1996:39]

니시다 기타로, 다나베 하지메, 와쓰지 데쓰로

창업한지 5년째인 1917년은 이와나미서점에 있어서 실로 비약적인 한 해였다. 6월에『출가와 그 제자』가 간행되어 베스트셀러가 되었고, 8월에는 전 12권의 '철학총서'가 완결되었다. 그리고 10월에는 니시다 기타로의『자각에 있어서의 직관과 반성自覚に於ける直観と反省』이 출판되었다.

니시다는 1910년부터 교토제국대학 문과대학에서 교편을 잡았고, 다음 해인 1911년에는 『선의 연구』를 고도칸弘道館에서 출판했다. 젊은 날 불우한 시기가 길었던 니시다는 교토제국대학京都帝国大学에 부임했을 때 이미 40세였다. 1917년에는 47세였는데 니시다 철학으로서는 아직 전반기 단계에 있었다.

이와나미는 니시다를 당대 최고의 철학자로 간주하고 출판을 추진했다. 『자각에 있어서의 직관과 반성』의 광고에는 다음과 같은 문장이 게재되었다.

> 작금의 철학에 중요한 제문제는 가치와 존재, 의미와 사실과의 관계 혹은 결합의 설명으로 환원할 수 있으리라. 이 책은 서양철학 수입 후 아마도 가장 독창적 조직자라고 감히 말할 수 있는 저자가 다년에 걸쳐 그 독특한 자각적 체계의 견지로부터 이 중심문제에 대해 심원하고 세밀한 해결을 제시하고 있는 철학적 노력의 결정체이다. 사색의 힘, 체험의 깊이에 있어서 저자의 철학 체계를 뒤따를 자가 당대에는 아직 나타나고 있지 않다. 철학적 사색의 본질은 단순히 개념의 논리적 정리에만 있는 것은 아니다. 오히려 우리 인격의 깊은 본질을 형성하는 필연적 과정에 존재하지 않으면 안 된다. 이 책에 의해 그것이 진정으로 증명되리라. [이와나미 1917]

이 문장도 필시 아베 요시시게를 비롯한 브레인 중 한 사람이 집필하고 최종적으로 이와나미가 손질을 해서 세상에 나왔을 것으로 추측된다. 다만 이와나미가 니시다를 일본 철학자의 필두로서 파

니시다 기타로西田幾多郎

악하고 그 독창성과 사색의 힘, 체험의 깊이에 있어서 이를 따를 자가 없다고 생각하고 있었던 것은 틀림없는 사실이다.

이후 니시다가 쓴 저술서의 대부분은 이와나미서점에서 출판된다. 아베에 의하면 '이와나미는 니시다가 철학자로서 탁월할 뿐만 아니라 인격이 고결하고 항상 나랏일에 대해 깊은 관심을 가지고 있었던 것에 대해 경의를 표하고 있었다'고 한다.[아베 1957:452]

1919년 5월에는 센쇼칸千章館에서 1915년에 출판된 『사색과 체험思索と体験』이 이와나미서점에서 다시 출판되었고 1921년 3월에는 『선의 연구』도 이와나미서점으로 출판사를 바꾸었다. 같은 해에는 구라타 햐쿠조의 『사랑과 인식의 출발』이 출판되었고 그 중요한 부분에서 『선의 연구』에 대한 언급이 있었기 때문에 '『선의 연구』의 판매도 급격히 증가했다.'[이와나미서점 1996:19]

1918년 9월에는 다나베 하지메의 『과학 개론科學槪論』이 출판되었다. 니시다는 일찍부터 다나베에 주목하여 1913년 4월에는 서로 면식이 있는 사이가 되었다. 그 후 빈번히 서로 편지 왕래를 하며 솔직한 비평을 주고받았다.

니시다는 차츰 다나베를 교토제국대학으로 불러들일 구상을 구체화시킨다. 그리고『과학 개론』의 평가가 결정적인 것이 되자 1919년 5월 14일 교수회에서 다나베를 조교수로 맞이할 것이 결정되었다. 이처럼 니시다, 다나베를 중핵으로 하는 교토학파의 형성에는 이와나미서점의 출판 사업이 큰 역할을 했다.

1919년 5월에는 와쓰지 데쓰로의『고찰순례古寺巡礼』가 출판되었다. 와쓰지는 1889년생으로 1906년에 제일고등학교에 입학했다. 그는『교우회잡지』에 무척 자주 투고하였고 한 학년 위의 선배인 다니자키 준이치로谷崎潤一郎와 교류하고 있었다. 도쿄제국대학에 입학하자 제2차『신사조新思潮』에 가담하여 문예활동을 전개했는데 점차 학자로서의 길을 걷기 시작한다. 그 과정에서 형처럼 따르던 선배가 바로 아베 지로였다. 두 사람은 사생활에서도 많은 시간을 함께하며 의기투합했다.

이와나미와 와쓰지의 관계는 아베 지로의 소개로 맺어진 게 아닐까 추측한다. 앞서 언급한 바와 같이 와쓰지는 잡지『신사조』의 동인으로 아베 지로와 함께 잡지의 중심적인 역할을 하고 있었다. 1918년에는 '고찰순례'를 연재하여 호평이 계속 이어졌다. 다음 해 단행본으로 출판된『고찰순례』는 베스트셀러가 되었고 이와나미서점에 있어서 와쓰지의 존재감은 높아졌다.

1921년 10월에 잡지『사상思想』이 창간되자 와쓰지는 편집의 임무를 맡았다. 그런 그도 1925년 니시다의 권유에 응해 교토제국대학에 부임했다. 이와나미서점을 통한 인맥이 차근차근 교토학파의 철학 그룹을 형성해 갔다.

다이쇼 데모크라시와의 호응

1918년 제1차 세계대전이 끝나자 급격히 불황의 시대가 왔다. 각지에서 노동쟁의가 일어나 다이쇼 데모크라시의 기운이 고양되었다. 그러자 이와나미는 사사키 소이치佐々木惣一의 『보통선거普通選挙』(1920년 4월)나 가와이 에지로河合栄次郎의 『노동문제 연구労働問題研究』(1920년 4월), 고이즈미 신조小泉信三의 『사회문제 연구社会問題研究』(1920년 6월), 폴 픽Pic, Paul의 『노동쟁의労働争議』(스기무라 요타로杉村陽太郎 번역, 1920년 7월) 등을 짧은 기간 동안 연이어 출판하여 세상의 요청에 응하였다.

사사키의 『보통선거』 출판은 이와나미가 저자의 강연을 들었던 것이 계기가 되었다. 이와나미는 사사키의 보통선거 추진 주장에 감격하여 저자를 직접 방문해서 강연 내용을 문서화할 것을 간곡히 청했다. 사사키가 이 요구에 화답하여 출판이 실현된 것이다. 이와나미서점의 점포 앞에는 폭 1미터 높이 10미터에 이르는 대형 간판이 설치되었다. 이것은 '아마도 서적 간판으로서는 그때까지 전례가 없었을 정도의 크기'여서[이와나미서점 1996:15], 이 책에 거는 이와나미의 의지가 엿보인다.

이 무렵부터 이와나미는 정치에 관심을 가지고 다이쇼 데모크라시의 분위기를 응원했다. 1921년 6월에는 러시아 사회주의자 플레하노프Georgii Valentinovich Plekhanov의 『마르크스주의의 근본문제』(쓰네토 교恒藤恭)를 출판하고 마르크스주의에 대한 관심을 보였다. 그는 당시의 정치상황에 격분하며 정치권력에 대한 반발을 나타내게 되었다.

이와나미는 리버럴한 관점에서 정치를 바라보았다. 이와나미서점은 1920년대에 이르면 교양주의에 바탕을 둔 리버럴한 출판사로서의 지위를 획득해 간다.

1921년에는 처참한 테러사건이 연이어 발생했다. 9월 28일에는 아사히 헤이고朝日平吾가 야스다安田 재벌(일본 4대 재벌 중 하나)의 야스다 젠지로安田善次郎(야스다 재벌의 시조)를 사살했다. 게다가 이 사건의 꼬리를 무는 형태로 11월 4일에는 나카오카 곤이치中岡艮一가 하라 다카시原敬 수상을 암살했다. 세상은 불온한 분위기에 휩싸이기 시작했다.

1920년 입사하여 전후에 이와나미서점의 지배인, 대표이사, 회장을 역임한 고바야시 이사무小林勇는 하라 수상 암살 사건 직후 이와나미와 함께 목욕탕에서 간 적이 있다. 이와나미는 돌아오는 길에 고바야시를 진보초神保町의 서양요리점에 데리고 갔다. 식사 자리에서 이와나미는 '나카오카가 하라 다카시를 찌른 것은 장한 일'이라고 말하며 하라의 정치를 격렬히 비판했다. 그리고 '자네는 나이가 몇인가?'라고 묻고, 고바야시가 '열아홉입니다'라고 대답하자, '그럼 나카오카와 같은 나이질 않는가. 자네에게는 도저히 이런 대단한 일은 불가능하겠지?'라고 물었다. 고바야시가 '저는 설령 세상을 위한 일이라고는 해도 다른 사람을 죽이지는 않을 겁니다. 한 사람을 죽여서 자신의 목숨을 버리는 그런 바보 같은 짓은 하지 않을 겁니다'라고 반론하자, 이와나미는 '재미있다는 듯이 웃었다'고 한다.[고바야시 1963: 29-30]

훗날 초국가주의 테러의 원류로 자리매김하게 되는 아사히와 나카오카의 사건은 당시 혁신운동의 일환으로서 파악되고 있었다. 실제로 아사히는 몇 개인가의 노동운동에 참가하여 보통선거 실현을 요구하고 있었다. 또한 하층 노동자 숙박시설 건설을 기획하고 재벌에게 원조를 요청하기도 했다. 이와나미에게 있어 재벌이나 수상을 암살한 일련의 테러는 네이션(國民)의 곤경을 대변하는 혁신적 행동으로 파악되어 '장한 일'로 인식되고 있었다.

관동대지진

1923년 9월 1일, 관동대지진이 일어났다. 발생은 오전. 이와나미는 가게 안에서 지진을 겪었다.

당시 이와나미가 있던 곳은 이 해 사들인 별관 건물이었다. 이 건물은 점포 깊숙한 안쪽에 있었고 이전에 브레난이라는 서양인이 살고 있던 집이었다. 이와나미는 지진 당시 흔들리고 있는 와중에 '낡은 집이니 무너질 거라고 생각했다.' 그때는 '어딘가 몸을 피할 곳'이 있지 않을까 싶어 '천장을 노려보고 있었다.' 그러나 건물은 무너지지 않았다.[이와나미1942a:146]

이와나미는 황급히 밖으로 뛰쳐나갔다. 바깥은 주변 건물이 여기저기 무너지고 있었고 근처에서 불길이 솟아올랐다. 직원들은 중요 서류나 원고, 장부 등을 껴안고 피난했다. 직원들은 모두 무사했지만, 점포, 공장, 창고는 모조리 소실되었다. 인쇄소도 대부분 피해를 입었기 때문에 대부분의 지형紙型 들도 사라졌다.

이와나미는 말한다.

구단九段의 언덕 위에서 불탄 자리를 내려다보며 어찌 되었든
감사하는 마음으로 남은 이 목숨을 부흥을 위해 바쳐야 한다고
뼈저리게 느꼈다.[이와나미 1942a:145]

지진 직후 이와나미와 아베 요시시게의 만남이 있었다. 이와나미
는 가족, 직원 모두가 무사했다는 것에 너무나 감격하며 '재기를 위
한 의욕에 불타 있었다'고 한다. 아베는 이때, '이와나미의 생활에
는 분명 이러한 강한 자극이 필요하고, 이럴 경우 그는 가장 보람
을 느낀다는 사실을 절실히 느꼈다.'[아베 1957:158]
　이와나미는『사상』11월호에 다음과 같은 '근고謹告'를 게재했다.

금번 지진 재해에 임해 많은 배려 아끼지 않으신 점 깊이 감사
드립니다.
　점포, 창고, 공장 등 모조리 소실되었사오나 다행스럽게도 저
희 일동은 위기를 벗어나 단 한 명의 사상자도 없었습니다. 또한
이곳보다 한층 피해가 심했던 가마쿠라鎌倉에 있던 가족들도 모두
무사합니다. 그런 사실이 참으로 불가사의하고 감사하며 진정 행
복합니다. 이러한 때 제게 주신 시련에 감사하며 남은 인생을 빛
나는 이 나라 도시 건설 대업에 바치고자 합니다. 항상 견실한 태
도로, 맨몸 맨주먹으로 시작했던 창업 10년 전의 그 옛날 초심으

로 돌아가 신문화 건설을 위해 매진하며 한 사람의 시민으로서 혼신의 노력을 다하겠다는 심정입니다. 금후에도 아무쪼록 잘 도와주시길 간곡히 부탁드립니다. [이와나미 1923]

오른쪽부터 두 번째 이와나미, 고다 로한幸田露伴, 고바야시 이사무小林勇, 이와나미의 차녀 사유리岩波小百合. 도와다 호반十和田湖에서. 1933년 6월

간토대지진당시 점포, 창고 등이 소실되었지만, 진보초神保町 고서점 거리 중 맨 먼저 영업개시

이와나미는 가장 먼저 불탄 자리에 판잣집을 짓고 다시 일하기 시작했다. 그는 불탄 자리에 유일하게 남아있던 자전거를 타고 아침부터 저녁까지 저자들을 찾아다니며 새로운 출판을 기획했다. 12월에는 전 5권의 '부흥총서' 간행을 개시하고 체재를 정비해갔다.

세상은 책에 목말라 있었다. 이와나미는 역경을 오히려 기회로 바꾸어 순식간에 출판 건수를 늘렸다. 직원들도 지진 후에 더 늘려 사업을 확대해 갔다.

이와나미는 지진 후 조선인에 대한 박해를 격렬히 비판했다. 그는 '조선인이 폭도로 변해 우물에 독을 넣고 불을 지르며 돌아다니고 있다'는 유언비어를 단호히 부정하고 박열(독립운동가. 1923년 일본 왕자 히로히토를 암살하려 했던 이른바 '대역사건' 핵심요원)의 체포에 대해서도 깊은 우려를 표했다.[가메이 1947] 또한 조선인에 대한 폭행 소동을 걱정하며 '사람들의 행동에 대해 분개했다.'[고바야시 1963:46] 훗날 이때 일을 되돌아보며 '그런 바보스러운 짓이 또 있을까'라고 언급하고 있다.[이와나미 1942a:151]

미키 기요시에 대한 기대

관동대지진이 일어나기 전년도의 5월, 한 청년이 독일 유학길에 올랐다. 미키 기요시三木清. 교토대학이 생긴 이래 '공전의 수재'로 불린 인물로 니시다 기타로로부터 많은 영향을 받았다.

니시다의 동료이자 종교학을 담당하고 있던 하타노 세이치波多野精一는 젊은 미키를 이와나미에게 소개했다. 이와나미는 미키에게 기대를 걸고 유학비용을 원조했다. 미키는 은인인 이와나미에게 독일로부터 빈번히 현재 상황을 보고하는 편지를 보내왔다.

미키는 하이델베르크에 자리를 잡고 하인리히 리케르트Heinrich Rickert에게 사사했다. 이와나미는 미키를 통해 유럽 최전선에 있는 철학 상황에 대한 정보를 얻고 싶다고 생각했다. 그리고 중요한 논문이 있으면 미키의 번역으로 잡지 『사상』에 게재하고 싶다는 의향을 전했다. 미키는 호프만Ernst Hoffmann의 '플라톤 설교에 있어서의 선의 역할'을 번역하고 이와나미에게 보냈다. 호프만은 당시 경제적으로 곤궁해서 미키는 원고료로나마 지원하자고 생각했다. 이 논고는 『사상』 1923년 12월호에 게재되어 있다.

또한 이 호에는 미키의 '볼차노Bolzano의 『명제 자체』ボルツァーノの 『命題自体』'라는 논고가 게재되었다. 이것은 하이델베르크대학의 오이겐 헤리겔Eugen Herrigel의 세미나에서 발표했던 것을 토대로 하였다.

미키는 1923년 10월 '하르트만Nicolai Hartmann의 헤겔과 하이데거Martin Heidegger의 아리스토텔레스를 기대하며' 마르부르크대학으로 옮겼다.[이와나미서점 편집부 2003:252] 그러나 미키에게 있어서 하르트만의 강의는 기대를 벗어난 것이었다.

그는 이와나미에게 다음과 같이 보고했다.

저는 하르트만 교수에게 완전히 실망했습니다. 그는 매우 theatralisch[연기 같은] 태도로 강의합니다. 문제를 다루는 방식은 너무나도 능수능란하지만, 사고방식이 무척 bequem[안이]하고 너무나도 billig[천박]합니다. 헤겔의 세미나 같은 것은 조금 딱할 정도입니다. 윤리학에 나오는 여러 가지 개념을 저쪽으로 가져갔다가 이쪽으로 가져왔다가, 공허한 개념으로 말장난을 치는 것에 불과합니다. 인기도 있고 자만심도 있는 사람입니다만, 저는 그다지 크게 될 사람이라고는 믿을 수 없습니다. 일본 잡지에도 요즘은 하르트만의 이름이 나오고 있는 듯합니다만 저는 야단스럽게 다룰 만할 사람이라고는 생각되지 않습니다.[이와나미서점 편집부 2003:257]

한편 조교수로서 막 부임한 하이데거에 대해서는 높게 평가하며 지도를 받기로 했다. 미키는 다음과 같이 보고하고 있다.

하이데거 교수님은 나이도 33살로 무척 활기찹니다. 후설Husserl, Edmund의 현상학에 남아 있는 Naturalismus[자연주의] 경향을 벗어나 정신생활의 현상학을 세우려고 한다는 그의 노력을 저는 흥미롭다고 생각합니다. 아리스토텔레스 세미나도 매우 eigenartig[독특]하고 배우는 바가 적지 않습니다.[이와나미서점 편집부 2003:257]

이와나미는 관동대지진 후의 어려운 시기에도 계속해서 미키의 유학 비용을 부담했다. 미키는 1923년 12월 18일 자 편지 안에서 감사의 마음을 언급하고 있다.

지진 후에도 저의 유학비를 계속해서 보내주시겠노라는 말씀

미키 기요시三木清. 42세 무렵

감사하기 그지없습니다. 제가 느끼는 감사의 마음을 어떠한 말로 표현해야 할지 모르겠습니다. 그저 열심히 최선을 다해 공부할 뿐입니다.[이와나미서점 편집부 2003:261]

이와나미는 관동대지진 후 세계적인 철학자 평전을 시리즈로 출판하는 '철학자 총서' 간행을 기획했다. 그리고 미키에게 『아리스토텔레스アリストテレス』에 대해 써 줄 것을 의뢰했다. 미키는 '만약 교토의 선생님들이 찬성해 주신다면 해보고 싶습니다'라며, '아리스토텔레스에 대해서는 다소 자신을 가지고 새로운 해석을 할 수 있을 거라고 믿고 있습니다'라고 대답하고 있다.[이와나미서점 편집부 2003:269] 그러나 이 기획은 생각처럼 진행되지 못했고 『아리스토텔레스』는 간행되지 못했다.

그 후 미키는 1924년 8월에 파리로 옮겨 연구를 계속했다. 파리에서는 그곳에 체재 중이던 아베와 합류하여 교류를 심화시켰다. 이와나미에게는 1924년 10월 29일 자 편지에서 '아베 요시시게 씨가 오셨기 때문에 대화를 나눌 상대가 생겨 무척 기쁩니다'라고 보고하고 있다.[이와나미서점 편집부 2003:276]

파리에서는 파스칼 연구에 매진하여 적극적으로 논문을 썼다. 이것은 계속해서 일본으로 보내져서 실시간으로 『사상』에 게재되었다. 1925년 10월 3년간의 유학을 마치고 귀국한 후 이 논문을 모

아 출판했던 것이 데뷔작 『파스칼에 있어서의 인간 연구ハスカルに於ける 人間の研究』(1926년 6월)이다. 미키의 학자 인생 스타트는 이와나미의 지원 과 함께했다.

귀국 후의 미키는 제3 고등학교 교수로 취임. 1927년 4월 법정 대학 교수가 되어 상경했고 이와나미서점의 사업 전반과 밀접한 관 련을 맺게 된다.

미키는 이와나미서점에 '참신한 분위기를 불러일으켰다.' 그는 일 주일에 한 번 정도 이와나미서점에 들러 '여러 가지에 대해 의논 상 대가 되었다.'[고바야시 1963:89]

고바야시 이사무는 다음과 같이 회상한다.

> 미키는 아주 능숙하게 계획을 세울 줄 아는 사람이었다. 또한 신간 서적 광고문구도 써 주었다. 그것은 독특하고 간결했다. 과 장된 문구를 나열하지 않고 실질적으로 그 책을 소개하고 독자에 게 호소하는 데 성공했다.[고바야시 1963:80]

이와나미는 미키에게 엄청난 기대를 걸고 전폭적으로 신뢰했다. 이와나미서점은 창업으로부터 10년이 지나 새로운 세대의 집필자 와 조언자가 필요했다. 미키는 실로 안성맞춤의 존재였다.

미키는 이와나미에게 '철학총서' 리뉴얼을 제안했다. 이와나미서 점이 비약하는데 바탕이 된 '철학총서'였지만 발간된 지 이미 10년 이 지났고 '총서 대부분이 번안에 가까워서 새로운 철학총서를 내

는 편이 좋다고 생각했다.'[고바야시 1963:80]

이와나미는 미키의 제안에 찬성하며 아베나 다나베 등 '철학총서' 집필진에게 의논했다. 그러나 '이 사람들은 미키 기요시의 주장을 일제히 반박했다.'[고바야시 1963:80] 그 결과 계획은 크게 변경되어 최종적으로 1929년이 되어서야 '속 철학총서續哲学叢書' 간행이 개시되었다. 그러나 진행은 자꾸 늦어지고 약 4년 반 동안 다섯 권을 출판하는 데에 그쳐 기획은 중단되었다.

미키는 새로운 기획을 생각해냈다. 그것은 '이와나미강좌岩波講座'의 출판이었다. 강좌는 '다수의 집필자가 협력하여 체계적으로 문제를 정리하고 분책의 형태로 출판한다는 형식'으로 '이 강좌에 의해 정식화定式化되었다.'[이와나미서점 1996:49]

제1차 이와나미강좌는 '세계사조世界思潮'로서 편집 되었다. 편집자는 미키 이외에도 하니 고로羽仁五郎, 하야시 다쓰오林達夫가 참여했으며, 집필 역시 약 100명의 집필자에게 의뢰하기로 결정했다. 미키와 고바야시는 교토로 가서 직접 여러 집필자에게 집필 의뢰를 했다. 또한 도호쿠제국대학이 있는 센다이仙台에는 미키와 이와나미가 함께 향했다. 미키라는 새로운 바람에 의해 이와나미는 활성화되었고 '회사 전체에 생기가 넘쳐 금방이라도 터질 듯한 기세'였다고 한다.[고바야시 1963:98]

1927년 12월부터 다음 해 1월에 걸쳐 이와나미는 미키와 함께 조선, 만주, 중국 북부를 여행했다. 두 사람의 관계는 더욱 밀접해졌고 미키는 이와나미서점의 대들보로서 활약했다. 당시에는 아베

지로가 도호쿠대학에서 교편을 잡고 있었고 아베 요시시게도 경성
제국대학에 부임해 있었다. 그 때문에 도쿄에는 이와나미의 좋은
조언자가 될 만한 학자가 없었고 점차 미키와의 관계가 강해졌다.

아베 요시시게는 미키와 파리에서 가깝게 지냈지만 '재기가 지나
치게 넘치고 결점이 많은 성격'을 싫어하여 '동정자同情者'가 되지는
못했다. 미키에 대한 아베의 평가는 낮았고, 이와나미에게는 미키
를 '이용했다'고 지적한다. 미키가 이와나미서점의 중심적인 조언
자가 된 것에 대해 아베는 불만을 품었다.[아베 1957:167]

'이와나미문고' 창간

1927년 가이조샤改造社가 '현대일본문학전집現代日本文学全集'을 간행했
다. 이것은 메이지 이후의 문학작품을 작가별로 편찬한 것으로 대
량 생산에 의한 염가판매를 실현했다. 책 한 권이 1엔에 팔렸기 때
문에 '엔본円本'이라고 불렸던 시리즈는 출판시장을 석권했다.

불황기에 '엔본'이 성공을 거두면서 많은 회사가 이를 추종했다.
신초샤新潮社, 고단샤講談社, 다이이치쇼보第一書房, 헤본샤平凡社, 슌주샤春秋社
등이 문학 전집을 '엔본'으로 출판하여 서적의 대량생산이 일반화되
어갔다.

이와나미는 초조했다. 인쇄도 제본도 형편없는 서적들이 세상에
나도는 것에 대해 부정적인 감정이 솟구쳤지만 다른 회사들의 성공
을 손 놓고 바라보고만 있을 수도 없는 노릇이었다. '지는 것을 싫

어하는' 이와나미에게 있어서 '아무것도 하지 않고 있는 것은' '견딜 수 없는 일이었다.'[고바야시 1963:79]

이와나미는 다음과 같이 회고하고 있다.

> 엔본 시절의 정신없는 상황을 보고 이래서는 곤란하다고 생각했다. 그것은 요컨대 책을 싸게 제공한다는 것을 노린 것이다. 1엔이니 두 단으로 편집해서 작은 활자로 펴내기 때문에 이전 단행본에서 5엔으로 내놓았던 책을 1엔 안에 넣는다는 이야기가 된다. 그래서 다들 싸니까 달려든 것이었다. (중략) 가이조샤 따위는 단순한 편의주의이다. 필요한 것도 들어있지 않았다.[이와나미 1942a:120-121]

이와나미는 생각했다. '엔본' 같은 싸구려 출판에는 손을 대고 싶지 않았다. 그러나 책의 염가화는 시대적 대세로 이미 거스를 수가 없었다.

그래서 생각해 낸 것이 학창시절 자주 접했던 독일 레클람 문고였다. 이 문고는 1867년 창간된 것으로 라이프치히의 레클람 출판사(1828년 창업)의 간판 시리즈였다. 독일의 고전적 문학이나 사상서를 중심으로 세계 명저를 모은 레클람 문고는 이와나미가 동경해 마지 않는 지성의 보고였다. 이와나미는 '일본판 레클람'을 기획하고 동서고금의 고전을 수록한 '문고본' 간행을 고려했다.

여기서 일본 최초의 문고본 '이와나미문고岩波文庫'가 탄생하게 된다.

이와나미는 미키에게 의논했다. 그러자 미키는 전면적으로 찬성하며 기획의 진행에 박차를 가했다. 이와나미는 센다이로 달려가 아베를 비롯해 오랫동안 알고 지냈던 학자들에게 의논했다. 그러나 그들은 전반적으로 문고 간행에 부정적이었다. 그들은 문고 기획에 체계성이 없는 데다가, 염가인 만큼 저자의 인세가 감소할 것이라며 걱정했다.

그러나 이와나미는 포기하지 않았다. 특히 점원인 고바야시 이사무와 나가타 미키오長田幹雄(이와나미서점의 전무 등을 역임) 등이 열심히 기획을 추진하고 있었기 때문에 뒤로 물러설 수도 없었다. 결과 1927년 7월 이와나미서점은 '이와나미문고'를 창간했다.

'이와나미문고 발간에 즈음하여'라는 제목의 글이 『사상』 7월호에 발표되었는데, 이것은 미키가 초고를 쓰고 이와나미가 가필을 해서 완성되었다.

현재도 '독서인에게 보낸다讀書子に寄す'로서 이와나미문고에 게재되고 있는 글의 첫머리에서 이와나미는 다음과 같이 쓰고 있다.

진리는 만인에 의해 추구됨을 스스로 원하고 예술은 만인에 의해 사랑받을 것을 스스로 바란다. 일찍이 백성을 우매하게 만들기 위해 학문과 예술이 가장 좁은 울안에 갇혔던 일이 있었다. 지금은 바야흐로 지식과 미술을 특권 계급의 독점으로부터 되찾는 것이 진취적인 민중의 절실한 요구이다. 이와나미문고는 이 요구에 부응해 태어났다. 그것은 생명 있는 불후의 책들을 소수의 서재와 연구자들로부터 해방하여 가두에 빈틈없이 빽빽하게 세워놓아 민중

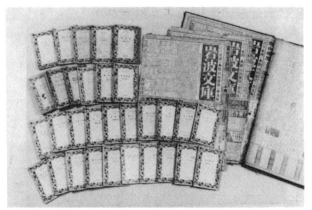

'이와나미문고岩波文庫' 창간의 신문 광고는 도쿄니치니치신문東京日日新聞, 아사히朝日, 호치報知에서 '대만', '만주'에 이르는 모든 지방지에 게재되었다. 1927년 7월 10일

으로 하여금 그에 필적하게 만드리라.[이와나미 1927a]

　이와나미는 고전 보급을 '이와나미문고'의 목적으로 삼았다. 그는 세계 제1급 지식을 일반 시민에게 펼쳐 보이고자 생각했다. 문고의 출판은 지식의 민주화임이 틀림없었다. 그 때문에 문고에 편입하는 작품은 신중하게 선정하고 음미했다. 교열이나 번역 등도 높은 레벨에서 행할 것을 전제로 했다. '단행본으로는 맡을 수 있어도 문고로는 맡을 수 없다며 거절할 정도로 문고를 존중하고 애호했다.'[이와나미 1998:106]

　팔리지 않을 것이라도 질의 표준을 최대한 높게 하며 판매 여부를 떠나 고전적 가치를 어디까지나 높게 유지하고자 했다. 그

를 위해서는 팔리지 않을 것이라도 집어넣으려고 했다. 보급성이 없는 것이라도 넣으려고 했다. 딱히 보급성이 없어도 매우 참고 가 되는 것, 학문을 위해 참고가 될만한 것을 넣기로 했다. 그러한 정책을 취했다.[이와나미 1942a:127]

'이와나미문고'는 독자들로부터 열광적인 지지를 받아 성공을 거두었다.

이와나미는 기뻤다. 독자들로부터 계속해서 감사장이 날아왔고 회사 안은 들끓었다. 그 가운데에는 '내 교양의 일체를 이와나미문고에 의탁한다'는 편지도 있었다.[이와나미 1998:105] 이와나미는 이와나미서점을 창업하고 '처음으로 좋은 일을 했다고 느꼈다.'[이와나미 1942a:127] '이와나미서점의 진가가 발휘되며 엔본 소동에 정나미가 떨어진 의식 있는 독서가들로부터 한층 신뢰받을 수 있게 되었다.'[고바야시 1963:88]

아쿠타가와 류노스케의 죽음과 전집

이와나미문고 창간으로부터 2주일 후인 7월 24일, 아쿠타가와 류노스케芥川龍之介가 자살했다. 이와나미는 딱히 아쿠타가와와 친한 관계가 아니었기 때문에 조문을 위해 고바야시를 보냈고 자신은 예정되어 있던 등산을 갔다.

고바야시가 다바타의 아쿠타가와 저택에 가자 '이와나미에서 오신 분께는 부탁드릴 중대한 일이 있으니 정리가 끝나는 대로 만사를 말

씀 올리고자 생각하고 있습니다'라는 인사를 받았다.[고바야시 1963:89]

등산에서 돌아온 이와나미가 아쿠타가와 저택에 도착하자 그 자리에서 아쿠타가와가 남긴 유서의 내용을 듣게 되었다. 거기에는 '내 작품의 출판권은 이와나미 시게오 씨에게 증여 한다.(내 작품에 대한 신초샤와의 계약은 파기한다) 나는 나쓰메 선생님을 사랑하기 때문에 선생님과 출판사를 같은 곳으로 할 것을 희망한다'고 되어 있었고, 그 자리에서 아쿠타가와전집 간행을 맡기로 하였다.

그러나 신초샤는 유서를 무시하고 전 3권의 『아쿠타가와 류노스케 집芥川龍之介集』을 간행했다. 이와나미는 격노하여 '팔릴지 안 팔릴지도 모를 큰 전집을 맡기로 했는데 한편에서는 팔릴 것 같은 것만 골라 선집을 만든다'며 분노했다.[고바야시 1963:93]

이와나미는 아쿠타가와의 유서와 함께 '아쿠타가와 류노스케 전집 간행 경위에 대해'라는 제목의 글을 넣어 '내용 견본'을 작성했다. 거기서 이와나미는 다음과 같이 쓰고 있다.

고인의 지우知遇에 감격하여 그 기탁하신 마음을 저버리지 않고자 미력하나마 삼가 전집 간행 사업을 맡기로 하였습니다.

전집에 대해서 고인은 생전부터 각별한 관심을 쏟으시며 형태나 장정에 이르기까지 지도하실 정도였기 때문에 저도 어디까지나 그 유지를 존중하여 성의를 다해 고인의 업적을 후대에 전하는 데 부족함이 없도록 바른 책을 만들기 위해 어떠한 후회도 없이 임하고자 하고 있습니다.

(중략) 경박한 동기와 진중한 태도 없이 염가본이 횡행하는 요즈음, 이러한 전집 간행에는 곤란함이 적지 않사오나 진실로 예술을 사랑하는 강호 여러분들의 양해와 원조를 기다리며 이 사업의 달성을 고인의 영전에 바치고자 생각합니다.[이와나미 1927b]

같은 해 11월 이미 『아쿠타가와 류노스케 전집芥川龍之介全集』 간행이 시작되었다. 전 8권으로 1929년 2월 완결되었다.

가와카미 하지메와 『자본론』

1927년 10월 이와나미는 『자본론資本論』 간행을 이와나미문고에서 개시했다. 가와카미 하지메河上肇(교토제국대학 교수직을 버리고 공산주의를 실천 활동함. 일본공산당 당원)와 미야가와 미노루宮川実(마르크스 경제학자)를 역자로 한 긴급출판이었다.

이와나미는 '이와나미문고'를 기획했던 때부터 『자본론』을 염두에 두었다. 특히 미키가 강력히 주장했고 이와나미도 동조했다.

당시 『자본론』 완역은 다카바타케 모토유키高畠素之의 것이 유일했다. 다카바타케가 『자본론』 번역을 출판하기 시작했던 것은 1920년이었다. 이 무렵 『자본론』 번역을 둘러싸고 격한 논쟁이 있었다. 마쓰우라 가나메松浦要와 이쿠타 초코生田長江의 『자본론』 번역이 출판되자 다카바타케는 번역문의 부정확함을 규탄하고 완역 출판을 단념시켰다. 다카바타케는 착실히 번역을 계속하여 1924년 일본에서 처음으로 번역문을 완성했다. 그러나 다이토카쿠大鐙閣와 지리쓰샤而立社

로부터 출판된 이『자본론』은 일본어가 자연스럽지 못해서 읽기 어려운 점이 결점으로 지적되었다. 그 때문에 다카바타케는 다시 번역에 착수하여 1925년 10월부터 다음 해 10월에 걸쳐 신초샤로부터『자본론』전 4권을 다시 출판했다.

이와나미는 이 신초샤판의 『자본론』을 이와나미문고에 넣고자 다카바타케에 접근했다. 교섭은 고바야시가 담당했다. 그는 1927년 5월 23일 다카바타케 집을 방문하여 의뢰했다. 다카바타케는 '생각해 봅시다'라고 대답했지만, 얼마 후 보급판이 가이조샤에서 나오기로 한 사실을 털어놓고 이와나미문고에 들어가는 것을 거절했다.

이 답변을 받고 이와나미는 미키와 의논했다. 그러자 미키는 가와카미 하지메의 이름을 거론하며 직접 교토로 찾아가 새로운 번역을 의뢰하자고 제안했다. 이와나미는 이에 동의했고 곧바로 미키가 가와카미를 면회했다.

가와카미는 숙려 끝에 이 의뢰를 승낙했다. 그는 8월 27일 이와나미에게 보낸 서간에서 '저 자신의 학문 생활이라는 측면에서 말씀드리면 지금 이러한 때 자본론 번역에 너무 시간을 빼앗기는 것은 결코 득책이라 할 수 없습니다'라고 하면서도 '전체의 이익에서 생각하여 이러한 때 희생을 견딜 결의를 했습니다'라며『자본론』번역에 대한 의욕을 밝혔다. 단 잡지 간행 작업이 있으니 시간이 한정되어 있으므로 '일이 늦어지는 것에 대해 견디지 못하실까 봐 미리 말씀드려둡니다'하고 양해를 구했다.[가와카미 1984:81] 그리고 다카바타케의 가이조샤판이 출판되기 전에 간행을 하기 위해 만사를 제쳐

놓고 집중적으로 번역 작업을 하게 되었다. 가와카미는 와카야마고 등상업학교和歌山高等商業學校 교수인 미야카와 미노루와 협력하여 완성된 원고를 연일 '3장, 5장 등 속달로' 도쿄로 보냈다.[고바야시 1963:92] 도쿄에서는 도착한 원고를 인쇄소로 보내 몰래 작업을 진행했다.

이와나미는 정보가 외부로 흘러나가지 않도록 비밀리에 진행하라는 지시를 내렸다. 이와나미에게 『자본론』 출판은 '엔본'에서 밀린 가이조샤와의 전쟁이었다. 그 때문에 인쇄소를 통해 출판 정보가 흘러나가지 않도록 책의 제목도 다른 것으로 붙여 진행했다.

그러나 가와카미는 이에 찬성하지 않았다. 그는 9월 14일 서간에서 '계획을 비밀에 부칠 필요는 없습니다. 오히려 남을 속여서 골탕을 먹이는 것은 아무래도 마음에 걸립니다' 라고 쓰고 있으며 '그런 생각을 이번 기회에 버려주셨으면 합니다'라고 압박해 왔다.[가와카미 1984:87]

그러자 9월 23일, 7월에 창간한 이와나미문고의 핵심으로서 『자본론』 출판에 대한 광고가 나오며 '간행사'가 발표되었다. 이 문장도 미키가 초고를 작성하고 이와나미가 다듬었다.

마르크스의 이름은 전 세계에 횡행하는 괴물의 이름이다. 어떤 자는 그를 악마처럼 저주하고 다른 사람은 그를 신처럼 떠받든다. 그러나 그는 기적을 고하는 자가 아닐뿐더러 마술을 행하는 자도 아니다. 그 불가사의한 힘의 원천인 자본론은 다수의 사람이 자기의 지식과 논리를 가지고 이해하고 검증하고 비판할 수 있는 실로 틀림없는 학술서이다. 우리는 거기서 놀랄 정도로 엄밀한 과학적 분석과, 두려울 정도로 집요한 논리적 조직이라는 보기 드문 노력을 발견해낸다. 학문이 이 만큼이나 세상 사람들을 곤란하게 만들고 동요시키는 것은 코페르니쿠스 이래 처음 있는 일이리라.

자본론은 시대를 만들고 역사를 만드는 책이다. 이 책의 일본어 번역본 출현은 우리나라 현재 상태에서 특히 절실한 의의가 있어야만 한다. 번역은 다른 어떤 사람도 추종할 수 없는 최고의 적임자인 가와카미 박사와 미야카와 학사의 협력에 의한다. 우리 이와나미문고판은 금후 오랜 장래에 걸쳐 완본이 되리라. 바야흐로 자본론은 엄정 명쾌한 양질의 번역으로 만인에게 다가갈 수 있게 되었다. 이 사실 자체가 이미 세계사적 사건이다. 우리는 오랜 기간에 걸친 절실한 기획이 여기서 실현되어 이 번역서를 현대 일본에 제공한다는 사실에 무한한 기쁨을 느낀다.[이와나미 1927c]

『자본론』은 전 34권 간행 예정으로 시작되었다. 이후 번역 속도는 서서히 속도를 잃어가며 간행이 지체 된다.

그러나 이때의 가와카미는 의욕에 넘쳐 12월 17일자로 이와나미에게 다음과 같은 편지를 보낸다.

저는 귀형이 한 사람의 출판업자로서 본인의 사상적 입장이 있을 것임에도 불구하고 우리들을 위해 실질적으로 유력한 원조를

아끼시지 않는 것에 감사함과 동시에 금후에도 또한 우리의 양심
(우리가 인류의 장래를 걱정하는 진심)을 귀형이 인식해 주시는
한, 계속해서 가능한 범위의 원조를 받고자 절실히 희망하지 않
을 수 없습니다.

(중략) 마르크시즘에 관한 고전(당분간 고전적인 것에 한합니다)
을 문고에 넣어 주시는 것은 우리들 자신의 사업과 일치하는 바
이기 때문에 우리들은 결코 노고를 번거로워하지 않을 것입니
다. 가능한 한 현재의 계급에 대한 가장 양질의 번역을 제공할 작
정입니다. 완성 시기도 많이 서두르고 있습니다.[이와나미서점 편집부
2003:60-61]

당시 가와카미는 관헌들의 요주의 인물로 수차례에 걸쳐 연설회
중지 처분을 받는 상태였다. 또한 이 서간에 의하면 교토대학 정문
을 막 나서자마자 오야마 이쿠오大山郁夫, 쓰네토 教恒藤恭 등과 함께 괴
한의 습격을 받아 폭행을 당했다는 기록도 있다.

그런 가운데 이와나미서점의 헌신적인 지원은 가와카미에게 매
우 의지가 되었다. 이렇게 해서 이와나미서점과 가와카미 사이의
짧았던 밀월이 비로소 가능해진 것이다.

『연맹판 마르크스 · 엥겔스 전집』 간행의 실패, 가와카미 하지메와의 결별

한편 마르크스 번역서 출판을 둘러싸고 큰 문제가 발생했다. 1928년 라이벌 가이조샤가 마르크스 · 엥겔스 전집 간행 계획을 발표하자 좌익의 소규모 출판사(도진샤同人社, 기보카쿠希望閣)들이 연대하여 마르크스 · 엥겔스 전집 출판을 기획했다. 그러나 두 회사에는 자금력이 없어 다른 회사와의 협력을 원했다. 그러자 가와카미 하지메와 관계 깊은 고분도弘文堂 출판사가 합류하며 이와나미에게도 참가 요청을 하게 된 것이다.

이와나미는 이에 응해 소분카쿠叢文閣까지 포함된 다섯 출판사 연맹에 의한 『연맹판 마르크스 · 엥겔스 전집聯盟版マルクス·エンゲルス全集』 간행을 결정했다. 이것은 전 20권 예정으로 매월 1권, 1엔으로 간행할 계획이었다. 편집 · 번역에는 쟁쟁한 마르크스주의 학자들이 모두 모여 총동원체재로 간행이 진행되었다.

제1권은 6월 출판이 결정되어 5월부터 예약 모집이 시작되었는데 원고가 좀처럼 완성되지 않았다. 번역을 담당할 위원 수가 많아 초교가 나오면 12명이나 되는 위원들이 한 번씩 번갈아 보고 빨간색으로 수정하는 작업을 했기 때문에 그 조정과 번역문과의 통일에 방대한 시간을 요했다. 게다가 12명의 초교가 좀처럼 다 모이질 않았다. 기일이 지나도 작업은 전혀 진전이 없었다.

결국 출판 시기는 지연되고 수많은 예약자와의 약속을 어기는 결과를 초래했다. 기획의 실패를 뼈저리게 느낀 이와나미는 7월 31일 다섯 개 출판사 연맹으로부터 탈퇴할 것을 결정했다.

이와나미는 말한다.

> 편집자, 번역자 여러분들의 치열한 노력에도 불구하고 소정의 기일 안에 원고가 완성되지 못할 뿐만 아니라 거의 과민하다고 까지 할 정도의 학문적 양심은 교정에 교정을, 퇴고에 퇴고를 더해, 정해진 기일 안에 출판하기로 한 사업의 근본적 조건을 완전히 잊으셨을까 하는 생각이 들 정도였습니다. 저는 학자의 학문적 양심의 예민함에 대해서는 본시 존경의 마음을 금치 못하기 때문에 그 노력에 보은하기 위해 제가 할 수 있는 만큼의 최선을 다하여 사업 수행을 위해 가능한 한 인내를 계속해 왔다고 생각합니다. 그러나 경쟁 출판의 성질상 배본의 지체는 하루라도 견디기 어려운 사안인지라 타사가 이미 제2회째의 배본을 이루고 있음에도 우리 연맹판은 공약한 6월은 물론 7월에도 첫 번째 배본이 불가능할 뿐만 아니라 8월 중에도 여전히 배본의 예측을 할 수 없는 형국이 되었습니다. [이와나미 1928a]

이와나미는 이 사업의 실패로 엄청난 빚을 떠안게 되었다. 그는 인쇄소에 지급할 대금 이외에 여러 경비를 부담했다. 최종적으로 연맹판은 단 한 권도 간행되지 못한 채 연맹은 해산할 수 밖에 없었다.

그 후 이와나미문고 『자본론』 출판은 계속되었지만, 인세를 둘러
싼 두 사람의 인식차 등도 생겨나 번역 속도가 더뎌졌다. 그리고
제1권 제5분책이 출판된 1929년 6월을 기점으로 가와카미의 번역
작업이 멈춰 버렸다. 결과적으로 남은 29책의 출판 일정이 잡히지
않은 채 헛되이 세월이 흘렀다. 심지어 가와카미는 가이조샤와 손
을 잡고 이와나미 문고판의 『자본론』을 가이조샤판 『마르크스 · 엥
겔스 전집マルクス·エンゲルス全集』에 수록하는 것에 합의했다.

이와나미에게 있어서 가와카미의 행위는 배신 이외의 그 무엇도
아니었다. 그는 격노하여 가와카미가 번역에 관여한 『자본론』, 『임
금노동과 자본賃労働と資本』, 『임금 · 가격 및 이윤労賃·価格および利潤』 등 모든
것을 절판, 폐기하기로 결정했다.

이와나미는 '이와나미문고 『자본론』 독자에게 고함'이라는 성명을
발표하고 가와카미를 엄히 내쳤다.

> 역자 가와카미 씨의 태도와 소견이 절개를 소중히 하고자 하는
> 나의 마음과 함께 갈 수 없는 바, 함께 일치단결하여 협력할 필요
> 가 있는 출판 사업에 있어서 가와카미 씨와의 교섭을 계속할 수
> 없음을 뼈저리게 느낄 수밖에 없게 되었다.[이와나미 1931a]

이와나미는 당시 인터뷰에 답하며 가와카미를 격렬히 비판하고
있다.

나로서는 오늘날까지 최선을 다해 가능한 한 참아왔다. 가와카미 씨는 대학교수이며 박사이며 최고의 지식 계급이다. 학자이기 때문에 절개를 버리고 약속을 무시해도 된다는 말인가. 특히 출판 사업은 저자와 출판자가 일치단결한 협력을 통해 비로소 완성되는 것임에도 불구하고 출판자의 입장을 근본적으로 무시하고 자기 멋대로의 행동을 하는 저자가 심지어 학자라니, 실로 유감스럽다.[이와나미 1931b]

이와나미는 가와카미에게 '금후 귀하와의 사이에 교섭을 계속할 것을 원치 않음'이라는 내용의 절교장을 보냈다.[고바야시 1963:149]

세간에서는 이와나미를 동정하는 여론이 일었다. 이와나미가 가와카미가 관여한 서적들을 모두 서점에서 빼내어 파쇄한 후 소각 처분한 사실이 전해지자, '업계를 비롯하여 학계, 독서계로부터도 격려와 동정을 한몸에 받게 되었다.'[이와나미 1931b]

가이조샤와의 경쟁으로 발생한 일련의 마르크스 번역 출판 소동은 이와나미서점의 실패로 끝났고 관계자 사이에 유감을 남기게 되었다.

회사 내의 동요

1920년대 후반이 되자 이와나미서점의 규모는 더더욱 확대되어 1927년 연말에는 직원이 64명에 이르게 되었다. 그러자 창업 때와 같은 가족적 유대감은 흐려지고 이와나미와 새로운 직원 사이에 거리가 생기게 되었다.

1928년 3월 직원 약 60명은 노동조건 개선 등을 포함한 탄원서를 제출하고 파업에 돌입했다. 고바야시 등 옛날부터 있었던 간부들은 쟁의단에서 제외되었기 때문에 회사가 양분되는 사태에 빠졌다.

이와나미는 구체적인 대우 개선책을 포함한 '직원 제군에 고함'을 제시하고 사태 수습을 도모했다. 이와나미는 다음과 같이 언급하고 있다.

> 생각하기에 근자에 업무가 너무도 바빠지고 또한 급격히 인원이 증가했기 때문에 자연히 일부 제군들과의 사이에 의사소통이 결여되기에 이르렀습니다. 이것이 아마도 이번 사건의 최대 원인이라 사료됩니다. [이와나미 1928b]

파업은 며칠 만에 풀려 통상적인 업무가 재개되었다. 그러나 직원 사이에는 여러 가지 응어리가 남았다.

고바야시는 미키에게서 어떤 직원의 목소리를 전해 들었다. 그것은 '고바야시가 선생님(이와나미)과 우리 사이에 있으면 선생님 모습이 전혀 보이지 않는다'는 말이었다.

고바야시는 고민했다. 파업이 한창일 때 퇴직을 신청했지만 이와나미가 한사코 붙잡았다. 그러나 직장에 있기가 불편해져서 '분위기에도 불만을 품게 되었다.'[고바야시 1963:120]

고바야시는 8월에 퇴직하고 새롭게 뎃토쇼인鉄塔書院이라는 출판사를 세웠다. 고바야시는 미키와 의논한 후『신흥과학의 깃발 아래新興科学の旗の下に』라는 잡지를 창간한 후 이전부터 알고 지내던 저자들과 저서 출판 계약을 맺어 갔다.

이와나미서점은 7월에는『연맹판 마르크스·엥겔스 전집』이 실패했고 8월에는 잡지『사상』간행이 중단되었다. 이와나미는 실의에 빠져 조용히 유럽 여행을 계획한다. 그는 친구인 고미야 도요타카에게 서구 여행에 대해 의논했는데 그로부터 엄히 나무라는 편지가 왔다.

고미야는 이와나미를 강하게 꾸짖었다.

오늘 아베 지로를 만나 자네가 서양에 가는 것에 대해 이야기를 했네. 아베는 절대로 반대라고 말했다네. 지금 양행을 시도하는 것은 가장 괴롭고 또한 가장 중요한 시기에 자기 회사에서 도망치는 게 되네. 그런 짓을 한다면 이와나미서점이 완전히 망해버릴지도 모르겠노라고 말했다네. 완전히 망해버리지는 않을 거라고 어찌 확신할 수 있겠는가. 나도 이런 가설에 동감한다네. 일전에 만났을 때도 지금이 적기인지 아닌지는 곰곰이 생각해야 한다는 것을 거듭 자네에게 말했네만, 내가 했던 말의 의미도 실은 아베가 말하는 바와 같은 맥락일세. 그래서 다시금 이 편지를 쓰고 있네.

자네는 지금 회사 사정과 자네가 부재한 동안의 회사 상태를 다시 한 번 잘 생각해 보면 어떻겠는가. 자네가 지금 자네 회사를 뛰쳐나와 서양 따위에 간다는 것은 비겁한 일이라고 생각하네. 자네의 지금 심정은 틀림없이 괴롭겠지. 하필이면 여러 불행이 함께 들이닥치니 어떻게든 하지 않으면 견디기 힘든 심정이라는 걸 충분히 짐작하는 바일세. 그러나 그러한 때에 자네가 뛰쳐나가는 것은 아무리 생각해봐도 아니라네. 사내답게 정정당당하게 불행과 싸우려고 하지 않는 것, 말하자면 책임 전가의, 아녀자 같은 소행이라고 밖에는 생각되지 않네.[이와나미서점 편집부 2003:67~68]

이와나미는 이 봉투에 '고미야가 내 마음을 이해하지 못하는 살아있는 증거'라고 써 놓고 있지만, 유럽 여행 계획은 충고에 따라 단념했다.

1928년은 이와나미에게 시련의 해였다. 이와나미는 1929년의 신년하례 인사장에서 다음과 같이 언급하고 있다.

작년은 저희 회사가 실로 다사다난했던 해로 대지진에 뒤지지 않는 엄청난 액년이었습니다. 물질적 방면은 차치하고서라도 정신적으로 받은 고난이 얼마나 심각했는지는 전무후무한 일이라고 생각됩니다. 이러한 기간 동안 평소의 주장을 굽히지 않고, 태도를 바꾸는 일 없이 절개를 지키며 의무 수행에 마음을 쏟고 대의를 벗어나지 않을 수 있었던 것은 오로지 제현諸賢의 동정에 의한 것임을 깊이 감사드립니다.[이와나미 1929]

정치에 대한 관심

괴로운 나날이 계속되었지만 1920년대 후반 사회적 지위는 확립되어 갔고 명성도 쌓여 갔다. 그는 고향 스와에 사회 공헌을 열심히 행하여 태어난 마을에 수도를 끌어오는 공사 대금을 대신 내거나 하고 있었다. 1929년에는 스와에서 중의원 의원 후보로 이름이 거론되었고 실제로 상경하여 입후보할 것을 간곡히 부탁하는 자도 나오기 시작했다. 이와나미를 천거했던 것은 고향의 무산정당無産政党 청년들이었다. 고향 지역 신문은 이와나미의 입후보 가능성을 보도했고 출마에 대한 기대는 날로 높아졌다.

1930년 2월 9일 이와나미는 '소신을 명확히 하다'를 발표하여 자신의 정치적 생각을 답변했다. 그는 '무산당원조차도 되고 싶지 않습니다'라고 하며 출마 사퇴를 명확히 밝혔다. 당시에는 민세이토民政党(일본 제국의회에서 쇼와시대의 정당)가 정권을 잡고 있었고 하마구치 오사치浜口雄幸가 수상을 역임하고 있었다. 이와나미는 하마구치 정권을 지지하며 세유카이政友会(전전戦前의 제국의회에서 일본 최초로 본격적인 정당정치를 행한 정당)를 격렬히 비판하는 태도를 보였다. 이때 중의원 선거가 목전에 다가와 세상에서는 하마구치 내각에 대한 신임을 묻는 상황이 되었다.

이와나미는 이 선거의 목적을 '세유카이 세력을 없애기 위함'이라고 주장하며 세유카이에 대한 비판을 명확히 했다.

(세유카이는)대체적으로 간부의 마음가짐이 좋지 않고 국가보다도

당리당략을 중요시하며 공리공익보다도 당리사복을 우선시하고 있습니다. 그뿐만 아니라 제가 가장 미움을 금치 못하는 점은 사상적 고조가 결여된 하라 다카시 씨의 이른바 '정치는 힘이다', '힘은 정의다'라는 잘못된 신념에 지배되고 있는 점입니다. 세유카이는 이 신념을 가지고 얼마나 억지를 부리고 정의를 유린했을까요.[이와나미 1930]

당시 세유카이 총재는 이누카이 쓰요시犬養毅였다. 이와나미는 일찍이 이누카이의 '숭배자 중 한사람'이었지만, 이누카이가 '자신이 이끄는 혁신 클럽을 정적 세유카이에게 맡기고 정치는 돈이 없으면 안 된다는 말을 함부로 입에 담았을 때', '그에 대한 신뢰는 배반당했다'며 격렬한 비판을 가했다.[이와나미1930].

규범에 얽매이지 않는 대쪽 같은 지사로 일세를 풍미하며 존경을 한몸에 받던 헌정의 신은 이 순간 이미 돈의 힘 아래 무릎을 꿇었습니다. 유연하고 기지 넘치는 묘안은 여전히 그의 노회함에 기대할 수 없을지도 모릅니다. 정계의 정화 혁신은 이미 그에게 바라는 것이 불가능해졌습니다. 이 때문에 저는 그에 의한 세유카이의 개혁에 도저히 희망을 걸 수 없는 것입니다. (중략) 세유카이에게 정권이 옮겨지는 것은 우리나라의 엄청난 불행으로 결단코 이것을 저지하지 않으면 안 된다고 굳게 믿는 바입니다.[이와나미 1930]

한편으로는 민세이토에 대해서도 '기개 없는 정당'이라고 비판하며 소극적인 평가를 내렸다. 그러나 하마구치 내각의 성립은 '크게 기뻐할 현상'으로 절찬하며 수상의 인격에 찬사를 보냈다.

> 저는 그 어떤 것도 믿을 수 없는 현시점의 정계에서 하마구치 씨의 인격만은 진흙탕 속에 핀 연꽃이라고도 부를 만한 유일하게 믿을 수 있는 존재라고 믿습니다. 적도 아군도, 국가에 봉사하는 그의 성심성의에 의심을 품지는 않을 거라 생각합니다. (중략) 저는 그의 인격과 식견과 성실함을 신뢰하여 우리나라가 당면한 여러 난국을 타개할 수 있을 것으로 기대하는 사람입니다.[이와나미 1930]

무산정당에 대해서는 기성정당에 대한 공동전선 구축이 불가능한 점을 비판하며, '그들이 왜 작은 차이를 버리고 큰 틀에서 비슷한 점을 따라 현시대 최대의 적인 세유카이의 배격에 그 세력을 집중하지 않는지를 의아스럽게 생각한다'고 차갑게 내쳤다.[이와나미 1930] 이와나미는 무산정당에게 민세이토와 손을 잡을 것을 조언했다. 그들은 높은 이상을 고집하며 고립되어서는 안 되고 대국적인 시점에서 민세이토와 일치단결하여 '대적 세유카이 타도'를 우선순위에 두지 않으면 안 된다고 주장했다.

그는 '말을 정계로 몰아 구세력에 도사리고 있는 거두와 일전을 시도해 볼까 하는 생각도 때로는 들지 않는 바 아닙니다'라는 발언을 통해 정계 진출에 대한 의욕을 내비치기도 한다. 그러나 최종적으로는 '자기 사업에 전념하는 것이 당장은 보다 많이 보다 깊게 사회에 기여하는 바'라고 믿는다며 이와나미서점 경영을 계속할 의사를 표명했다.[이와나미 1930] 1929년부터 1930년에 일어난 입후보소동은 이렇게 막을 내리고 이와나미는 출판 활동에 전념할 결의를 새롭게 했다.

그러나 이와나미의 정치에 대한 관심은 높아졌다. 시대적 분위기는 더 답답해졌고 정치 불신이 가속화되는 가운데 이와나미는 정치적 발언을 적극적으로 공공연히 표명하게 되었다. 그리고 그의 발언들은 편협한 언론탄압에 대한 저항이라는 측면을 가지게 되었다.

사회적 지위를 획득한 이와나미는 문화인의 한사람으로서 발언권을 가지고 자신의 견해를 발신하는 논객의 풍모를 보이게 되었다. 그는 '나는 리버럴리스트이긴 하지만 사회주의자는 아니다'고 공언하며[하야시 1947] 자유로운 공론공간을 옹호했다. 또한 마르크스주의와 거리를 두면서도 마르크스주의 관계 서적을 출판하고 언론의 활성화를 도모했다. 그러나 절박한 시대 상황 가운데 그의 발언이나 출판 활동에도 여러 공격이 가해지며 제약을 받게 된다.

이와나미에게 시련의 시기가 찾아왔다.

제3장

리버럴 내셔널리즘과
아시아주의(1930~1939)

이와나미는 오너실에 '5개조의 서약문五箇条の御誓文'을 걸어놓고 있었다. 왼쪽 위의 사진은 케벨Raphael von Koeber, 왼쪽 아래는 로댕Auguste Rodin의 조각, 1939년 12월

시국에의 위기감

1930년 11월 14일 하마구치 오사치 수상이 도쿄 역에서 저격당했다. 범인은 사고야 도메오佐郷屋留雄(우익활동가. 겐요샤 계열의 우익단체 아이코쿠샤愛国社 당원)로 런던해군 군축 조약과 관련하여 천황의 통수권을 침범했다는 문제에 대해 불만을 제기하고 있었다.

하마구치 수상은 수술 결과 가까스로 목숨을 건졌지만 약 2개월 간 입원을 해야 했고 퇴원 후에도 국회에 나타나지 못했다. 다음 해 3월 일단 국정에 복귀했지만 수상으로서의 업무를 지속할 수 있는 상황이 아니어서 4월 13일 사직하기에 이른다. 그러다가 결국 사건으로 생긴 상처가 원인이 되어 8월 26일 타계했다.

세상에는 불온한 기운이 흐르기 시작했다. 1929년 발생한 세계 공황의 영향으로 일본 경제는 곤경에 빠져 기업의 도산이 줄을 이었다. 주식은 폭락하고 거리에는 실업자가 넘쳤다. 하마구치 내각에 의한 금 수출 금지 해제는 심각한 디플레이션을 발생시켜 농작물 가격이 하락하였다. 당시 냉해까지 계속되어 농가는 흉작으로 괴로워했다. 생활고에 빠진 농민은 계속해서 딸을 팔고 대륙 이주에 마지막 꿈을 걸었다.

1931년에는 3월 사건, 10월 사건 등 쿠데타 미수사건이 발생했다. 9월에는 만주사변이 발발했는데 와카쓰키 레지로若槻禮次郎 내각은 관동군을 통제하지 못한 채 일본에 의한 괴뢰국인 만주국 건국에 이르렀다. 연말에는 와카쓰키 내각이 붕괴하고 세유카이에 의한 이

이와나미서점 히토쓰바시一ツ橋 사무소 현관

누카이 쓰요시 내각이 발족했다. 1931년 2월에는 이누카이 내각의 신임을 묻는 선거가 치러져 세유카이가 압승했다.

하마구치를 높이 평가하고 세유카이를 비판해 온 이와나미에게 있어서 상황은 급속히 악화되는 것처럼 여겨졌다. 이와나미는 선거에 임해 세유카이에 의한 뇌물 수수를 경계했다. 그는 고향 친구들과 함께 '고향 지사에게 격문을 보냄郷党の士に檄す'이라는 문장을 발표하고 '뇌물 수수를 행사하는 후보자는 정당 정파를 불문하고 단호히 모두 이것을 배척하자'고 호소했다.[이와나미 외 1932a]

사회에서는 젊은 국가주의적 혁신주의자들에 의한 테러, 쿠데타 등이 이어졌다. 2월, 3월에는 혈맹단 사건이 일어났고 5월에는 5.15사건이 일어났다. 이와나미가 비판했던 이누카이 쓰요시가 흉탄에 쓰러져 정당 정치 시대는 막을 내렸다.

이와나미는 폭력 사건의 배경이 된 경제 불황을 개선할 수 있도록 『경제학사전経済学辞典』 간행을 결심했다. 그는 '재간행 사'에서 다음과 같이 언급하고 있다.

바야흐로 불황은 점점 심각함의 극치에 달해 자본주의는 마침
내 횡행하여 국민 생활의 위협은 하루하루 그 정도를 더하고 있
는 와중이다. 이러한 때 어떻게 살아가야 할까를 생각하는 것은
현대인의 의무이며, 이리하여 그것은 경제학에 의해서만이 만족
스럽게 해결될 것으로 믿는 바이다.[이와나미 1932b]

1933년 2월에는 국제연맹에 의해 만주국 불승인을 포함한 리튼
조사단보고서가 제출되었는데 일본만 반대하여 결국 42대 1(기권1)로
채택되었다. 일본대표 마쓰오카 요스케松岡洋右는 회의장을 퇴장하고
일본은 국제연맹을 탈퇴했다.

미디어는 일제히 마쓰오카의 행동을 칭찬하고, 국가여론도 환호
했다. 국제연맹탈퇴는 미디어와 여론의 공범 관계에 의해 추진되어
국제사회로부터 일본의 고립이 가속화되었다.

이와나미는 3월 『신문의 신문新聞之新聞』에 소감을 발표했다. 이와나
미서점에는 이 초고가 보존되어 있는데 거기서 그는 신문 미디어의
행태를 통렬히 비판했다.

이와나미는 말한다.

신문사업은 어디까지나 사회를 지도한다는 고귀한 이상의 실
현을 그 사명으로 해야 한다. 그런 긍지를 잃고 일반 영리업 같은
지위로 타락하는 것은 결코 허락될 수 없다. 오기로라도 이러한

이상을 사수하지 않으면 안 된다.

　오늘날 일본에서 행해지는 신문을 보면 실로 유감스럽게도 이
목표로부터 요원한 듯하다. 헛되이 민중에 영합하여 오로지 독자
가 많아질 것만을 부심한 채 본래의 고귀한 사명을 망각한 것으
로 비친다. 내로라하는 규모가 큰 신문마저도 현대의 상업주의
자 혹은 군국주의자의 속박에서 벗어나는 것이 불가능한 형상이
다.[이와나미 1933d]

　이와나미에게 있어서 신문의 대중 영합은 '상업주의자'나 '군국주
의자'의 '속박'을 강화하는 행위에 불과했다. 대중의 열광과 군국주
의가 일체화하는 가운데 상황을 타개해야 할 신문이 솔선하여 비판
정신을 상실하는 자세에 참을 수가 없었다.

오너실에서의 이와나미. 1940년 3월

이와나미는 당시 신문을 비판하기 위해 일찍이 자신과 가까웠던 구가 가쓰난陸羯南의 일간 신문『일본日本』을 거론하며 그 의연한 태도를 상기할 것을 촉구했다.

> 내 청년시절 일본신문(지금의 일본신문이 아님)이라는 신문이 있었다. 미야케 세쓰레이, 후쿠모토 니치난福本日南, 구가 가쓰난 등 쟁쟁한 기자들이 모여 편집을 하고 있었다. 위력에 굴복하지 않고 권세에 아부하지 않고, 제일주의에 따라 민중지도 정신을 잃지 않았다. 지나치게 초연한 태도로 일관한 탓일까, 마침내 옥쇄하여 그 존재가 사라진 것은 실로 유감스러운 일이다. 오늘날에 이르러서는 시류를 배격하며 이런 태도를 보인다면 신문은 성립하지 않을지도 모르지만 나로서는 현재의 신문계에서도 이 일본신문처럼, 적어도 신문이 나아갈 방향을 향해 나아가는 신문의 출현을 간절히 바라는 마음 금할 길 없다.[이와나미 1933d]

이와나미는 이 무렵부터 메이지 유신→자유민권운동→세이쿄샤政教社로 이어지는 메이지 내셔널리즘으로 쇼와의 군국주의, 팽창주의적 내셔널리즘을 비판한다는 입장을 선명하게 드러냈다. 그는 일본 중학교 스승 스기우라 주고에 이어 구가 가쓰난, 미야케 세쓰레이를 들며 그들이 권력에 아부하지 않고 '시류'로부터 초연한 자세를 유지한 것을 강조했다.

이와나미는 어디까지나 리버럴한 내셔널리스트였다. 그에게 있어서 내셔널리즘은 국민주권과 밀접한 관계를 맺으며 일부 인간이 특권적으로 독점하는 정치에 대한 비판원리였다. 국가는 특권계급의 것이 아니라 국민의 것이라는 이념이 내셔널리즘이었다. 그러나 쇼와의 내셔널리즘은 자유로운 비판 정신을 핍박하고 권력에 의한 국민동원의 이데올로기로 바뀌고 있는 와중이었다. 이와나미는 이러한 조류에 메이지 내셔널리즘의 환기라는 수법으로 대항하고자 했다.

이런 자세는 이후의 이와나미에게 보이는 일관된 행동원리가 되었고 시대와 대치하게 된다.

강좌파의 형성과 발간 금지 처분

5.15 사건에 의해 정당정치가 종언을 고하자 이와나미서점에 대해 출판통제 물결이 급격히 덮쳐왔다. 그 대상이 된 것은 1932년 5월 간행이 시작된 『일본 자본주의 발달사 강좌』였다.

1930년 2월, 뎃토쇼인의 고바야시 이사무는 노로 에타로野呂栄太郎의 『일본 자본주의 발달사日本資本主義発達史』를 출판했다. 노로는 이해 1월에 일본공산당에 입당하고 이론적 지도자로서 두각을 나타내고 있었다. 이 무렵, 노로를 중심으로 '일본자본주의 발달사 연구가 좌익 인물들 사이에서 진행되고 있었고 그것을 "강좌"로서 발행하자는 계획이 있었다.' 노로는 고바야시에게 계획을 의논했다. 고바야시는 '그 큰 사업을 할 자신이 없고', 또한 '힘이 약한 출판사의 경우는 눈 깜짝할 사이에 날아가 버릴 위험'이 있으니 '이와나미서점과 이야기해

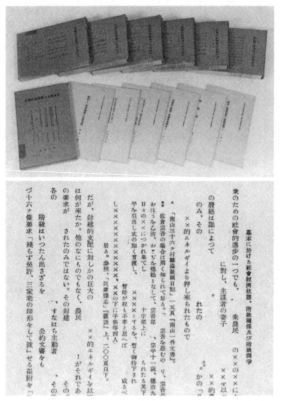

『일본 자본주의 발달사 강좌日本資本主義發達史講座』는 매번 발간 금지 처분을 당해 그 개정판이 겨우 독자들의 손에 전달되었다. 전 7권. 아래는 제1부·메이지 유신 역사의 삭제 부분. 1932년 11월 간행

보는 편이 좋겠다고 권했다.[고바야시 1963:151]

노로는 하니 고로 등 동지들과 상의하여 이와나미서점에 출판 계획 이야기를 건네기로 했다. 하니가 이와나미에게 타진한 뒤 상세

한 내용을 노로가 설명하자 이와나미는 긍정적인 태도를 보였다.

　　나는 마르크스주의 신봉자도 공산주의자도 아니지만 일본 국
　　민을 큰 국민으로 만들기 위해서 그 사상을 세계적인 것으로 만
　　들어야 한다고 강하게 생각한다. 봉건제도 아래에서 우물 안 개
　　구리처럼 육성돼 왔던 이 편협한 국민에게 인류 사상계의 커다란
　　조류라고 할 만한 마르크시즘을 소개하는 것은 절대로 필요한 것
　　이라고 믿었다. 마르크스주의의 선언이 아니라 어디까지나 학문
　　적, 연구적으로 하는 것이라면 요청을 받아들이고 싶다고 답변했
　　다.[이와나미 1998:24]

　강좌의 편집예정자로는 노로 외에도 오쓰카 긴노스케大塚金之助, 히
라노 요시타로平野義太郎, 야마다 모리타로山田盛太郎등이 이름을 올리고
있었고 이와나미는 '이 강좌가 멋진 것임에 추호의 의심도 없다'고
생각하고 있었다. 또한 사회적으로도 교육적으로도 의의가 있는 출
판이라고 생각했기 때문에 기획을 맡기로 했다.[이와나미 1933e]
　그러나 이와나미는 경계도 게을리 하지 않았다. 당시에는 공산당
을 중심으로 한 마르크스주의자들에 대한 사상 탄압이 계속되고 있
었고 이 강좌도 발간 금지 처분을 받을 가능성이 있었다. 그는 친
구인 우시오 시게노스케潮惠之輔(당시의 내무차관)의 소개를 받아 경보국 도
서과장과 면담을 하고 출판을 위한 사전 작업을 했다. 그러자 다음
과 같은 이야기와 함께 출판에 대한 구두 허락을 얻게 된다.

'귀하의 출판사에서 출판하는 것이라면 물론 지장이 없을 터. 만약 무슨 지장이 생긴다면 나에게 전화라도 걸어 주길. 가능한 한 편의를 제공할 것임.'[이와나미 1933e]

이와나미는 안도하고 편자들에게 학술적으로 합법적인 범위에서의 기술을 요구했다. 그리고 편집 단계에서 원고를 상세히 검토하여 '타당성이 없는 부분은 편집 방면에 주의해서 정정해달라고 했다.' 그는 '법에 위반되는 일이 없도록 전념하고 노력하며 간행'했다.[이와나미 1933e]

1932년 5월 『일본 자본주의 발달사 강좌』 출판이 시작되었다. 이 강좌에 게재된 논문은 메이지 유신에 의한 근대 국가 성립을 봉건제 최종 단계(절대주의 국가)로 간주하는 일본 공산당의 32년 테제에 근간을 두고 있었다. 그들은 제1단계로서 절대주의적 천황제를 타도하는 부르주아 민주주의 혁명이 필요하다고 주장하며 다음의 제2단계로서 프롤레타리아 혁명이 일어난다고 하는 '2단계 혁명론'을 채택했다. 이 입장은 '강좌파講座派'로 불리며 메이지 유신을 부르주아 혁명으로 간주하는 '노농파勞農派'와의 사이에서 '일본 자본주의 논쟁'을 불러일으키게 되었다.

간행 개시부터 1932년 8월 제3권까지는 문제없이 출판되었다. 그러나 같은 해 11월 제4권부터 갑자기 발간 금지 처분을 받게 되어 이와나미는 깜짝 놀랐다.

그가 도서과장을 방문하자 담당자는 다른 사람으로 바뀌어 있었다. 발간 금지 처분에 대해 '솔직히 받아들일 수 없다는 의사'를 전달했지만 상대방은 '검열 방침 변경 불가'라고 응대하며 '당신네 편집 방침이 잘못된 것'이라고 호통쳤다. 이와나미는 '내심 매우 불만'이었지만, 그 후의 간행은 '한층 주의에 주의를 거듭하여' 출판했다.[이와나미 1933e]

그래도 부분적인 금지나 소거 처분은 계속되었으나 1933년 8월 우여곡절 끝에 제7권의 강좌가 완결되었다.

나가노 현 교원 적화 사건과 시대에 대한 반역

관헌에 의한 마르크스주의자들에 대한 검열과 탄압은 해가 갈수록 가열되어 갔다. 1933년 2월 4일에는 '나가노 현 교원 적화사건(2·4사건)'이 발생했다. 이것은 나가노 현 공산당 지지자로 보이는 교원들이 일제히 검거된 사건으로 4월까지 검거자 총수는 600명(그중 교원은 138명)을 넘었다. 2월 20일에는 고바야시 다키지小林多喜二(1903-1933. 일본 프롤레타리아 문학의 대표적 작가. 대표작 「가니코센蟹工船」)가 검거되어 경시청 쓰키지築地 경찰서에서 학살당했다.

이와나미는 9월 21일 '교원 사상범 사건에 대해서'라는 글을 시나노信濃 교육회로 보냈다. 그는 여기서 마르크스주의와 거리를 두면서도 마르크스주의가 확대되는 사회 배경에 대해 일정한 이해를 나타냈다.

오늘날 마르크시즘이 두뇌가 우수하고 인격이 선량한 양갓집 자녀들에게 퍼지고 있는 것은 명확한 사실로서, 그 원인 역시 우연이 아니다. 요즈음 사회는 반성해 볼 필요가 있다. 돈의 힘이 지나치게 활개를 치고 있는 것은 아닌지, 권력이 지나치게 위세를 떨치고 있는 것은 아닌지. 자본가는 먹고 놀고 노동자는 온종일 쉬지 않고 이마에 구슬땀을 흘려도 의식주가 곤궁하다는 실정을 보고, 양식 있는 사람이 많은 생각을 하게 되는 것은 당연하다.[이와나미 1993f]

그는 마르크스주의가 확대되는 동향을 '긍정하고자 하는 것이 아니다'라고 하면서도 한편으로는 '완전히 부정할 만한 것도 아니다'고 말하며 오히려 '이 경향을 선도'하는 것으로 '사회 향상에 이바지하는 것'이야말로 중요하다는 견해를 보였다. 또한 마르크스주의를 무조건 부정할 것이 아니라 우선은 그 사상을 알아둘 필요가 있다고 지적하며 그 이후에 '공정한 비판력을 기르는 일에 적극적으로 노력해야 한다'고 논하였다.[이와나미 1933f]
그는 다음과 같이 말한다.

일본 정신은 광대하고 한이 없어 일부 인사가 생각하는 것처럼 빈약한 것이 되어서는 안 된다. 우리 문화는 불교도 기독교도 받아들이고 유교도 마르크시즘도 소화해 내며 더욱 더더욱 광채를 발하고 있지 않은가. 유신의 위업을 대성한 메이지 천황의 5개조 서약문은 일본 정신이 발로된 결과이다. 헛되이 편협하고 고루한 국수 사상에 사로잡혀 이성의 눈을 가리고 양심의 목소리를 막는 것 따위는 결과적으로 국운의 진보를 방해하는 일이 된다. 과격한 언동은 물론 크게 삼가야겠지만 무조건 적화의 이름을 두려워하며 말해야 할 것을 말하지 않고 행하여야 할 것을 행하지 않고 좌고우면左顧右眄 사상으로 앞으로 나아가지 못하는 것은 교육자가 취해야 할 태도가 아니다.[이와나미 1933f]

이와나미가 여기서 강조하는 것은 메이지천황에 의해 선포된 '5개 조의 서약문'의 의의이다. 이것은 1868년 3월 14일 제시된 메이지 신정부의 기본정책으로 다음의 5개 조로 구성되어 있다.

첫째, 널리 논의를 일으키고 천하의 정치는 공론으로 결정해야 한다.
둘째, 상하가 마음을 하나로 하여 활발히 경륜을 펴야 한다.
셋째, 문무백관으로부터 서민에 이르기까지 각기 그 뜻하는 바를 이루어 뭇 사람의 마음이 지치지 않게 해야 한다.
넷째, 낡은 관습을 타파하고 천지의 공도를 따라야 한다.
다섯째, 지식을 세계에서 구하여 크게 황국의 기틀을 떨쳐 일으켜야 한다.

이와나미는 이 '5개조의 서약문' 가운데 국민주권 내셔널리즘을 발견하고 아울러 '편협한 국수주의적 사상'을 비판했다. 그에게 있어서 다원적인 공론을 저해하는 국가주의자들과의 대결은 내셔널리즘을 둘러싼 투쟁 이외의 그 무엇도 아니었다. 이와나미에게 있어서의 '일본 정신의 발로'는 '5개조의 서약문'에 집약되어 있었고 '천하의 정치는 공론으로 결정해야 한다'는 선언이야말로 일본 내셔널리즘의 진정한 대의였다.

그는 메이지 천황에 의한 신을 향한 서약문을 방패 삼아 애국의 정통성을 내세우는 것으로 편협한 국수주의자들에게 대항하고자 했다. 그에게 있어서 메이지 천황에 의해 체현된 유신의 정신이야말로 리버럴한 내셔널리즘이었다.

이와나미는 이 연장선상에 우치무라 간조의 사상을 둔다.

지난 날 우치무라 간조 선생님이 불경사건(1891년 제일고 교사 시절, 신앙상의 이유로 교육칙어에 경례를 거부한 사건)을 일으켜 국적이라고까지 불리며 그 지위를 빼앗기신 적이 있었다. 그러나 선생님은 세상에 보기 드문 애국자로서 무사도의 고취자이자, 일본 정신의 신봉자였다. 선생님의 신앙은 인도적 정신과 애국적 정열과 무사도가 융합, 합성된 것이다. 많은 목사들이 외국인들에 의해 건설된 교회에서 외국으로부터 온 급여를 받으며 전도했던 것에 비해 우치무라 선생님은 단 한 푼도 외국 자본을 받지 않고 독립적으로 일본적인 전도를 했다. 당시 선생님을 국적이라고 매도했던 소위 애국자들의 그림자는 지금 연기처럼 사라졌고 선생님의 신앙으로부터 나왔던 감화는 현재 일본의 유력한 인사들의 애국심을 계속 고취하

고 있다. 또한 그 전집은 영구히 일본인의 애국심을 자극하는 데
에도 도움이 되리라.[이와나미 1933f]

이와나미서점은 1932년 4月부터 『우치무라 간조 전집』 간행을 시
작하여 이듬해인 1933년 12月 전 20권을 완결시켰다. 제1장에서 이
미 언급한 바와 같이 이와나미는 제20권 월보에 '전집 완료에 즈음하
여'라는 글을 게재하고 있는데 거기서 다음과 같이 언급하고 있다.

　국운이 어려운 현시점에서 나는 국적이라 불리고, 비국민으
로 매도되고 위선자라고 모욕당했던 선생님 생각이 특히 간절하
다.[이와나미 1933b]

이와나미는 그 옛날 우치무라의 모습에서 자신이 가야 할 길을
찾고자 했다. 편협한 국수주의자로부터 비난당할지언정 자신의 신
념을 관철했던 우치무라의 마음에 동조하고 그 내셔널리즘에서 자
신이 원하는 발언의 지침을 발견해 냈다. 박해를 두려워하지 않는
과감한 자세는 언론탄압의 칼끝이 향해져 고통스러워하는 이와나
미에게 정신적인 버팀목이 되었다.
　그는 다음과 같은 문장으로 글을 맺는다.

　생각건대 오늘날 일본만큼 진리나 정의, 진실에서 벗어난 사회
는 다시 또 없으리라. 충군애국을 부르짖는 자는 흔하고 사상 선

도를 하는 학자도 곳곳에 널려 있지만, 선우후락先憂後樂, 실로 국가를 걱정하고 의를 따르는 자가 없다. 이것이 현재 일본의 우환이다. 나는 선생님 같은 종류의 국적, 비국민, 위선자가 나와 가치관을 완전히 바꾸어 본질적인 것이 무엇인가를 보여주고 일본의 현 상황을 타개해 줄 것을 기원해 마지않는다.[이와나미 1933b]

이와나미에게 있어서 이 시기에 『우치무라 간조 전집』을 출판하는 것은 시대에 대한 반역이었다. 그리고 이 출판은 내셔널리즘의 정통성을 둘러싼 국수주의자들과의 싸움이었다.

이와나미는 앞선 '교원사상범 사건에 대해서'라는 발언 중에서 '요시다 쇼인 선생님이 오늘날의 청년이었다면 아마 좌경의 무리라고 불렸을지도 모른다'라는 언급도 한다.[이와나미 1933i] 그에게는 쇼인 또한 '유신의 정신'에 의거한 국민주권 내셔널리스트였다. 이와나미서점은 다음 해인 1934년부터 『요시다 쇼인 전집』 간행을 시작하는데 이것도 동시대에 대한 비판적 활동의 일환이었다.

이와나미의 싸움은 곤경에 빠지면 빠질수록 조용히 열기를 더해갔다.

다키가와 사건

1933년 4월 22일, 하토야마 이치로鳩山一郎 문부대신이 교토제국대학 법학부 교수 다키가와 유키토키瀧川幸辰의 사직을 요구했다. 이른바 '다키가와 사건'의 시작이다.

다키가와는 전년도 10월 주오대학中央大学 법학부에서 『부활』을 통해 본 톨스토이의 형법관'이라는 강연을 했는데, 그 내용이 귀족원에서 거론되어 무정부주의적이라는 비판이 생겨났다. 나아가 공산당에 동조적인 재판관이 검거되는 '사법관 적화 사건'이 일어나자 교토대학 법학부 교원이 원흉이라는 명목하에, 그 희생양으로 사법시험위원이었던 다키가와가 비판받게 된 것이다.

하토야마 문부대신은 다키가와의 저서 『형법독본刑法読本』을 위험사상으로 간주하고 '대학령'에 규정된 '국가사상의 함양' 의무에 반한다고 비난했다. 1933년 4월 11일에는 내무성이 다키가와의 저서 『형법독본』, 『형법강의刑法講義』에 대해 발간 금지 처분을 내렸고, 같은 해 4월 22일에는 문부성이 고니시 시게나오小西重直 교토제국대학 총장에게 다키가와의 사직을 요구했다.

교토제국대학 법학부 교원들은 반발하여 강하게 항의했지만 문부성은 5월 26일 다키가와의 휴직처분을 강행했다. 교수회에서는 동료 교원의 사직이 이어졌고 법학부 학생들도 함께 투쟁할 자세를 보였다.

이 일련의 문제를 무겁게 받아들이며 집요한 언론 공격을 가한 것이 잡지 『원리일본』이었다. 이 잡지는 1925년 11월 창간되었는데 편집자는 미노다 무네키였다. 지면의 특징은 제국대학교수에 대한 공격으로 '강령'에는 다음과 같은 언급이 보인다.

일본 국민의 사상적 소질과 그 종합 생성적 전통생명의 무한한 발전을, 즉 『원리일본』을 믿지 않고 인정하지 않는 내외 일체의 사상운동에 대해 부단하고 연속적으로 영구히 사상전을 선언한다.[미노다 2004a:183]

미노다를 비롯한 사람들은 1933년 1월에 간행된 『원리일본』(제9권 제1호)을 '사법부 대불상사 특집호'로 명명하고, 앞머리에 미노다의 '일본 총 적화 징후 사법부 불상사 화근 근절 역연逆緣 쇼와유신이 구제해야 할 대상'이라는 논거를 게재했다. 미노다는 권말의 '편집소식' 안에서 다음과 같이 말한다.

지금이야말로 만주사변, 국제연맹회의에 나타난 '신위神威'가, 스러지고 엉망이 된 국내 정치사상생활 개혁이 구현되어야 할 때이며 우리는 이번 사법부 불상사는 실로 국난 일본 화근 근절의 역연, 쇼와유신 단행이 구제해야 할 대상이라고 믿습니다.[미노다2004c:190]

『원리일본』의 칼날은 차츰 교토제국대학 법학과로 향해져 같은 해 6월에 발매된 호(제9권 제5호)는 '교토제국대학 법경제학부 망동 비판호'라는 제목에 다키가와 사건을 전면 특집으로 묶었다. 또한 다음 달 7월호(제9권 제6호)에서도 '교토대학 문제의 학술적 처치'라는 특집으로 격렬히 교토대학 공격을 전개했다.

이러한 와중에 이와나미는 7월 14일 『도쿄아사히신문東京朝日新聞』

의 투고란에 사키 유코先憂子라는 이름으로 투고했다. 타이틀은 '학자의 태도.' 여기서 그는 다키가와를 전면적으로 옹호하고 문부성을 비판했다.

천하를 논의하는 정객은 얼마든지 세상에 널렸으나 일신을 국가에 바치는 지사는 없다. 여러 학설을 강의하는 교수는 얼마든지 있으나 진리에 목숨을 바치는 학생은 거의 없다. 항상 동요하는 문부 당국의 태도에 비해 진리의 충복, 정의의 사도로서 시종일관 미동조차 하지 않고 소신에 살며 대학을 위해 옥쇄玉碎한 교토대학 법학부 여러 교수의 태도에 더할 나위 없는 경의를 표하고 그 멋진 결말에 근래에 없는 감격을 느꼈다.

다키가와씨의 학설이 실로 국가에 유해하다면 교토대학 법학부 폐쇄는 말할 것도 없고 이에 호응한 전 대학의 전멸 또한 거리낄 일이 아니다. 또한 법학부 주장이 옳다고 한다면 문부대신의 즉각적인 사직도 내각 경질도 피할 일이 아니다. 대학의 자치, 혹은 연구의 자유라는 것도 다키가와 문제로부터 파생된 것이다. 이토록 중대한 문제가 되었음에도 정작 교토대학에서마저도 문제의 핵심인 다키가와씨의 학설에 대한 비판을 듣지 않는 것을 우리는 깊이 유감스럽게 생각하는 바이다.

나는 형법독본을 한번 읽어보고 이것이 왜 그토록 문제를 일으켰는지 의아해한다. 문부 당국에 의해 선언된 다키가와씨의 내란격성内乱激成, 간통 장려설 같은 것도 그 해악은 우리들의 상식과 일치하고 있다. 이 책의 발행 당시 마키노 전 대심원장마키노 기쿠노스케牧野菊之助이 본지의 독자 페이지에서 이것을 추천했던 사실을 생각해 봐도 위기사상이 아니라는 것 정도는 추측할 수 있다고 생각한다.

　오늘날 사회에 통용되는 폐해는 바른 것과 사악한 것, 선한 것과 악한 것이 판명되지 않는다기보다는, 판명된들 이것의 거취를 정하지 못한 채 힘센 편에게 고개를 숙이는 태도를 보인다는 것이다. 다키가와 씨의 학설에는 위험성이 없고, 문부성의 조치가 얼마나 부당한지도 백번 알면서 나서서 교토대학 법학부를 도와주려고 하지 않는 대학교수들은 구제불능의 무리다.

　진리에 대한 학자의 태도는 엄숙하지 않으면 안 된다. 눈앞을 그럴싸하게 꾸미는 것은 정치가들이 노상 하는 일이지만 학자들이 할 만한 일은 아니다. 이제 와서 어쩔 수 없다는 따위의 말도 학자로서 할 말이 아니다. 사건의 본질을 직시하고 다키가와 씨의 학설이 옳은지 그른지를 명확히 하여 어디까지나 양심적으로 행동해야만 한다.[이와나미 1933g]

이와나미의 투서는 교토대학 법학부 안에서 다키가와 옹호를 위해 일어서려고 하지 않는 교원들에게 결기를 촉구할 것을 목적으로 하고 있었다. 그의 비판은 문부대신에게 행해짐과 동시에 교토대학의 행태에도 향했다.

　교토제국대학 총장이 고니시에서 마쓰이 모토오키松井元興로 바뀌자 이와나미는 '문제의 핵심— 교토제국대학 마쓰이 신임총장에게' 라고 쓰고 '다키가와 씨 복직은 당연하다'고 호소했다.[이와나미 1933h]

그는 고니시 전임총장을 격렬히 비판했다.

> 고니시 전임총장은 형법독본을 보고 교육상 아무런 지장이 없다 며 법학부 주장을 지지했음에도 불구하고 이번 일이 단행된 것을 매우 유감스럽게 생각한다. 다키가와를 휴직시키기 전에 내 목을 자르라고 문부대신을 향해 압박할 정도의 태도가 있었다면 아마도 사건이 이렇게까지 확대되지는 않았을 것이다. 문부대신이 달랜다 고 다시금 문부당국의 책임인 학생 진압의 짐마저 떠안은 채 사표 를 들고 되돌아온 모습은 처량함 그 자체였다.[이와나미 1933h]

그리고 마쓰이 신임총장에 대해서 '양심적으로 행동해 주었으면 한다'고 호소한 뒤, 권력에 굴복하지 말고 '진리라고 믿는 바를 향 해 어떤 것도 두려워하지 말고 용감히 돌진해 주길 바란다'고 강조 했다. 나아가 문부성에 대해서 항의 사표를 내던진 법학부 교원들 에게 찬사를 보내며, '시종일관 미동조차 하지 않은 법학부 태도에 도 경의를 표하지 않을 수 없다'고 말했다.[이와나미 1933h]

이와나미는 1920년 『보통선거』를 출판한 사사키 소이치에게 편 지를 보냈다. 사사키는 교토대학에서 법학을 배운 후 그대로 교토 대학 법학부 교원이 되어 당시에는 교수로 재직 중이었다. 법학부 에서는 두 번이나 학부장을 역임할 정도의 실력자였다. 사사키는 다키가와 사건에 대해서 비판적이었고 연구의 자유나 대학의 자치를 옹호했다. 그것을 전제로 조교수를 비롯한 젊은 연구자들에게 교수들이 사직하더라도 남아서 연구를 계속하도록 설득했다.

그러나 이에 대해 이와나미는 불만을 표했다.

소생은 법학부의 미동도 하지 않는 태도, 소신에 일관된 태도에 충심으로 경의를 표하고 있었습니다. 이번에 유약하게 잔류파라는 것이 생겨 강권의 탄압에 굴복했다는 것은 오랜 공도 마지막 한 번 실수로 무너지고 만다는 말처럼 지극히 유감스러운 일입니다.

들리는 소문에 선생님은 교수, 조교수의 직책 차이를 말씀하시며 잔류를 권하셨다는 것, 소생 뜻밖의 일로 생각되는 바입니다.

깊고 깊으신 의미는 알지 못하겠사오나 무엇이 대의인가를 생각하면 다키가와 씨의 복직이 이루어지지 않는 한 옥쇄 이외의 다른 길은 없을 거라 생각합니다. 비상시의 특별한 예로 두 번 다시 이 같은 일이 없음을 보장하지 않는다면 대학의 자치, 연구의 자유가 지켜지리라는 확신이 어디 있겠습니까? 근본문제인 다키가와 씨의 학설이 바른지 그른지, 적어도 대학 교수의 위치를 빼앗을 만한 가치가 있을 정도로 국가에 유해한지 아닌지에 대해 규명하지 않고는 철저한 해결도 바랄 수 없다고 생각하는 바입니다. 귀견은 어떠신지요.

소생은 홀로 한껏 힘을 주고 있었다가 법학부의 분열을 보고 유감스러운 마음을 금치 못했습니다.

분열의 동기가 진리에 대한 견해의 차이에서 온 것이 아니라면 더더욱 참을 수 없으며, 이상주의보다 편의주의로 전향해가는 정책적 의미가 있다고 한다면 소생은 학도의 태도로서 허락할 수 없습니다.

정치가는 결과를 생각해야만 하나 학도는 일직선으로 진리라고 믿는 바에 매진해야 한다고 생각합니다. 잔류파의 성명은 중요한 부분을 피해 실로 가볍고 약했던 것에 비해 옥쇄파 두 교수(문부성이 사표를 수리하지 않았음에도 굳이 퇴관한 쓰네토 교, 다무라 도쿠지田村徳治)의 성명은 우리들의 양심에 호소하는 바가 있었습니다. 소생은 일곱 분의 교수가 큰일에 임하여 대의를 저버리신 모습으로 생각됩니다.[마쓰오 1991:11]

결국 사사키는 대학에 항의하여 사직했다. 법학부 내부는 사직파와 잔류파로 분열되었고 일부 학생들도 사직 교원을 지원하는 운동을 전개했다.

이와나미는 사표를 제출한 교원에 대해서 격려 편지를 보냈다. 법철학자 쓰네토 교는 다음과 같은 답신을 보내고 있다.

삼가 답신 보내드리옵니다. 도호쿠東北 지방을 여행하시던 와중에 보내주신 격려의 말씀 감격스러운 마음으로 읽었습니다.

말씀하신 것처럼 백 번, 천 번의 논의도 결국 하나의 바른 행동에 따를 수 없습니다.

처음 주장했던 당시의 초심으로 그대로 매진해 가고 싶다고 생
각하고 있습니다.

깊은 마음에 머리 숙여 감사드립니다. 이만 맺습니다…….[이와나
미서점 편집부 : 2003:83]

이와나미서점에서는 사직한 민법학자 스에카와 히로시末川博의 협력
으로 『육법전서六法全書』(1930년판)를 출판하고 사항색인과 참조 조문을 붙
인다는 '당시로써는 획기적인 기획'에 성공했다.[이와나미서점 편집부 2003:56]
이와나미는 젊은 스에카와를 신뢰하여 이후 『육법전서』의 편집을 맡
겼다. 교토대학 법학부는 이와나미서점과 깊이 관련된 학자들로 구
성되어 있었기 때문에 다키가와 사건에 대한 우려의 마음은 컸다.

1933년 11월에는 다키가와, 쓰네토, 스에카와 등 사직 교원들이
참여한 『교토대학 사건京大事件』을 출판하고 그들을 지지했다.

한편 법학부에서는 사표를 제출하지 않고 그 직위에 잔류하고 있
던 교원들도 있었다. 이와나미는 1934년 1월 『교토제국대학신문京都
帝国大学新聞』으로부터 받은 '제65회 의회 재개에 임하여, 이 의회에 무
엇을 바라십니까'라는 질문에 대해서 다음과 같이 대답하고 있다.

나는 결코 의회제도를 부정하는 것은 아니지만 현존하는 정당
에 대해서는 신속히 소멸하길 바라는 이외에는 아무것도 기대하
지 않는다. 귀 대학 법학부를 부정하는 것은 아니지만 태도의 명
료성이 결여된 채 강권의 폭압에 복종했던 잔류파 교수들에게 아

무엇도 기대하지 않는 것과 마찬가지이다.[이와나미 1934c]

이와나미는 교토대학의 니시다 기타로나 다나베 하지메, 와쓰지 데쓰로 등에게도 함께 투쟁할 것을 호소했지만 동의를 구할 수 없었다. 그들은 평소부터 다키가와를 그다지 마음에 들어 하지 않았던 모양으로, 시종일관 사건에 대해서 소극적인 태도였다. 니시다가 '다키가와 한 사람을 위해 대학을 망칠 수는 없다'고 말했던 것에 비해 이와나미는 '이 사건으로서 학자, 사상가가 그 후 흉포한 군부나 우익에 굴복하는 나쁜 선례를 만드는 것이다'라고 아베 요시시게에게 말했다.[아베 1957:349~350]

이 해 6월 7일에는 사노 마나부佐野学(사회주의 운동가. 쇼와 초기 비합법정당 시대 일본 공산당 중앙위원장)와 나베야마 사다치카鍋山貞親(사회주의 운동가. 사노 마나부와 더불어 비합법정당 시대 일본 공산당 간부)의 옥중 전향성명이 발표되었다. 11월 28일에는 공산당위원장 노로 에타로가 검거되었고 다음 해 1934년 2월 19일 옥중에서 사망하였다.

언론 탄압의 물결이 맹렬히 이와나미서점을 덮쳐왔다.

다나베 하지메의 분노

1933년 12월 이와나미서점은 창업 20년을 기념하여 '이와나미전서岩波全書'를 창간했다. 이것은 전문분야 지식을 간소하게 정리한 일반 독자용 소책자로 '현대학술 보급'을 목적으로 간행되었다.[이와나미서점1996:111]

'이와나미전서' 창간을 위해 집필의뢰가 진행되고 있을 때 작은 트러블이 발생했다. 이와나미는 다나베 하지메에게 집필을 의뢰하여 『철학통론哲学通論』을 출판하기로 했다. 그리고 미키 기요시와 이야기를 나누던 중 창간기념으로 『철학통론』 이외에 '변증법'을 테마로 한 책도 추가하기로 했다. 편집부는 이 책의 의뢰를 다나베에게 전했는데 이것이 다나베의 분노에 순식간에 불을 붙였다.

1933년 3월 21일 이와나미에게 보낸 편지 가운데 다나베는 다음과 같이 말한다.

> 소생이 불쾌한 원인은 귀형도 미키 군도 상품의 대량 생산을 하는 공장주(내지는 지배인)가 숙련 직공을 대하는 것처럼 소생들에게 군림하는 자본가적 태도를 보여서입니다. 저희(적어도 저)가 쓴 것은 하찮은 것일지라도 어쨌든 일종의 창작이기 때문에 그저 시간을 들이면 만들어지는 상품으로 취급되는 것은 유감스럽습니

창업 20년 기념 출판으로서 '이와나미전서岩波全書' 간행. 1933년 12월.
이때부터 회사 마크를 밀레Jean-François Millet의 '씨 뿌리는 사람'으로 변경했다.

다. 작은 것은 작은 것대로, 통속적인 것은 통속적인 것대로 끈기와 정력을 쏟지 않으면 만들어지지 않습니다. 그것을 얼마 안 되는 기간 안에 40권, 50권씩 한꺼번에 연달아 출판하는 노동 총동원에 참가시켜 갈팡질팡하게 만드는 태도는 학자의 자부심이 용납하지 못하고 우정의 기대가 허락하지 않는 것입니다. (중략)

오랫동안 귀형은 소생 등을 단순히 저자로서 영업적 견지에서만 대우하셨던 것이 아니라고 믿고 소생은 다른 출판사의 의뢰를 절대로 거절하고 귀출판사 이외에 다른 곳으로부터 책을 내지 않는 방침으로 지내왔습니다. 그러나 자본주의가 고도로 발달함에 따라 귀형도 출판업자로서 위와 같은 태도를 저희에게 보이는 상태에 도달한 것으로 생각되어 유감스러울 뿐입니다. 만약 그렇다면 금후 소생은 출판업자로서의 귀형에게는 역시 단순한 저자로서 대할 수밖에 없다고 생각합니다. 또한 만약 이런 일이 귀형의 본심이 아니라면 이번 일의 반성을 바라고 싶습니다.[이와나미서점 편집부 2003:21-23]

이와나미는 이 편지를 받고 곧바로 교토로 가서 다나베와 만났다. 이와나미가 솔직히 사죄하자 다나베는 기분을 풀고 창간 때에 『철학통론』을 출판했다.

'이와나미전서'에서는 이와나미서점의 새로운 마크가 사용되었다. 그때까지는 하시구치 고요橋口五葉가 그린 '물병'을 썼는데 이때부터 밀레의 '씨 뿌리는 사람'을 도안화한 것으로 바뀌어 현재에 이르고 있다.

이와나미에게 있어서 밀레의 그림은 제일고등학교 시절부터 마음을 매료시켰던 것으로 한때는 양치기를 동경하여 남미로 도항할 것까지 생각했던 적도 있었다. 이와나미는 말한다.

> 밀레의 씨 뿌리는 그림을 빌려와서 마크로 한 이유는 제가 본래 농사꾼이었고 특히 노동은 신성한 것이라 생각하고 있어서입니다. 또한 청경우독의 전원생활을 좋아했으며 시성 워즈워스의 '생활은 낮게, 생각은 높게'를 우리 출판사의 정신으로 삼고 싶었기 때문입니다. 또한 문화의 씨를 뿌린다는 것에 생각이 미치시는 분이 계신다면 한층 감사하겠습니다.[이와나미 1935a]

1934년 11월에는 고바야시가 이와나미서점으로 복귀했다. 고바야시는 1932년 이와나미의 차녀 사유리小百合와 결혼했다.

『요시다 쇼인 전집』

1934년 10월 이와나미는 『요시다 쇼인 전집』 출판을 개시했다. 앞서 언급한 바와 같이 이와나미는 소년 시절부터 요시다 쇼인을 경애하였고 도쿠토미 소호가 쓴 『요시다 쇼인』을 애독했다. 쇼인에 대한 마음은 평생 한결같았고 신문이나 잡지의 인터뷰에서 '존경하는 사람'을 물으면 거듭거듭 사이고 다카모리와 함께 쇼인의 이름을 거론하였다.

이와나미는 출판에 임해 '요시다 쇼인 전집 간행에 즈음하여'라는 글을 발표했는데 거기서 다음과 같이 쓰고 있다.

> 쇼인 선생님이 세상을 떠나시고 이제 76년, 우리나라의 국운은 일대 비약을 거듭했지만 현시점에서 국내외 정세는, 또한 나라의 국운은 매우 어려움에 처해있다고 생각한다. 정치에, 경제에, 교육에 제2의 유신을 상기하며 쇼인에게 돌아갈 것이 절실히 요구된다. 국운의 진전은 우국의 정열과 함께 전 세계의 형세를 달관한 식견과 경세의 실천적 지도에서 온다. 실로 쇼인 선생님을 재인식할 만한 가을이라고 생각한다.[이와나미 1934a]

또한 1936년 4월 전10권 출판이 완결된 시점에서 '신 일본건설의 지도 정신에 일대 기여를 이루신 것은 실로 우리나라에 있어서 크게 경하스러운 일이라 해야 한다'고 하고 있다.[이와나미 1936a]

이와나미에게 『요시다 쇼인 전집』의 출판은 동시대를 향한 조용하고 예리한 비판이었다. 그에게 쇼인은 근대 일본의 국민주권 내셔널리스트의 원조로서 봉건적 질서 타파를 추진한 혁명가였다. 쇼인 사상의 근본은 존왕정신에 기반을 둔 만민평등으로 억압적인 헤게모니의 해체였다. 거기에는 패권주의나 배타성 따위가 존재하지 않고 계급을 넘어선 내셔널한 연대를 지향했다.

도쿠토미 소호는 1908년 『요시다 쇼인』의 개정판을 출판하고 일찍이 스스로가 그린 혁명가 쇼인이라는 상을 버렸다. 그는 쇼인에게 제국주의적 국가주의자라는 상을 부여하고 러일전쟁 이후의 시대에 따라갔다. 쇼인은 혁신적인 국민주권 내셔널리스트에서 존왕적 제국주의자로 모습을 바꾸어 세상에 제시되었다. 이 쇼인의 이미지가 쇼와기에 정착하여 소비되고 있었다.

이와나미는 편협한 국수주의자라는 이미지에서 쇼인을 되찾고자 했다. 그에게 있어서의 쇼인은 도호가 초판『요시다 쇼인』에서 그린 '유신인' 그 자체였다. 일부 특권계급이 독점하는 정치를 비판하고 국민주권확립을 목표로 하는 자세야말로 내셔널리스트 쇼인의 참모습이었다.

이와나미는 리버럴 내셔널리스트로서의 쇼인을 '신 일본건설의 지도 정신'으로 삼는 것으로 편협한 국수주의를 타파하려고 했다.『요시다 쇼인 전집』의 출판은 이와나미 나름의 저항의 증거였다. 아베 요시시게는 말한다. '그로서는 쇼인 같은 진정한 애국지사가 지금의 이른바 애국지사와 어떻게 다른지를 보이고 싶었는지도 모른다.'[아베 1957:198]

이런 의도를 민감하게 감지했던 것이 미노다 무네키였다. 미노다는 1934년 10월 8일 자로 이와나미에게 편지를 보내『요시다 쇼인 전집』출판에 경의를 표시한 후 예약 신청했음을 고했다. 그리고 『도쿄제국대학신문東京帝国大学新聞』9월 24일 발매 호에 게재된 이와나미의 인터뷰를 거론하며 요시다의 사상과 이와나미의 발언은 '정반대'라고 비판했다.[미노다1934]

미노다는 『원리일본』 제10권 제9호(1934년 10월)에 '요시다 시게오씨의 교만 반역사상-제국대학신문 지상에서의 지령적 기사에 대해서'를 게재하고, 격하게 이와나미 비판을 전개했다. 여기서 그는 이와나미가 진정으로 '국가의 무한한 은총'을 생각한다면 '데모크라시, 마르크시즘 선전에 대해서 의연'한 태도를 보이고 '솔선하여 일본주의 문헌의 출판'에 매진해야 한다고 논했다.

미노다에게 있어서 이와나미의 문제는 『요시다 쇼인 전집』을 출판하면서 한편으로는 마르크스주의자의 서적을 적극적으로 간행하는 것이었다.

이와나미씨는 마르크시즘 유행에 편승해 가이조샤와 경쟁하여 『자본론』 번역 출판에 광분하고, 특히 그 무식하고 지조 없는 가와카미 하지메 같은 작자를 신문의 커다란 광고에 사용하여 찬미하였다. 개인잡지 『사회문제 연구』를 자연스레 이어받아 몇 권 나부랭이로 마르크스를 해석하고자 했다. 이해가 결여된, 오역 가득한 번역으로 도저히 일본어라고 할 수 없는 『자본론』, 『사회문제 연구』의 번역들이다. 이마저도 가와카미 씨와 싸우고 결별하여 폐기한 것을 신문에 광고까지 했다. 실로 식견 없는 추태의 폭로라 아니할 수 없다. 거기에 어떠한 『출판의 표준』 사상적 절조가 있단 말인가?

부끄러워하라! 자기 말과 그 사실 앞에서 이와나미 시게오 씨! 참회하라, 조국 수호신령의 앞에서, 조국저주 국체변혁 매국 운동

에 편든 일본인으로서 자기 자신의 심대한 죄업을![미노다 2004b:657]

미노다의 눈에 이와나미는 회의적인 내셔널리스트로 비쳤다. 이와나미는 어디까지나 '매국운동을 편든 일본인'이었고 조국의 신들을 향해 참회해야 할 인물이었다.

다키가와를 격렬히 단죄해 왔던 미노다는 그를 옹호해 온 이와나미를 격렬히 비판한다.

이와나미 씨는 간통 장려, 형벌부인론이 위험사상이 아니라는 것을 논증할 수 있는 대학자인가? 무릇 '학문'이란 무엇인가? '진리'란 무엇인가? 라는 물음에 대답할 수 있다면 대답해 보라! 이와나미 씨의 이러한 불량 반역 사상은 일찍이 가와카미 하지메 씨 또는 후지모리 세이키치藤森成吉 씨를 지지하고, 지금도 다키가와 유키토키 씨를 지지하여 교토대학 파면교수 공저의 『교토대학 사건京大事件』을 발행하고, 치안유지법으로 제국 헌법의 정신으로 돌아간다는 따위의 망언을 하는 미노베 다쓰키치美濃部達吉(다이쇼 데모크라시의 주요 논객 중 하나) 씨의 논문집 『현대헌정평론現代憲政評論』, 『의회정치의 검토議会政治の檢討』 또는 만주사변을 부인하는 매국 사상가 요코타 기사부로橫田喜三郞 씨의 『국제법國際法』 등을 발행하고 있는 것이다![미노다2004b:658]

이와나미는 미노다에게 답신을 보냈다. 이것이 『시게오 유문 초

茂雄遺文抄』에도 수록된 잘 알려진 서간이다. 『시게오 유문 초』에는 1941년의 것으로 되어 있으나 1934년이 올바르다.

보내주신 귀 잡지 『원리일본』 10월호 깊이 감사드립니다. 잘 받았습니다. 소생 같은 일개 상인을 특정 주의에 선 한 사람으로 취급해 주시고 제국대학 신문에 낸 담화를 바탕으로 논의해 주신 점 오히려 너무나 큰 영광으로 생각합니다. 귀하께서 고수하시고 계신 일본주의에서 볼 때 소생에게 출판 방침이 없는 것처럼 단언하신 점은 그럴 수도 있겠구나 하는 생각이 들지 않는 바는 아니오나 출판사를 경영하면서 소생은 나름대로 세속에 아첨하지 않는 지조의 태도를 견지해 왔사오며 앞으로도 그럴 작정입니다. 때문에 인류 사상사에 나타난 여러 가지 대표적 사상을 충실히 소개하는 것이 저희 출판사로서의 의무라고 생각하고 있습니다. 과거의 일본을 잊지 않는 것과 함께 장래의 일본을 생각할 때 공연히 종래의 편협하고 고루한 국수주의에 서서 침잠하는 것이 아니라 5개조의 서약문의 정신을 명심하여 지식을 세계에서 구하고 인류문화의 정수를 모아 이것을 융합, 통일하는 것은 일본 정신의 미를 이루는 까닭으로 빛나는 신 일본 건설은 광대무변의 대진리에 입각한다는 것을 확신합니다. 불교나 유교를 받아들여 일본 정신의 내용이 광채를 발하는 것처럼 금후라고는 해도 세계 인류에 존재하는 모든 참된 것, 선한 것, 아름다운 것을 받아들여야만 비로소 일본 정신은 생생히 발전하여 영구히 그 빛을 잃지 않으리라고 생각됩니다. 소생은 한 권의 잡지, 한 권의 도서도 학술을 위하는 마음, 사회를 위하는 마음으로 출판하였으며 『요시다 쇼인 전집』을 내는 마음가짐과 마르크스의 자본론을 내는 것에 있어서 출판인으로서의 제 태도는 일관된 지조를 바탕으로 하고 있습니다.

여러 종류의 학설이 있고 여러 종류의 사상이 있고 이것을 검토 논의해야만 비로소 학술도 사회도 진보할 것입니다. 그래서 하나의 주의를 신봉하는 자도 다른 반대의 의견을 가진 자에 대해서 존경심을 가지고 대하고 당당하고 공명한 마음가짐으로 논의해야 한다고 생각합니다.

추측건대 귀하는 순수하게 국가를 근심하는 마음이 커져 현 세상을 불만스럽게 여기는 듯합니다. 소생 원래 일개 상인에 지나지 않는다고 해도 나라를 생각하는 점에서는 감히 다른 사람의 뒤로 쳐지는 것을 떳떳하다고 생각지 않는 사람입니다. 귀하와 하루 저녁 흉금을 털어놓고 이야기를 나누어 사상 경향의 차이점을 이야기하고 쓸데없는 오해만이라도 없앨 수 있다면 서로를 위해서 좋지 않을까 사료됩니다.

귀사의 미쓰이 군은 소생의 학창시절 벗이온데 그 후 오랫동안 서로 격조하여 사상 경향이 다르다고는 해도 소생의 미쓰이 군에 대한 우정은 지난날과 조금도 변함이 없습니다. 오랜만에 한번 서로 회담을 하고 싶다고 생각합니다. 지장이 없으시면 세 사람이 한번 회담할 기회를 얻고 싶다고 생각합니다.

우선 인사로 말씀 올립니다.[이와나미 1998:153-154]

이와나미는 자신의 출판이념에 대한 이해를 구하면서 동시에 『원리일본』의 고문 같은 존재인 미쓰이 고시를 '학창시절의 벗'이라 부르며 오랜만에 만나 이야기를 나누고 싶다고 전한다.

이 회견은 곧바로 실현되었다. 이후 미노다는 다음과 같이 적고 있다.

이와나미 씨의 인간적 솔직함은 인정할 만하지만, 그 사상적 무신념은 비판해 왔던 그대로인지라 우리는 소신 의지의 관철을 향해 전진할 수밖에 없습니다.[미노다2004c:230]

회견에 의한 화해는 좋지 않게 끝났다. 미노다는 이와나미를 무사상이라 단정하고 비판을 계속해 갈 결의를 했다. 전후 이와나미는 이때의 일을 회상하고 있다.

미쓰이 고시 군은 지난 날 제일고 시절의 동기로, 미쓰이 군과 친밀한 미노다 무네키 군을 불러 셋이서 쓰키지의 긴스이錦水라는 식당에서 이야기를 서로 나눈 적도 있다. 오해를 바탕으로 쓸데 없는 논의에 짧은 인생의 고귀한 시간을 허비하는 것은 서로 좋지 않다고 생각하여 이 회담을 시도해 보았지만 결국 그 목적은 달성되지 않았다.[이와나미 1998:27]

1939년 이후 미노다는 이와나미서점이 출판한 쓰다 소키치의 저작에 관해서 격렬한 비판을 전개하게 된다.

가케이 가쓰히코 『신도』

한편 이와나미는 1934년 8월 가케이 가쓰히코의 『신도』를 출판했다. 이것은 가케이가 황태후에게 강의한 내용을 정리한 것으로 친구인 가토 간지加藤完治가 열심히 권유하여 출판하게 되었다.

이와나미는 내용 견본에 '반포에 즈음하여'라는 글을 보내어 다음과 같이 언급하고 있다.

> 동향 선배이자 근엄한 학자로서 우리가 경외해 마지않는 가케이 박사가 신도를 규명하고 이것이야말로 황국 본래의 정신이며 동시에 우주의 진리인 까닭을 논한다. 추측건대 근자에 유행하는 편협하고 구태의연하며 국제적으로도 통용되지 않는 일본 정신과는 근본적으로 차이가 있는 것이리라.[이와나미 1934d]

이와나미에게 천황, 국가, 신민의 일체성을 강조한 가케이의 사상은 편협한 일본주의자들의 그것과는 다른 것이었다. 여기서도 그는 가케이의 내셔널리즘에 의존하면서 동시대의 '편협하고 구태의연하며 국제적으로도 통용되지 않는 일본 정신'을 비판하고 있다.

이와나미는 '일군만민–君万民'의 국체国体를 리버럴 데모크라시의 시각으로 이해하고 있었다. 천황의 초월성을 인정함으로써 모든 백성이 일반화된다고 하는 '일군만민' 이데올로기는 특권계급이 정치와 자본을 독점하는 것을 비판하고, 국민의 평등을 실현하고자 하는 근거가 된다. 이와나미는 황실을 경애하는 것으로 만민의 평등을 구상했다. 그리고 이 사상은 쇼인의 내셔널리즘으로 이어지고 있었다. 그는 말한다.

> 우리는 (중략) 빛나는 신 일본 건설은 천지의 대도에 어긋나지 않는 황국 정신을 널리 떨치는 길이 되리라 믿습니다.[이와나미 1934d]

이와나미는 항상 '폐하의 백성'이라는 표현을 썼다.[아베 1957:199] 그리고 메이지 천황을 존경하며 5개조의 서약문을 애송했다. 이와나미의 리버럴리즘은 천황주의 내셔널리즘과 떨어질 수 없이 밀접한 존재였다.

미노베 다쓰키치의 천황기관설

1935년에 들어서자 미노베 다쓰키치의 천황기관설(대일본제국헌법 아래 확립된 헌법학설로, 통치권은 법인인 국가에 있고 천황은 그 최고기관으로서 통치권을 행사한다는 것)에 대한 비판이 정치 문제화 되었다. 미노베는 도쿄제국대학 교수로 1932년부터 귀족원 칙선 의원이 되었다. 1910년에는 동료로 천황주권설을 주장하는 우에스기 신키치上杉慎吉(헌법학자. 천황주권설을 주장하는 신권학파)와 논쟁을 벌였고 천황기관설 논자의 대표자로서 알려지게 되었다.

1933년 10월에는 『원리일본』(제9권 제8호)이 '미노베 박사『헌법촬요憲法撮要』의 궤변 사기술적『국체변혁国体変革』사상―그 학술적 비판과 처치 요청―'이라는 제목의 특집을 편성하여 미노베를 격렬히 공격했다. 미노다를 위시한 자들은 미노베의 학설이야말로 통수권 간범(침범) 문제의 원흉이라고 비판하며 권력에 대해 공적처분을 요구했다. 나아가 그들은 1934년 3월『원리일본』(제10권 제3호)을 '미노베 헌법 말살호'로 구성하여 비판의 강도를 더했다. 같은 해 3월 15일에는 '미노베 헌법 말살 학술 강연회'를 개최하고 미쓰이 고시, 미노다 무네키, 기쿠치 다케오菊池武夫가 등장했다.

그리고 마침내 비판이 국회의 장에 이르러 1935년 2월 18일 기쿠치가 미노베의 학설을 '완만한 모반이며 명백한 반역이 된다'고 비판하며 의원 사직을 요구했다. 2월 25일에는 미노베가 '일신상의 변명'으로서 자신의 입장을 명백히 밝히는 연설을 했지만 군부나 민간 우익의 비판은 그치지 않았고 4월 9일 출판법 위반으로 저서『헌법촬요』,『축조헌법정의逐条憲法精義』,『일본헌법의 기본주의日本憲法の基本主義』가 발간 금지 처분을 받았다. 미노베는 9월 18일에 의원 사직에 이르도록 궁지에 몰렸고 폭력배한테 습격까지 당했다.

이와나미는 미노베와 다이쇼 시절부터 친분이 있었다. 1924년 4월 17일 미노베가 이와나미에게 보냈던 편지가 현재까지 남아있으며 1930년에는 이와나미서점으로부터 『현대헌정평론』이 출판되었다.

'이와나미전서' 창간 시에는 『행정법 I 行政法 I』이 출판되어 양자의 관계는 강해져 갔다.

미노베에 대한 비판이 고조되는 가운데 이와나미는 의분에 휩싸여 '어디서든, 누구에게든 주저 없이 이 사건에 관한 토론을 시도했다.'[고바야시 1963:181] 그러나 미디어는 미노베를 옹호하지 않았기 때문에 그는 아사히신문 독자란에 '위험 사상'이라는 제목으로 논고를 투고했다.

여기서 이와나미는 미노베야 말로 '일본 정신을 가슴에 품은 사람'이며 의연히 학설을 굽히지 않는 모습은 '야마토다마시大和魂의 발로이지 않을까'라며 질문을 던졌다. 그는 편협한 국가주의자를 비판하고 '황국 정신의 위대성 안에는 견해를 달리하는 여러 애국자를 품을 만한 여분이 있다'고 견제했다. 그리고 다음과 같이 이어갔다.

충군애국은 일부 인사의 전유물이 결코 아니요, 전 일본 국민의 영광스러운 특권이며 내외에 자랑할 만한 국민적 정조이다. 괭이를 가지고 밭을 경작하는 농부도 검을 쥐고 전쟁터에 임하는 군인도 똑같이 충성스럽고 선량한 신민이라는 사실을 잊어서는 안 된다. 우려할 만한 일은 학설이 아니라 충성스런 마음이 결여되는 것이다. 가장 미워해야 할 것은 충군애국의 이름으로 국민을 현혹하는 무리다.

무력 일본은 문화 일본과 더불어 국가를 위대하게 만든다. 나는 우국지사의 마음에 경의를 표함과 동시에 학설을 달리하는 것도 마찬가지로 폐하의 백성으로서 서로 경애하고 서로 협력하여 조국 일본의 부흥에 협조할 것을 절실히 염원한다.

황도는 천양무궁天壤無窮한 것처럼 광대무변廣大無邊하다. 편협한 충의관, 고루한 국체관을 가지고 타자를 비국민 취급하는 것 따위는 가장 두려워해야 할 위험사상이다.[이와나미 n.d.a]

이와나미는 미노베를 공격하는 편협한 국가주의자들을 '충군애국의 이름으로 국민을 현혹하는 무리'라고 통렬히 비난했다. 그리고 일본의 황도와 국체는 학설의 다의성에 대한 관용에 존재하며 '고루한 국체관'으로 사상이 다른 자를 '비국민 취급'하는 경향이야말로 '위험사상'이라고 비판했다.

이 투고 사실을 알게 된 고바야시는 게재를 말리고자 아사히신문사로 찾아갔다. 고바야시는 '이 원고를 싣지 않도록 의뢰하여', 이와나미의 원고는 게재 직전에 빠지게 되었다.[고바야시1963:181]

당시 아사히신문사에서 이를 대응했던 가지 류이치嘉治隆一는 고바야시가 투서 반환을 요청한 것에 대해 '투서는 원칙적으로 반환하지 않고 채택 여부는 관계 부서 의견에 일임되어 있다'고 전했다고 회상하고 있다. 그러나 고바야시는 물러서지 않고 '반드시 돌려주길 바란다'고 요청했기 때문에 특별한 조처로서 반환했다고 한다.[가지 1947] 이와나미는 미노베에 대한 격려 편지를 보냈다. 미노베는 3월 23일자 편지에서 다음과 같이 답변하고 있다.

보내주신 편지 삼가 감사히 읽어 보았습니다. 모처럼 원고를 투고해 주셨는데 게재되지 못한 것은 유감스럽습니다만 바른 언론에 대한 폭력의 위협이 극심한 요즈음 세상에서 실로 어쩔 수 없는 일로 생각됩니다.[이와나미서점 편집부 2003:86]

그러나 한편으로는 이와나미도 국가주의자들로부터의 공격을 두려워하고 있었던 것 같다. 이와나미서점에서 출판되고 있던 잡지 『교육教育』집필자 중 한사람이 천황기관설을 거론한 원고를 보내왔을 때, '때가 때인지라 천황기관설 배격의 반박문을 잡지에 게재하시지 않는 편이 좋겠다'는 견해를 나타냈다. 그는 '최근 내게 폭력배가 몇 사람이나 온다. 나는 실은 두려운 것이다. 그런 무리들에게 휘말려 봤자니까' 라고 속내를 드러냈다고 한다.[도메오카 1947]

구미 여행

이와나미는 이 해 1935년 5월 5일 답답한 일본으로부터 도망치듯 구미여행을 위해 출발했다. 기간은 약반년간으로 12월 13일 귀국했다.

유럽으로 향하는 도중, 상하이, 홍콩, 싱가포르, 페낭, 콜롬보, 아덴, 수에즈, 카이로와 아시아 여러 곳을 거쳤다. 이런 여정에서 그가 느꼈던 것은 식민지 지배를 당하는 아시아의 곤란한 상황이었다. 그는 여행 기록에 '동양에서의 영국 세력, 상하이 공원(중국인 출입금

지)'라고 메모하고 '인도인의 독립 희망'이라고 기록했다.[이와나미 1935b]

이와나미는 말한다.

> 나는 오늘날의 일본인이라면 동양에서의 자기 사명을 확인해
> 야 한다고 생각한다. 동양 민족이 백인종에게 학대당하고 있는
> 것은 인류 전체의 측면에서 본다면 엄청난 불행이며 세계가 이상
> 으로 삼는 평화를 확립하는 데 있어서 매우 슬퍼해야 할 만한 사
> 건이라고 생각한다.
> 제1단계로서 동양 민족을 개발하여 백인종과 평등한 권리를 얻
> 을 수 있도록 우리 일본은 솔선수범하지 않으면 안 된다. 이를 위
> 해서는 어떻게든 중국과 친선관계를 맺지 않으면 안 된다. 이것
> 을 희망하면서도 친선 하지 않는 것은 양국 어느 쪽의 책임인지는
> 모르겠으나 나는 일본에도 책임이 있다고 생각한다.[이와나미 1935b]

여기서 그가 중일 친선을 기축으로 하는 아시아주의를 강조하고
일본 측의 책임에 대해 언급하고 있다는 점은 중요하다. 귀국 후
그는 적극적으로 중국에서 온 유학생 지원에 나섰고 중국의 지식인
에게 원조를 계속하는데 이런 자세는 구체적인 아시아 체험에 따르
고 있었던 것이리라.

이와나미는 마르세유에 내려서 다음 날 파리로 향했다. 파리는
방문한 도시 가운데에서도 특히 좋은 인상으로 남았다. 그 이유의
하나는 '국제도시인 만큼 인종적 편견 등이 조금도 없어서 기분이

좋았기' 때문이었다. 그는 흑인이 백인과 팔짱을 끼고 걷는 모습을 호의적으로 받아들이고 있었다.

이후 벨기에, 네덜란드, 이탈리아, 스위스, 영국, 스웨덴, 노르웨이, 독일, 폴란드, 소련, 핀란드, 체코슬로바키아, 헝가리, 오스트리아 등을 방문하고 미국으로 건너갔다.

당시 히틀러 정권 아래 있던 독일의 베를린에서는 나치스의 장래에 대해 생각했다. 그는 '히틀러 덕분에 국가가 혼란한 상황에서 통일을 향해 강한 한 걸음을 내딛기 시작했다'고 어느 정도 평가를 부여하면서도 나치스 정책을 격렬히 비판한다. 그는 유대인 정책을 예로 들며 '이것을 지속한다면 결국 독일을 자멸의 길로 인도하게 될 것'이라며, '서서히 다른 사람에게 알려지지 않도록 방향 전환하는 것이 현명한 방책'이라고 지적하고 있다.[이와나미 1935b]

이와나미에게 독일은 '학문의 나라, 문화 선진국'으로서 경의의 대상이었다. 그러나 독일은 유대인 배격이라는 '반대 방향'으로 향하고 있었고, 자신들의 '보물'을 스스로 파괴하고 있었다. 이것은 학문을 파괴할 뿐만 아니라 '도의를 무시하는 일도 된다.' 유대인에 대한 배타적 태도는 독일이 역사적으로 쌓아 올려왔던 예지를 파멸의 길로 이끄는 행위임에 틀림없다.[이와나미 1936c]

이와나미는 이러한 나치스의 어리석은 행동과 똑같은 경향을 일본 안에서도 발견해 낸다. 그는 '일본에서도 이와 비슷한 심리상태가 없는 것은 아니다'고 지적하며, 사회 전체에 만연한 '부화뇌동이라는 심리'의 위험성을 경고하고 있다.[이와나미 1936c]

구미 20여 개 나라를 여행한다. 1935년 5월 5일부터 12월 13일까지. 야스쿠니마루靖国丸 갑판 위에서

파리, 오데온 극장 앞에서

하이델베르크의 고성 앞에서

로스엔젤레스에서

모스크바, 톨스토이Lev Nikolayevich Tolstoy 옛 거주지 앞에서

소련에서는 금후의 스탈린 정권에 대해서 '장래가 두려울 것'이라는 감상을 품으며 비슷한 혁명은 일본에 필요 없다는 견해를 나타냈다.[이와나미 1935c]

이와나미가 소련에서 놀랐던 것은 공산주의가 얼마나 철저하지 못한지에 대한 것이었다. 현실 사회에서는 자본주의 경제가 침투하여 소득 격차도 공공연하게 존재한다. '종교는 아편'이라고 말하면서도 일요일 날 교회로 사람들이 까맣게 몰려와 있다. 그들은 실제로 '자본주의 국가의 좋은 점을 취하고 그것을 독재의 방식으로 착실히 행하고 있다.'[이와나미 1936c]

> 공산주의 따위는 꿈의 세계로 일본에 가지고 와도 물론 적용할
> 수 있는 것이 아니다. 실제로 러시아에서 하는 것은 자본주의라
> 고 할 만한 태도이다.[이와나미 1936c]

이와나미는 이러한 소련의 상황을 보고, '일본의 극우, 극좌 무리에게 국비를 줘서 러시아로 견학 보냈으면 좋겠다'고 제안한다. 그러면 극좌 인간들은 '자신들이 사상의 꿈에 취해 있다는 사실을 눈치챌 것'이고, 극우 인간들은 러시아인들의 노동 자세를 보고 '어느 정도 좌익으로 전향되어 돌아올 것으로 느꼈기' 때문이다.[이와나미 1936c]

이와나미에게는 마르크스주의자와 국수주의자 모두 극단적으로 현실에서 벗어난 몽상주의자에 지나지 않았다. 그는 일본의 소련 예찬도, 야유도 신중히 물리치고 리얼리즘의 관점으로부터 극단적

인 논리를 배척했다.

아메리카에서는 국민이 '쾌활'하고 '표리가 없는' 모습에 감명을 받아 '나는 미국의 국민성을 사랑하는 사람입니다'라고 썼다. 그는 '미국과 일본이 전쟁을 한다는 것은 우리의 상식으로서는 거의 생각할 수 없는 일'이라고 하며 미국이야말로 '세계에서 놀랄만한 장래를 가진 국민의 하나라고 생각합니다'라고 언급했다.[이와나미 1935b]

이와나미는 여행을 통해 일본인으로서 자부심을 느끼며 주눅이 들거나 하지 않을 수 있었던 것은 '전적으로 무력 일본의 덕분이기에 군인 여러분에게 감사하고 있다'고 했다. 그러나 '무력 일본이 세계의 제1선에 섰다고 해서 모든 점에서 일등국의 자격을 얻었다고 생각해서는 안 된다'고 말하며 금후에는 '문화적, 혹은 산업적 방면에서도 이 야마토다마시가 발휘되어야 한다'고 지적한다.[이와나미 1935b]

또한 일본은 '섬나라 근성'으로 인해 '기개와 도량이 협소하고 융통성이 없고 성급하고 생각에 골몰하는' 경향이 있어 '원대하고 변함없는 마음이 부족한' 면이 있다고 지적한다. 그리고 이러한 성질은 수많은 언론탄압에 나타나고 있다고 지적한 후 다음과 같이 언급한다.

> 극우극좌 사상 따위도 이러한 작은 마음의 변덕에서 온 것이다. 넓은 지식을 세계에서 구하고 옛날로 거슬러 올라가 역사적으로 사회의 발전을 알게 되면 자기 혼자 생각하는 것만이 진리이고 다른 것은 모두 불합리하다고 여기는 오류에 빠지는 일은

히토쓰바시 사무소에서의 귀국 환영 풍경

없을 거라고 본다.[이와나미 1935b]

　이와나미는 일본인의 정신을 '메이지 천황이 내건 서약문의 정신에 의해 해석해야 함'을 지적하며 '편협하고 고루한 해석'을 하는 자야말로 '불경스러운 무리'이며 '국운의 진전을 방해하는 자'라고 단죄한다. 그리고 일본의 발전을 위해서는 '언론의 자유를 주고 개성을 존중할 것이 절대 필요조건이다'라고 말하며 리버럴리즘의 사수와 국체의 준수를 융합시킨다.[이와나미 1936b]
　나아가 이와나미는 여행으로부터 얻은 교훈을 통해 전체주의나 공산주의의 '독재'는 일본에 필요하지 않다고 명확히 말한다. 그리고 편파적인 생각에 의한 폭력 행위야말로 '국가를 위험에 빠트린다'고 지적하며 일본의 우익과 좌익 양자의 폭력 혁명을 거절한다.

이와나미는 말한다.

> 일본국은 국민성이라는 측면에서 생각해 봐도 점진적 국가 혁신을 촉구하여 이상 실현을 기할 수 있으리라 생각한다.
> 잔인한 성격의 외국 혁명 따위는 일본에는 절대 불필요하다고 확신하는 바이다.[이와나미 1936b]

이와나미의 세계 여행은 그의 내셔널리즘을 강화시켰다. 그러나 그 애국심은 중국과의 친선과 국민주권의 확립을 기초로 한 아시아 연대의식으로 이어지며 인종차별에 대한 혐오감과 밀착된 형태로 표상된다. 또한 나치스 독일이나 스탈린 소련을 엿본 것에 의해 독재 체제에 대한 회의를 심화시키며 일본에서의 배타적 언설에 대한 경계나 폭력 혁명이 불필요함을 확신했다. 그는 일본 전통에 따른 점진주의적 개혁을 지향하고 극단적이고 배타적인 언론 통제를 견제했다.

이 여행을 통해 이와나미의 마음속에서 리버럴 내셔널리즘과 아시아주의적 지향성이 강화됐다. 그는 공산주의뿐만 아니라 파시즘으로부터도 거리를 두고 자유와 관용에 의거한 리버럴리즘에 대한 확신을 강화시켰다. 그에게 있어서 중요했던 것은 극단적인 논리를 배제한 밸런스 감각이었으며 그 예지를 역사적, 사회적 경험 지식에서 구하는 자세였다. 그러나 이러한 온건한 태도는 시대로부터 배격당했고 또 다른 격렬한 비판에 노출된다.

반파시즘 투쟁

1936년에 들어서자 2·26 사건이 일어났다. 청년 장교에 의한 군사 쿠데타가 실패로 끝난 것으로 치안 유지 권력은 한층 비대해졌다.

이와나미는 2·26 사건을 일으킨 청년 장교들에 대해 비판적이었다. 그는 2·26 사건을 '공전의 불상사'로 표현하며 사건 발생을 '실로 유감스럽다'고 언급했다.[이와나미 1937a]

이와나미는 말한다.

나는 비상시가 대외적인 것에 있지 않고 오히려 내부에 존재한다고 이전부터 생각했다. 국민이 헛되이 교만에 빠져 자성의 마음을 잃고 자칫하면 배타적이며 현저히 불성실하며 겸손융화의 덕이 사라진 지금이야말로 즉 비상시인 것이다. 이렇게 나라를 위험하게 하는 것은 외적이 아니라 내환이다.[이와나미 1937a]

그는 비상시야말로 의회제 민주주의를 옹호하고 폭력적 쿠데타나 파시즘의 대망론을 비판하지 않으면 안 된다고 주장한다.

각종 신 세력 가운데서도 정당의 폐해에 실망한 나머지 의회

정치를 부정하려고 하는 자가 있다면 이 점에 관해 나는 청년 장교 일파와 근본적으로 소견을 달리하는 사람이다. 특히 국가 비상시에 어쩔 수 없이 뽑힌 파쇼 정치 따위는 우리나라에서 결단코 배격하지 않으면 안 된다. 메이지 폐하의 서약문에 따라 행하며 민의를 창달하는 입헌정치를 옹호하는 것은 군국에 대해 충성하는 일본 국민의 최고의무이지 않으면 안 된다.[이와나미 1937b]

이와나미는 거듭거듭 메이지 천황에 의한 '5개조의 서약문'에 대해 언급하며 이것을 '일본 국민의 최고 의무'로 삼는 것으로 파시즘을 비판했다. 그는 국수주의자들에 의한 언론 통제를 '전통을 무시하는 우를 범하는 것'이라고 지적하고 그들의 편협한 태도야말로 대외 배타주의나 독선주의를 확대하는 '해악'이라고 비판했다.[이와나미 1936d]

그에게 '널리 논의를 일으키고 천하의 정치는 공론으로 결정해야 한다'는 정신이야말로 '일본의 전통'이었다. 메이지 천황이 선포한 정신을 짓밟는 반전통주의자는 편협한 국수주의자임이 틀림없었다. 그리고 이 무렵부터 이와나미서점 오너실에는 '5개조의 서약문'을 매달고 회사 내외로 어필했다. 손님이 오면 종종 서약문을 가리키며 '이 정신만 잃지 않는다면 일본은 괜찮겠지만 지금 정치가나 군인들이나 실업가들은 완전히 잊고 있다'고 말했다.[고바야시 1963:276]

그는 '신슈信州(고향인 나가노를 가리키는 옛 지명)의 청년 제군들에게'라는 제목의 글에서 '일본 국가를 사랑하라'고 말하며 다음과 같이 언급하고 있다.

오늘날 일본은 쇄국 일본이 아니며 국제적인 일본이다. 동서고
금에 통하는 원리를 국가 부흥의 정신으로 삼아야 한다. 일부 인
사가 주장하는 편협하고 고루한 일본 정신 따위는 진정한 일본
정신이 아니며 오히려 국가를 망치게 한다. 청년들은 모름지기
메이지 폐하의 서약문에 따라 부흥하는 일본을 위해 노력해야 할
것이다.[이와나미 1936e]

그에게 있어서 '애국'은 자민족 중심주의에 입각해 안으로 침잠하
는 대외 배타주의가 아니라 '동서고금에 통하는 원리'와 이어지는
'국가 부흥의 정신'이었다.

나아가 그는 치안유지법의 존재양식에 대해 신문의 지면을 통해
서 비판을 전개했다. 거기서는 법의 준수를 전제로 한 후, 치안
유지법 제정 시에 염려된 정치 · 결사 · 표현의 자유에 대한 억압이
현실로서 일어나고 있는 것이 아니냐는 문제를 제기했다. 그는 법
을 적용하는 측이 '그 적용 범위를 충분히 생각하고 법률 정신을 살
리는 것이 필요'하다고 지적하며 자의적인 권력 행사를 비판했다.[이
와나미 1937c]

이와나미는 1937년 1월 1일 신년 인사를 각지에 보내는데 거기
에는 다음과 같은 다섯 가지야말로 '오늘날 일본에 있어서 가장 필
요한 것'이라고 되어 있다.

첫째. 만주국 왕도낙토건설에 전념 조력하여 삼천만 민중을 기쁘게 하고 우리나라의 의도가 침략적이지 않다는 것을 국내외에 명시하고 확인시킬 것

둘째. 어디까지나 평화적 수단으로써 불합리한 장벽 철폐를 세계에 제의하고 천지의 공도를 세워 근면 진취적인 우리 국민의 신흥세력을 뿌리박고 확장할 방도를 강구할 것

셋째. 일본과 중국이 친선 제휴하여 동양 문화와 실력을 향상하고 동양 민족이 백인의 속박에서 벗어날 수 있는 기운을 촉진할 것

넷째. 불가침 조약을 체결하여 러일조약 조문의 진의를 밝히고 방공협정에 대한 세계의 오해를 일소할 것

다섯째. 언론을 자유롭게 하고 학술을 존중하며 연구를 장려하여 문화 일본의 세계적 수준을 높일 것[이와나미 1937d]

이와나미는 이 목표에 따라 '제국 신민으로서, 폐하의 백성으로서 우리는 출판의 길에 정진하여 봉공의 미충微衷을 다하고 싶다고 생각합니다'라고 언급하고 있다.[이와나미 1937d]

그는 애국과 국체를 다시금 정의함으로써 광신적인 국수주의자를 타도하려고 했다. 『사회교육신보社會敎育新報』로부터 '청년에게 바라는 것'이라는 질문을 받았을 때 다음과 같이 답변하고 있다.

천지의 대도에 살아라.

나라를 사랑하라.

신변의 의무를 다하라.[이와나미 1937e]

이와나미는 열렬한 애국자로 행동하면서 대외 배타주의자를 견제했다. 그러나 이와나미의 애국은 미온적인 것으로 받아들여져 비난의 대상이 되었다. '애국'을 둘러싼 투쟁은 더더욱 격렬한 상황으로 전개되기 시작했다.

중일전쟁에 대한 비판과 곤경

1936년 12월 12일 서안 사건西安事件이 일어났다. 장제스蔣介石는 장쉐량張學良 등에 의해 감금되어 내전 정지와 항일전 수행을 요구받았다. 저우언라이周恩來의 중재로 장제스는 석방되고 제2차 국공합작에 의한 항일 민족 통일 전선이 결성되기에 이른다.

이와나미는 장제스에 의해 중국이 하나로 뭉칠 것을 기대했다. 그리고 일본이 장제스의 적대 세력을 지원하는 것을 비판하며 '당치 않은 일'이라고 분개하고 있었다.'[고바야시 1963:203] 그 때문에 장제스가 무사하다는 연락이 왔을 때 '정말 다행이네. 무사하다는 말을 듣고 나는 안심했네'라고 말했다.[사이토 1947]

이와나미는 이 무렵부터 오너실에 히로타 고키広田弘毅 필적의 '흥아興亞'라는 액자와 쑨원孫文의 사진을 걸었다. 그리고 '나는 일본인으로서 중국을 위해 뭔가 하나라도 좋은 일을 하고 싶다'고 말하며 중국 대학에 도서 기부를 계획했다.[고바야시1963:206~207]

194

그러나 바로 그럴 찰나에 중일전쟁이 발발했다. 1937년 7월 7일 루거우차오盧溝橋 사건(중국의 루거루차오에서 중국과 일본의 군대가 충돌한 사건. 중일전쟁의 시발이 됨) 이 일어났고 정부의 불확대 방침에 반하여 전황은 확대되어 갔다.

이와나미는 분개했다. 그는 '초조해하며 사람을 만날 때마다 일본의 방식을 비난했다.'[고바야시 1963:207] 이와나미는 '만주사변에도 이번 일에도 절대 반대였다.'[이와나미 1946a] 어느 날은 고노에 후미마로近衛文麿 수상을 찾아가 장제스와 직접 이야기를 나누어야 한다고 진언키도 했다. 1938년 1월 16일 고노에 수상에 의해 '제국 정부는 이후 국민정부를 인정치 않고'라는 성명이 발표되고 장제스와의 교섭 찬스를 잃어버리자 '고노에는 약해서 안 된다'고 한탄했다.[고바야시 1963:206~207]

이와나미는 중일전쟁 중 항상 '군부는 유사 이래 가장 나쁜 일을 하고 있다'고 거듭 말했다. 군부에 헌금을 내라는 요구를 받으면 '중국을 상처 입히는 행동에 한 푼도 낼 수 없다'고 말하며 거절했다.[고바야시 1963:216] 친한 사람들에게는 '중국은 일본의 은사이다. 스승을 치는 법이 있는가. 나는 애초부터 반대다'라고 말했다.[하라다 1947]

단 이러한 자세는 당시의 글에 직접적으로는 나타나 있지 않다. 1938년 새해 인사에서는 전장의 '동포'에 대해 '그 고귀 소박한 모습을 멀리서 생각하며 나는 깊은 감사 감격에 감동했습니다'라고 한 후 '수많은 병사의 헤아릴 수 없는 고귀한 희생으로 더할 나위 없는 정예 황군의 진가는 완전히 발휘되어 국위는 국내외로 선양되었습니다'라고 언급하고 있다. 또한 중일전쟁에 의해 '무력 일본의 세계적 지위는 마침내 확고해졌습니다'라고 말하며 '동양의 맹주'로서 일본의 역할이 얼마나 중요한지를 강조하고 있다.[이와나미 1938b]

언론 통제의 물결은 이와나미 본인에게도 밀어닥치고 있었다. 중일전쟁에 대한 그의 공식적인 입장은 이도 저도 아닌 엉거주춤한 태도였으며 자주적인 규제가 작동되고 있었다. 가까운 사람들의 회상이나 당시의 그의 문장에는 상당한 갭이 있다. 그도 또한 당시의 분위기 가운데 우익 세력의 공격을 경계하게 되었다.

이와나미는 '출판을 업무로 하는 제국의 일개 신민으로서 출판의 길을 통해 문화 일본을 무력 일본의 위치로 나아갈 수 있도록 미력이나마 모든 것을 걸고 군국에 보은하고 싶다고 생각합니다'라고 말하며 출판사의 역할을 강조했다.[이와나미 1938b] 이와나미가 힘을 쏟았던 것은 중국 고전의 출판이다. 중일전쟁을 비판하는 서적 출판이 어려운 상황에서 착수한 것은 중국 고전을 접하여 일본인의 중국 멸시를 제거하는 작업이었다. 그는 중국 현실의 일부를 데포르메한 후, 왜소화한 중국관을 가질 경우의 위험성을 지적하고 '그 후회를 후세에 남기게 될 우려가 있다'고 논했다.[이와나미 1938c]

그럼에도 언론 통제는 이어졌다. 그는 다음과 같이 언급하며 권력에 대해 쓴소리를 드러냈다.

고전 연구의 의의는 점점 중요해질 것이다. 지금 일본에서도 독일이나 이탈리아에서처럼 각종 통제가 행해지고 있는데 출판에 통제가 미칠 경우라도 고전에 관한 한 그 중대 의의를 인정한 후 적절하게 시행되어야 한다. 언론의 자유라는 문제에 대해 나랏일 하는 분의 걱정도 걱정이겠지만 우리 처지에서 말하자면 국민을 좀 더 신용했으면 한다고 생각한다.[이와나미 1938c]

이와나미는 아는 지인에게 '일본은 국가로서 바람직하지 않은 수많은 소행을 중국과 중국인에게 범하고 있기에 나는 개인적인 힘이 닿는 한 그 보충이 될 만한 것을 할 작정'이라고 말하며, '개인이 나라의 죄를 씻게 하기는 쉽지 않을 테니 중국에 관해 내가 할 수 있는 일이 있다면 뭐든지 알려줬으면 좋겠다'고 말했다고 한다.[가지 1947]

이와나미는 중국인, 조선인 학생들에게 적극적인 자금지원을 했다. 그중 한사람이 왕펑밍王鳳鳴이다. 그는 일본에서 태어난 화교로 제일고등학교에서 도쿄대학에 진학한 수재였다. 왕펑밍이 이와나미서점의 오너실을 방문하면 이와나미는 말했다.

'일본은 우를 범하고 있다. 장제스 씨는 일본과 이렇게 되는 것을 결코 원하고 있지 않다. 일본 스스로 장제스 씨가 미국과 손을 잡도록 몰아넣은 것이다. 장제스 씨는 정말로 안됐다.'[왕 1947] [아베 1957:361]

왕펑밍은 이 말을 듣고 '우리 중국 학생들이 듣고 싶었던 말은 바로 이것이었습니다.'라고 진심으로 기뻐했다.[아베 1957:361]

이와나미는 중일전쟁 때 베이징대학 문학부장을 역임하고 있던 치엔따오쑨錢稻孫과 친분이 있었다. 치엔따오쑨은 게이오대학을 졸업한 일본 문학 연구자로『만요슈万葉集』번역 등을 했다. 그는 베이징 도서관장이던 시절, 서적을 주고받으며 이와나미와 깊은 교류를 나눴고, 일본에 올 때마다 이와나미서점을 방문했다.

이와나미는 치엔따오쑨의 장남 뚜안렌端仁의 일본 유학을 도와주었고 자택에서 하숙을 시켰다. 그는 고등사범학교를 거쳐 도호쿠제국대학 이학부를 졸업하고 이와나미의 처조카와 결혼했다.[아베 1957:364]

제일고등학교에서 교토제국대학 졸업 시까지 학자금 원조를 했던 후이자오성胡朝生은 1944년 대학 졸업 시 이와나미에게 서간을 보낸다. 그는 이와나미에게 '글로써 이루 다 표현할 수 없는 고마움'을 적은 후 다음과 같이 말한다.

내 마음을 가장 어둡게 한 일은 지금 여전히 대륙에서 피투성이의 전투를 계속하고 있다는 실상입니다. 설령 신분이 낮은 기술자라 해도 일본과 중국의 진정한 우호를 위해서라면 심신을 내던질 굳은 결의를 가지고 있습니다. 현지에서 저처럼 가장 중간적 입장에 있는 특수한 자가 필요하리라고 생각합니다.[이와나미서점 편집부 2003:199]

제6고등학교에서 도쿄제국대학 법학부로 진학한 렌원후안任文桓은 재학 중 이와나미서점에서 계약직의 형태로 근무했다. 그는 1935년 졸업 후 조선의 경기도청에 들어가 활약했다. 그도 서간 중에서 이와나미에게 감사의 마음을 전한 후 조선과 자신의 미래에 대해 '희

망, 기우, 결심'이 혼재하는 '복잡한 마음'을 솔직하게 적었다.[이와나미
서점 편집부 2003:91-93]

이와나미가 깊게 교류했던 재일중국인에 궈모러郭沫若가 있었다. 그는 1914년에 유학하여 제6고등학교에서 규슈제국대학 의학부에 진학했다. 재학 중에는 문학 활동에도 힘쓰는 동시에 점차 모국의 정치에도 강한 관심을 보였다.

그 후 국민당에 참가하는데 장제스와 대립하다가 1928년 일본으로 망명했다. 지바 현 이치카와 시市川市에 거점을 두고 일본인 여성과 결혼하고 중국사 연구에 매진하는 나날을 보냈는데 중일전쟁이 발발하자 처자를 버리고 귀국하여 국민정부에 참가했다.

이와나미는 곧바로 궈모러의 가족에게 달려가 경제적인 지원을 해 주겠노라고 했다. 아이들의 학비는 졸업할 때까지 이와나미가 부담했다.[고바야시 1963:212-213]

대만의 활동가 차이페이휘蔡培火와는 야나이하라 다다오矢內原忠雄의 소개로 알게 되었다. 이와나미는 중일친선론으로 의기투합하여 언론활동을 지지했다. 중일전쟁 발발 시에는 『동아의 아들 이렇게 생각한다東亜の子かく思ふ』를 이와나미서점에서 출판하여 일본인에게 '중국의 주권을 존중'해야 함을 호소했다.[차이 1937:226]

차이페이휘는 이 책이 문제시되자 스기나미 경찰서에 구금되었다. 이와나미는 전력을 다해 석방에 힘썼고 차이페이휘가 신주쿠에서 개점한 대만요리점의 보증인이 되었다.[야나이하라 1947]

야나이하라 다다오의 사직

언론 통제는 더더욱 심해졌다. 1937년 11월 이와나미는 『일본독서신문日本読書新聞』에 '문화 비평, 통제에 빠지는 신문'을 발표하며 과감히 문제를 제기했다.

그는 '최근의 신문지가 통제에 빠져 비판의 공정함과 보도의 정확성이 부족한 면이 있는 것은 부정하기 어려운 사실이다'라고 하며 다음과 같이 논했다.

> 신문인이 국가에 충성을 다하는 방도는 이성과 양심을 견지하며 그 어떤 것도 두려워하지 않고 공론 정의를 이루는 바에 있다. 국가의 위대성은 이에 여러 가지 주의, 주장을 포용해야 한다. 나는 극단적으로 통제된 단조로움 일색의 신문 지면보다도 당당한 여러 논진論陣 아래 전쟁론, 평화론이 서로 검을 갈고 불꽃을 튀기는 속에서 시원스러운 부흥 일본의 웅장한 모습을 바라보고자 하는 사람이다. 최근 샤흐트의 사직은 나치스 통제 강화의 징조로 보여 우방 독일을 위한 슬픔에 가득 차 있다. 러시아, 독일, 이탈리아에 배울 점이 없다고는 말할 수 없으나 언론에 관한 한 그들의 통제를 모방하지 말고 영국, 미국, 프랑스의 자유를 규범으로 해야 한다. [이와나미 1937ㄱ]

이와나미는 위축하는 신문 미디어에 불만을 가졌다. 그리고 다양한 사상이나 의견을 포용할 수 없는 국가에 대해서 분개했다. 보고 배워야 할 것은 영국, 미국, 프랑스의 자유주의이며, 소련, 독일, 이탈리아의 전체주의로 기울어서는 안 된다고 주장했다.

이러한 가운데 도쿄제국대학 야나이하라 다다오는 『중앙공론中央公論』 1937년 9월호에 '국가의 이상'이라는 제목의 논고를 쓰고 일본 국가의 존재 양식을 당당히 비판했다. 그는 국가의 본질을 '이상으로서의 정의'에 두고, 그 관점에서 현실의 국가를 비판했다. 그리고 제국주의적 전쟁으로 돌진하는 일본의 존재 양식을 비판하고, '정의와 평화야말로 국가의 이상이다'라고 주창했다. 그러자 이 논문은 곧바로 삭제 처분을 받고 야나이하라에 대한 공격이 강해졌다.

야나이하라의 발언들은 이미 이 해 시작부터 미노다 무네키의 비판대상이 되고 있었다. 『원리일본』 1937년 1월호(제13권 제1호)에서 미노다가 '야나이하라 다다오 씨의 신화사상과 시사비판이 무죄라는 근거 없음矢内原忠雄氏の神話思想と時事批判との不実無根'이라는 제목의 논고를 발표하고 공격을 개시했다. 같은 해 10월, 12월에는 2호에 걸쳐 '야나이하라 다다오 씨의 반군 반전사상과 식민지 방기론矢内原忠雄氏の反軍反戦思想と植民地放棄論'이라는 제목의 비판이 게재되어 야나이하라를 궁지에 몰아넣고 있었다. 미노다는 '야나이하라 도쿄대 교수가 제국대학 강의를 계속하며 그의 사상 따위가 드러난 저서와 논문을 그대로 방임하는 것은 정부와 함께 우리 전 국민의 중대한 불충의 죄이다'라며 단죄하고 '전사자의 살아있는 영령의 신위를 삼가 두려워하게 한다'고 말했다.[미노다 2004c:332]

야나이하라 다다오矢内原忠雄

『원리일본』의 공격이 이어지는 가운데 11월 24일 도쿄제국대학 경제학부 교수회에서는 학부장인 히지카타 세이비 土方成美가 『중앙공론』에 게재된 '국가의 이상'이라는 논고에 대해, 도쿄대 교수로서의 적격성에 회의를 표시하며 그 옳고 그름을 교수회 회의에 상정할 것을 제안했다. 그 결과 야나이하라는 12월 1일 대학에 사표를 제출하고 다음 날 의뢰 면직 처분을 받았다.

이와나미서점은 1928년 『인구 문제人口問題』 이후, 『제국주의 하의 대만帝国主義下の台湾』(1929년), 『만주 문제滿州問題』(1934년), 『남양 군도의 연구南洋群島の研究』(1935년), 『민족과 평화民族と平和』(1936년) 등 야나이하라의 저작물을 출판하고 있었다. 이와나미는 야나이하라가 사직했다는 소식을 듣자 그 즉시 연구실을 방문하여 '정말로 말을 꺼내기 어려운 듯한, 쑥스러운 듯한 낮은 목소리로' 다음과 같이 말했다고 한다.

제가 매년 학문 혹은 예술을 위해 지조를 지키신 몇몇 소수의 분께 감사의 돈을 보내고 있습니다만, 아무쪼록 그것을 받아주지 않겠습니까.[야나이하라 1947]

이와나미는 연구실을 방문하기 전에 야나이하라 자택을 방문하여 야나이하라의 아내에게 금일봉을 건넸다. 야나이하라의 부인은 감격하였고 그 이후 이와나미의 '팬 중 한 명'이 되었다고 한다.[야나이하라 1947]

그러나 야나이하라에 대한 공격은 멈추지 않았다. 1938년 2월 23일 『민족과 평화』가 발간 금지 처분이 되자 이와나미는 경시청에 불려가 조사를 받았다.[이와나미서점 1996:167] 이 건으로 야나이하라는 약 5개월 후인 7월 21일 출두 명령을 받았고 경시청에서 사정 청취를 당했다. 다음 날 이와나미에게 서간을 보내 '저는 그 어떤 험한 경우를 당하더라도 각오를 한 마당입니다만 귀하에 대해서는 정말로 죄송하고 딱하며 이렇게 폐를 끼친 점에 대해 너무나도 송구하여 어떤 말을 드려야 할지 모르겠습니다'라고 마음을 쓰고 있다.[이와나미 서점 편집부 2003:109-110]

계속되는 출판 통제

같은 해 1월에는 작가 나카노 시게하루中野重治로부터 한 통의 편지가 도착했다. 일본 공산당 당원이었던 나카노는 1932년 체포되어 34년 출소한 후 이와나미문고에서 『레닌이 고리키에게 보낸 편지レーニンのゴオリキーへの手紙』(1935년 1월)를 출판하고 있었다. 그러나 1935년 12월에 집필 금지 명령이 내려졌고 표현 수단을 잃었다.

이때의 편지에는 '저를 귀하의 회사에서 문학자가 아닌 쪽으로도 써 주실 수 있을까요'라고 적혀 있었고 '생계의 길'을 찾기 위해 서적, 잡지 등의 편집이나 번역 일을 담당시켜 주었으면 좋겠다고 적혀 있었다. 나카노는 말한다.

> 만약 저를 써 주신다고 한다면 위에 상기한 일들, 혹은 그 외의 어떠한 일이어도 물론 상관없습니다만, 특수한 책임 있는 편집, 광고문 등 이외의 특수한 문장의 집필 등은 가능한 한 피하고 싶다고 희망하고 있습니다. 저를 써 주십사 부탁을 드리는 원인 중 하나가 이른바 집필 금지와 관련된 이상, 저뿐만 아니라 저와 관련된 모든 것에 색안경을 끼고 보는 사람이 있을 수 있기에 귀하의 회사에 조금이라도 폐를 끼칠 우려가 있는 것은 절대로 피하고 싶기 때문입니다. 또한 써 주셨을 경우의 형식에 대해서는 한 사람의 고용인으로서 근무하는 형태가 바람직하겠사오나 그렇지 않고 뭔가 일을 주신다는 형태여도 물론 괜찮습니다.[이와나미서점 편집부 2003:103-104]

그러나 나카노는 결국 이와나미서점에서 일할 수 없었다. 통제와 탄압이 출판사에도 집필자에게도 어김없이 덮쳐 모든 분야의 표현 활동이 피폐해져 갔다.

같은 해 2월 5일에는 오우치 효에大内兵衛의 『재정학대강財政学大綱』(1930년 6월 간행)에 휴간 명령이 내려지고 2월 7일에는 이와나미문고의 사회과학 계열 도서 목록에 대해서 증쇄 중지 명령이 내려졌다. 그 결과 마르크스 번역서를 비롯한 공산주의 관련된 서적들은 증쇄를 연기하게 되었고 단행본 역시 미노베 다쓰키치, 야나이하라 다다오, 노로 에타로, 히라노 요시타로 등의 저작물들이 자발적 휴간에 내몰리게 되었다.

3월 15일에는 아마노 데이유天野貞祐『도리의 감각道理の感覚』(1937년 7월 간행)이 헌병대가 개입해서 절판된다. 아마노는 당시 교토제국대학의 학생과장을 역임하고 있었는데 교토대학 배속의 장교로부터 '군사교련'에 관한 기술에 문제가 있다고 지적받아 자발적으로 절판을 신청했다. 아마노는 이와나미에게 보낸 편지 가운데 고뇌를 적으며 '저도 언젠가는 대학을 그만두지 않으면 안 될 때가 오지 않을까 각오하고 있습니다'라고 말하고 있다.[이와나미서점 편집부 2003:105-106]

11월 16일에는 다야마 가타이田山花袋의 『이불·한 병사蒲団一兵卒』(이와나미문고)에 대해 '군인 모독이라는 이유'로 삭제처분이 내려졌다.[이와나미서점 1996:177] 1939년 1월 18일에는 가와이 에지로, 로야마 마사미치蠟山政道(민주사회주의 주창자로서 행정학 연구의 선구적 존재)의 『학생사상문제学生思想問題』(1932년 5월 간행)에 대해 내무성 검열과로부터 조사를 받았다. 1월 27일에는 아쿠타가와 류노스케『난쟁이 어릿광대의 말侏儒の言葉』이 개정 처분을 받았고 4월 24일에는 도쿠토미 로카徳冨蘆花(소설가. 도쿠토미 소호의 동생)의 『자연과 인생自然と人生』에 삭제 처분이 내려졌다.

이와나미는 너무도 불쾌하여 견딜 수가 없었다. 검열에 대한 불쾌감은 말할 것도 없고 아무렇지도 않게 권력을 추종하는 동업자에 대해서도 혐오감을 품지 않을 수 없었다.

그는 다음과 같이 회상한다.

　　당시 정보부가 생겨 육군 장교 등이 위세를 떨치고 제법 제멋대
로 굴곤 했다. 평소 문화를 위한다는 말을 입버릇처럼 달고 살던 출
판업자가 이런 당치도 않은 자들의 기분을 맞추는 일을 게을리하지
않았다. 종이의 확보가 걸려있다보니 세간에서 인정을 받았던 출판
사마저 그들의 비위를 맞추는 일에 급급했다.[이와나미 1998:23-24]

　그 당시 언론 통제를 진행하던 측에서는 '신문은 아사히, 학교는
제일고등학교, 서점은 이와나미를 퇴치하지 않으면 안 된다'고 생
각하고 있었다고 한다.[이와나미 1998:24]
　이와나미는 시대의 역풍을 정면으로 맞닥뜨리게 된다.

'이와나미신서'와 아시아주의

　그런 가운데, 이와나미는 세상에 대해서 반격하려 하고 있었다.
중일전쟁이 시작될 무렵부터 1937년에 입사한 요시노 겐자부로吉
野源三郎(쇼와를 대표하는 진보적 지식인. 『자네들은 어떻게 살 것인가君たちはどう生きるか』의 저자)를 중심
으로 새로운 총서 출판이 기획되고 있었다. 이와나미문고가 고전을
다루고 있었던 것에 반해 총서는 '시대와 상관있는' 것으로 하자는
의견이 나왔다.[고바야시 1963:217]
　이 기획의 수립에 참가했던 고바야시는 다음과 같이 회상하고 있다.

현재 중국에서는 많은 일본 청년들이 싸우고 있다. 금후에도 더더욱 많은 젊은이가 가게 되리라. 그러나 그러한 사람들은 중국에 대해 거의 모른다. 중국의 유서 깊은 역사도 모를뿐더러 일본과의 관계 역시 모른다. 메이지 시대 그대로의 잘못된 중국관으로는 지금의 중국을 이해할 수 없다. 국내 사람들도 똑같다. 이 총서에는 중국을 이해하기 위해 도움이 될 만한 것을 많이 넣자. 이런 것은 우리 사이에서는 거의 논의의 여지가 없는 사항이었다.[고바야시 1963:217]

이와나미도 이 의견에 찬성하여 계획이 진행되었다. 총서의 명칭은 '이와나미신서岩波新書'로 결정했다. 1938년 봄부터 저자들에게 원고의뢰를 시작하여 같은 해 11월에 '이와나미신서'가 창간되었다.

이와나미는 '이와나미신서 간행에 즈음하여'라는 문장을 발표하고 첫머리에 다음과 같이 언급하고 있다.

하늘과 땅의 의를 도와 인류에 평화를 주고 왕도낙토를 건설하는 것은 동양 정신의 진수로서 동아 민족의 지도자를 자임하는 일본에 과해진 세계적 의무이다. 중일전쟁의 목표도 또한 여기에 있지 않으면 안 된다. 세계는 백인이 날뛰고 설치도록 신에 의해 만들어진 것이 아님과 동시에 일본의 행동 또한 어디까지나 공명정대, 동양도의의 정신에 따라야 한다. 동양의 군자국은 백인에

게 도리의 고귀함을 가르쳐주어야 하며 결단코 그들이 세계를 유
린하고 폭행을 저지르는 행적을 배워서는 안 된다.[이와나미1938d]

여기서 표명되고 있는 것처럼 이와나미신서는 중일전쟁을 계기
로 창간되었다. 이와나미는 일본의 제국주의화를 견제하고 세계를
유린하는 폭행을 저질러서는 안 된다고 경고했다.

'이와나미신서'의 창간은 중일전쟁을 인류 평화나 동양 정신 실현
의 방향으로 회귀하게 하려는 이와나미의 의도를 강하게 반영하고
있었다. 신서의 기획에는 미키 기요시도 참가하고 있었는데 그도
또한 동시기에 쇼와연구회昭和研究会의 '동아협동체론東亜協同体論'을 견인
하며 사상전을 전개했다. '이와나미신서'는 미키의 구상과 이어지
는 아시아주의의 발로로서 태어났다.

여기서 이와나미는 동시대 언론 통제에 대해 격렬한 비판을 전개
한다.

메이지 유신 5개조의 서약문은 단지 개국의 지표임에 그치지
않고 부국 일본의 국시로서 영원히 빛날 이념이다. 이것을 굳게
지켜야 만이 국체의 명징도, 팔굉일우八紘一宇(온 천하가 한집안이라는 뜻으로,
일제가 침략 전쟁을 합리화하기 위하여 내건 구호)의 이상도 완전한 것이 될 수 있
다. 그런데 오늘날의 정세는 어떠한가. 비판적 정신과 양심적 행
동이 결여되어 걸핏하면 세상에 아부하고 권세에 아첨하는 형세
가 있지 않은가. 편협한 이상을 가지고 진보적이고 충성스런 지

중일전쟁을 계기로 기획된 '이와나미신서岩波新書' 창간. 1938년 11월.
제1회는 이 20점을 동시발매

사를 배척하며 국책의 선을 따르지 않는다는 미명 아래 언론 통
제에 민의의 창달을 저해하는 경향이 있지는 않은가. 이는 실로
우리나라의 문화 앙양에 미력을 다하고자 하는 내가 남몰래 우려
하는 바이다. 나는 구미의 공리적인 풍조를 배척하고 동양 도의
의 정신을 고조하는 점에서 결코 다른 사람보다 뒤처지는 사람은
아니지만, 교만한 태도로 헛되이 구미 문물을 배격하여 충군애
국으로 삼는 무리에 가담할 수는 없다. 근대 문화가 구미에 배울
만한 점이 아주 적다고는 해도 겸허한 태도로 이것을 배우고 황
국의 발전에 이바지하는 마음이야말로 야마토다마시의 본질이며
일본 정신의 골수임을 믿는 자이다.[이와나미 1938d]

계속해서 이와나미는 자신이 '메이지 시대에 태어나 메이지 시대

에 자라온 사람'이라는 점을 강조한다. 그리고 중일전쟁의 참화 가운데 '메이지 시대를 추존하고 유신 시대의 지사의 풍격을 회상하는 마음 절실한 바가 있다'고 말한다.[이와나미 1938d]

이와나미는 여기서도 메이지의 국민주권 내셔널리즘을 쇼와의 울트라 내셔널리즘(편협한 민족주의나 국가주의로도 표현하며 다른 나라의 문화나 역사를 배척하는 극단적인 국가주의를 말한다. 메이지 이후의 군국주의와 함께 이탈리아의 파시즘, 독일의 나치즘이 이에 속한다)과 대치시켜 문제를 명확히 하려고 하고 있다. 메이지 시대에 만들어진 애국의 존재 양식을 상기하고 유신 시대의 지사를 회상함으로써 동시대의 편협한 국수주의를 해체하려고 하고 있다.

그는 이 글을 다음과 같이 맺고 있다.

이전에 학술진흥을 위해 이와나미강좌·이와나미전집을 기획했으나 지금 현대인의 현대적 교양을 목적으로 이와나미신서를 간행하고자 한다. 이것은 오로지 서약문의 유훈을 명심하여 섬나라 근성으로부터 우리 동포를 해방하고 우수한 우리 국민성에 온갖 발전의 기회를 부여하여 약진 일본이 요구하는 신지식을 제공하며 이와나미문고의 고전적 지식과 더불어 대국민으로서의 교양에 유감없이 기하고자 함일 뿐이다. 고금을 관통하는 원리와 고금에 통하는 구도심에 의해서만이 동양 민족의 선각자로서의 큰 사명을 다 할 수 있으리라. 이와나미신서 간행에 즈음하여 여기서 소회의 일부를 털어놓는다.[이와나미 1938d]

이와나미는 이 무렵 오사다 아키라長田新(원폭체험을 바탕으로 한 저술활동, 평화운동
으로 저명)에게 '자네, 나와 애국 운동의 동료가 되지 않으려나!'라고 말
해 '어떤 애국 운동을 시작했습니까'라고 묻자 '이번에 이와나미신
서 라는 것을 내기로 했네'라고 대답했다고 한다.[오사다 1947] 이와나미
에게 신서의 출판은 리버럴 내셔널리즘과 아시아주의의 접합점에
서 구상된 것이었다.

이와나미는 신서 창간 첫 번째 작품을 크리스티Christie의 『봉천 30년
奉天三十年』(상 · 하)으로 했다. 저자는 봉천(심양)에 전도 의사로 거주한 스코
틀랜드사람으로 중국인에게 두터운 신뢰를 모았던 종교가였다. 『봉
천 30년』은 크리스티의 자서전 격으로 일본이 일으킨 만주사변, 만
주국 건설에 대해 비판적 견해를 쓰고 있었다. 이와나미는 이 번역
을 야나이하라 다다오에게 의뢰했다. 여기에 각오와 기상이 나타나
있다고 말할 수 있을 것이다. '이와나미 신서'의 창간은 유쾌하지 않
은 시대를 향한 명확한 도전이었다.

이와나미는 왕도낙토건설을 부르짖으면서도 '만주인을 동포로 바
라보지 않고', 그저 '아마테라스 신궁을 지어 숭배를 강요하는' 일본
인은 혐오했다. 그는 동포에게 영국인 가운데에도 인류 이상을 목
표로 '만주인을 위해 자신의 온몸을 희생하고 있는 숭고한 자가 있
다는 것'을 알리고 일본인이 중국에게 보이는 오만한 태도에 대해
경고했다.[이와나미 1998:21]

봉천의 성자 크리스티 같은 사람이 일본인 중에도 속출할 것을

희망해 마지않습니다.[이와나미 n.d.b]

　이와나미는 『봉천 30년』을 이시하라 간지石原莞爾(관동군 작전참모로서 만주사
변을 일으킨 주모자 중 한 사람)에게 보냈다. 그러자 이시하라에게 1939년 2월
27일 자로 다음과 같은 답신이 왔다.

　　일전에 봉천 30년을 보내주셨는데 실은 작년 에토 씨 번역의
　　만주생활 삼십 년滿洲生活三十年(大亜細亜建設社, 1935)을 일독하였기 때문
　　에 그대로 읽지 않은 채 두었습니다. 지난 23일 여행 시에 가져
　　가 실로 감격을 새롭게 한 바 있습니다. 다시금 깊이 감사 말씀
　　올립니다.
　　　적어도 [만주] 협화회 직원이 협화주의의 전도자가 되어준다면
　　신동아건설의 서광도 보이련만, 하고 탄식을 금할 길 없습니다.
　　　신서의 여러 책자도 모두 실로 흥미롭게 보았습니다. 귀 사업
　　에 감탄하면서도 만주 청년에게 적절한 서적을 신속히 제공하고
　　싶은 마음 한층 절절한 바입니다.[이와나미서점 편집부 2003:117-118]

　한편 이와나미신서 간행을 스스로에 대한 도전으로 받아들이고 비
판을 전개했던 사람이 미노다였다. 그는 이와나미가 창간에 즈음하
여 적은 글을 읽고 '은근히 우리가 벌이고 있는 제국대학 반국체 학
풍에 대한 학술 유신 운동을 비방하고 있다'고 파악했다. 그리고 이
와나미가 '동양도덕의 정신'이나 '동양 정신'을 선양하는 점을 거론하

며 '일본 국체, 일본 정신을 경멸하고 있다'고 공격했다.[미노다 2004b:807]

또한 천진에 주재하는 헌병으로부터 격앙된 편지가 도착해 '가만두지 않겠다고 협박당했다'고 한다. 이때는 '실은 무서웠다'고 회상하고 있다.[이와나미 1998:27]

그러나 이와나미는 물러서지 않았다. 그는 단호한 의지로 신념을 관철하고 리스크를 입으면서도 과감한 비평을 계속해서 발신했다.

| 제4장 |
투쟁(1939~1946)

회고 30년 감사만찬회 석상에서, 이와나미의 인사. 1942년 11월 3일

쓰다 소키치 『중국사상과 일본』

1939년에 들어오자 미노다 무네키와 『원리일본』 일파의 공격은 점차 쓰다 소키치에게 향했다. 쓰다는 이와나미서점에서 『신대사의 연구神代史の研究』(1924년), 『고사기 및 일본서기의 연구古事記及日本書紀の研究』(1924년), 『일본상대사연구日本上代史研究』(1930년), 『동양사상연구東洋思想研究』(저자, 제1권:1937년, 제2권:1938년), 『반잔 가이바라蕃山 益軒』(1938년), 『유교의 실천도덕儒教の実践道徳』(1938년), 『중국사상과 일본支那思想と日本』(1938년)을 출판했다.

『중국사상과 일본』은 '이와나미신서' 시리즈의 한 권으로 출판되었는데 이 서적에 관해 미노다는 '대체로 바른 지론'이라고 일정 정도 평가를 하고 있었다. 『중국사상과 일본』에서 쓰다는 일본과 '중국'이 일관적으로 개별적인 문화와 민족성을 형성해 왔다는 것을 주장하고 '동양 문화'가 얼마나 실체가 없는 개념인가를 강조했다. 그는 '중국' 사상, 문화를 엄격히 평가해서 '중국'적 사고방식으로부터 일본은 한시라도 빨리 빠져나와야만 한다고 역설했다.

미노다는 쓰다가 제시한 견해에 대해 '합치하는 절이 있다는 것을 인정했다.'[미노다 2004b:807] 그는 쓰다의 중국 비판에는 동의한 것이다. 그러나 '동양'이라는 관념을 부정하는 논의에는 수긍하지 못한 채 오히려 일본 문화 안에 동양이 살아있다고 주장했다. 그에게는 일본 문화야말로 동양 정신의 체현이며 일본 문화의 앙양이야말로 가장 중요한 의미였다.

미노다는 『제국신보帝国新報』 1938년 12월 20일호에 '이와나미 시

게오에게 보내다岩波茂雄に与ふ'를 게재하고 이와나미를 격렬히 비판했다. 이에 대해 이와나미는 12월 30일, 미노다에 대해 다음과 같은 편지를 보냈다.

쓰다 박사는 그 인격 및 학식에서 관학官學에서도 얻을 수 없는 훌륭한 학자로 평소 저는 존경하고 있습니다만, 생각지도 못하게 귀하의 지지를 얻어 진심으로 유쾌함을 견디기 어렵습니다.

군국에 충성을 바치기 위한 행위의 길은 결코 한 가지일 수는 없고 각자 그 소신에 따를 뿐입니다. 멋대로 자기를 내세워 다른 사람을 배척해서는 안 됩니다. 황국에서 생을 얻은 한사람으로서 다른 사람에게 뒤처지지 않는 지극한 충성심을 가진 사람입니다. 이 점은 아마도 귀하와 공통된 점일 것입니다. 단 국가를 위해 최선을 다하는 방도는 귀하와 공통되지 않은 면이 있다는 것을 슬퍼하고 있습니다.

세상의 비난에도 불구하고 신념을 실현하려는 귀하의 사내다운 태도에 경의를 표합니다. 우둔한 저 또한 일개 장사치에 불과하오나 소신껏 살아갈 것을 간절히 원하고 있습니다. 사리사욕을 버려야 합니다. 곡학아세曲學阿世는 우리 모두의 적입니다. 측천거사測天去私의 심정으로 검과 창이 서로 스치는 불꽃 가운데 부흥 일본의 웅장하고 아름다운 모습을 기대합니다. 귀하, 바야흐로 전쟁으로, 저 또한 소신에 따라 군국을 위해 온 힘을 다하고자 합니다. 제 출판 행태에 대해서는 뵙고 가르침을 받고자 합니다.[미노다 이와나미는 같은 내셔널리스트라는 점을 강조하고 미노다와의 화해를 모색했다. 그는 '곡학아세'의 인간이야말로 공통의 적이라는 것을 강조하고 국가에 대한 헌신적 태도를 공유할 것을 호소했다.

그러나 미노다는 이와나미와의 화해를 거절했다. 그는 『원리일본』 1939년 4월호(제15권 제4호)에 '일본 정신과 동양 정신– 다시금 이와나미 시게오 씨에게 보낸다日本精神と東洋精神—再び岩波茂雄に与ふ'를 게재하고 이와나미에 대한 통렬한 비판을 전개했다.

미노다는 이와나미로부터 온 편지를 인용한 후, '충성의 원리'나 '지극한 충성심', '소신'의 사상원리가 불명확하다고 공격했다. 미노다가 본 바로는 이와나미의 애국은 어디까지나 추상적이고 구체적 가치가 드러나지 않았다. 그 때문에 '무사상의 투쟁심리'만이 선회하여 마르크스주의 관계 서적을 출판하는 반국가적 행위에 이른 것이 된다. 나아가 미노베 다쓰키치나 야나이하라 다다오의 저작을 적극적으로 출판하고 '폭악망론暴惡妄論'의 확산에 힘을 빌려주고 있다. 이것이야말로 '상업 정책에 의한 곡학아세의 실증'임에 틀림없다.[미노다 2004b: 812~814]

두 사람의 대립은 여태까지 이상으로 심각해졌다. 미노다는 이와나미서점을 철저히 공격할 수 있도록 새로운 타깃을 찾았다.

그렇게 찾아낸 것이 쓰다 소키치의 저작물이었다.

쓰다 사건

『원리일본』은 1939년 3월호(제15권 제3호)와 4월호(제15권 제4호)에서 마쓰다 후쿠마쓰松田福松의 '쓰다 소키치 씨의 동양말살론 비판津田左右吉氏の東洋抹殺論批判'(上·下)을, 같은 해 4월호에는 다카하시 구잔高橋空山의 '쓰다 소키치씨의 비과학사상津田左右吉氏の非科学思想'을 실었다.

미노다는 3월호의 '편집 소식'에서 쓰다의 실증주의를 '합리주의적 유물론적 사상법'이라고 단죄하고 학문 그 자체에 '근본적 결함'이 있다고 논했다. 또한 동양의 존재 자체를 부정하는 쓰다의 논리를 배제하고 일본의 우위를 강조하면서 다음과 같이 적었다.

> 현재 중국이나 인도의 훌륭한 정신적 전통 '동아 일체감'이 일본인의 내면에만 살아있다고 말하는 것은 부정할 수 없는 사실로, 일본인의 의기로 이를 중국인과 인도인의 내면에도 재생, 부활시켜 구미인을 반성시키는 것이 '성전'의 근본의의라고 믿고 있습니다. 여기에서 일본 국내의 사상개혁, 학술 유신이 그 선결 조건이라는 것을 생각하면 전시 중 후방의 사상전에 대한 책무가 몸에 사무치게 느껴집니다. [미노다 2004c:404]

나아가 4월호의 '편집 소식'에서는 '전국 관립·사립대학의 학술 저서를 출판하는 이와나미 시게오 씨가 『쇼인 전집』이나 『이름 없는 백성의 마음名もなき民のこころ』 같은 도서마저 발행하는 것에 대해 실

로 양심적인 반성을 촉구하고 싶은 것입니다'고 말하며 쓰다와 이와나미를 일괄하여 비판했다.[미노다 2004c:409]

이에 대해 이와나미는 5월 3일 『신문의 신문』의 '녹음방담綠蔭放談'에서 다음과 같이 말하고 있다.

> 사변 이후 갑자기 국민 정신 총동원이니 팔굉일우라느니 하는 말들로 시끄러웠지. 이런 말들을 퍼트려서 국민 결속을 단단히 하고자 하는 것 따위는 대체로 어리석은 일이야. 이런 것들을 이러쿵저러쿵 떠들어 대는 무리일수록 경박하고 내용 없는 종류의 인간이지 않을까.[이와나미 1939b]

여기서는 나아가 '여러 가지 의미로 이럴 때일수록 위축되지 말아야겠지'라고 말하며 '국책영합주의'를 취하는 신문에 대해서 쓴소리를 건넸다.[이와나미 1939b]

미노다의 공격은 속도를 더한다.

이 해 도쿄제국대학 법학부에 '동양정치학'이라는 신 강좌가 설치되었고 강사에 쓰다가 선정되었다. 이 인사는 난바라 시게루南原繁가 중심이 되어 행했다. 그는 '지금의 시류에 영합한 사람이 아니라 과학적 입장에서 제대로 업적을 내는 사람'을 고르고자 하여 이전부터 주목하고 있던 쓰다를 특별히 발탁했다.[마루야마·후쿠다 1989:241] 쓰다는 '동양정치사상사'를 개강하고 11월 2일부터 강의를 시작했다.

쓰다의 강의에는 당시 조교로 일하고 있던 마루야마 마사오丸山眞男

가 매번 함께 출석했다. 문제는 최종회(12월 4일)에 일어났다. 쓰다가 강의를 마치자 '질문이 있습니다'라는 소리와 함께 교실 여기저기에서 손을 치켜 들었다. 처음에는 한사람이 일어나 질문을 했는데 수업과는 전혀 관계없는 내용이었다.

질문자는 쓰다의 아시아관을 문제시했다. 전일본이 동아신질서를 향해 거국일치하여 분투하고 있는 와중에 동양이라는 존재를 부정하는 것은 동아신질서의 토대를 부정하는 게 되지 않느냐며 압박했다. 이에 쓰다가 정중하게 응하자 차츰 더더욱 몰아세우는 질문을 계속했다.

교실에 있던 마루야마는 조직적인 쓰다 공격을 저지하기 위해 교단에 올라가 질문자가 예를 갖추지 못했음을 지적했다. 그리고 쓰다를 감싸 안는 듯이 해서 대기실로 데리고 갔다. 그러자 문을 열고 십수 명이 들어와 쓰다와 마루야마를 에워쌌다. 그리고 다시금 질문을 퍼붓고 일제히 기록하기 시작했다.

쓰다에 대한 규탄은 약 세 시간에 걸쳐 행해졌다. 마루야마는 '선생님, 이런 파시즘적인 사람들과 이야기해 본들 뭐하시겠습니까. 돌아가시지요'라고 말하며 쓰다를 강제로 데리고 나왔다.[마루야마·후쿠다 1989:251]

쓰다에게 질문을 계속하고 있던 자칭 학생들은 '도쿄대 정신과학 연구회'(1938년 설립)의 멤버와 그 관계자였다.[아카시·마쓰우라1975] 이 단체는 『원리일본』 계통의 하부조직으로 다음 해 '도쿄대 문화과학 연구회'와 합병하여 '일본학생협회'가 되었다. 그들은 조직적인 동원을 통해 쓰다를 공격하고 미노다 무리에게 보고했다. 이 사건으로 쓰다 비판에 가속이 붙는다.

5일 후인 12월 9일, 미노다는 제국대학 숙청 기성동맹 총무자 모임을 열었고 19일에는 전체 회의를 개최했다. 이 자리에서 '와세다 대학 교수, 도쿄제국대학 강사 문학박사 쓰다 소키치 씨의 신대 및 상대 말살론에 대해'라는 성명서를 작성하고 107명의 서명을 모았다. 그들은 당국을 움직여 조기 대처를 요청하기로 했다.

『원리일본』은 12월 24일 자로 『황기2600년皇紀二千六百年』 봉축 직전에 학계 공전의 불상사!'라는 제목의 임시 특별 간행호를 발행하여 통렬한 쓰다 비판을 전개했다. 미노다는 '쓰다 소키치씨의 대역사상— 신대사 · 상대사 말살론의 학술적 비판津田左右吉氏の大逆思想—神代史上代抹殺論の学術的批判'이라는 제목의 논고를 게재하고, 쓰다가 과거에 발표했던 고대사 연구를 집요하게 비판했다.

미노다는 쓰다의 문제를 다음과 같이 요약한다.

> 이상하리만큼 지속적인 노력과 열의로 일관하고 있는 쓰다 씨의 저작 목적은 무엇이었던가? 이른바 『고사기古事記』 및 『일본서기日本書紀』에 나온 신대神代의 기록을 쓴 권 전부, 아울러 진무 천황神武天皇, 주아이 천황仲哀天皇에 이르기까지 14대의 기록은 '완전히 후대 역사가에 의한 허구'이며 '모두 가공된 이야기'로 '날조'라는 것을 입증하는 것, 다시 말해 일본 국체와 신도를 근본적으로 무너뜨리는 것, 이것이었다. [미노다 2004b:599]

미노다에게 있어서 신대사를 실증주의에 의해 분석하고 역사적 사실의 확정을 추진하는 쓰다 역사학은 불경 이외의 그 무엇도 아니었다. 쓰다의 방법론은 '일본역사 일본 정신에 대한 복잡, 기이, 간악 등에 있어서 그 무엇과도 비교할 수 없을 정도의 궤변이자 사기술에 의한 논리'였고, 그 '비학술적, 비양심적, 반인도적 태도는 마르크스주의자 중에서도 쉽게 볼 수 없는 악마적인 것'이었다.[미노다 2004b:600]

그는 쓰다가 도쿄제국대학 법학부의 '동양 정치학'을 담당하는 것을 특히 문제시했다.

> '황기 2600년 봉축', '동아신질서 건설'에 직면하여 도쿄대학 법학부가 우리나라 역사상 완전히 미증유인 '국체 근본 멸각론', '일본 정신 동양 문화 말살론'에 귀착하는 악마적 허무주의의 흉악사상가에게 '동양 정치학'이라는 신설강좌를 담당시켰다는 것은 최근 수십 년의 사상사에 비추어볼 때 도쿄대 법학부가 실로 '현 일본 만악万惡의 화근'이라고 공공연히 드러낸 것을 의미한다.[미노다 2004b:601]

비슷한 시기의 미노다는 오카와 슈메이大川周明(일본 우익 국수주의 운동의 이론적 선구자)의 일본사 저술에도 비판을 전개하고 있었는데, '쓰다 씨의 경우는 그 흉악한 소질이 정말로 타의 추종을 불허하는 것'이라고 단죄했다.[미노다 2004c:442] 나아가 쓰다를 교수로 삼은 와세다 대학을 비판함과 동시에 '쓰다 씨의 저서를 지속적으로 간행해 온 이와나미 시게오 씨에게 엄중하게 책임을 물어야 함은 말할 것도 없다'고 언급했다.[미노다 2004b:600]

쓰다에 대한 비난이 일어나는 와중에 이와나미의 저항을 지지하는 젊은 지식인이 있었다. 구노 오사무久野 收였다. 11월 22일 당시 29세의 구노는 이와나미를 격려하는 편지를 보냈다. 그는 잡지『세계문화世界文化』나 신문『토요일土曜日』에서의 언론 활동이 치안유지법을 위반했다는 명목으로 2년간 옥중 생활을 경험했다. 구노는 교토대학에서 가르침을 받았던 다나베 하지메의 추천으로 이와나미를 만나 가노 고키치狩野亨吉의 회상록 작성 등의 일을 돕고 있었다. 이와나미에게 편지를 보낸 것은 석방된 직후에 오사카의 쇼와고등상업학교昭和高等商業学校에서 근무하고 있을 때다.

구노는 말한다.

　아무쪼록 학문과 청년의 진정한 아군으로서 활동을 계속해 주시길 바랍니다.
　저희도 은혜에 보답하여 일본의 학문을, 일본의 지성을 반드시 세계사의 전통 위에서 확립하도록 하겠습니다. 그것을 위해서는 어떠한 고통도 굳이 꺼리지 않을 각오입니다.[이와나미서점 편집부 2003:133]

구노는 이와나미의 분투를 출판계의 희망이라 여겼다. 언론 통제에 굴복하지 않고 과감한 출판활동을 계속하는 이와나미서점은 젊

왼쪽으로부터 구노 오사무久野 收, 이와나미, 쓰다 소키치津田左右吉. 1941년 8월, 기타카루이자와北軽井沢에서

은 구노에게 '학문과 청년들의 진정한 아군'이었다. 이후 구노는 이와나미의 상담자가 되어 때로는 편집에 협력했다.

한편 『원리일본』의 쓰다 비판 캠페인은 권력을 움직이게 된다. 다음 해인 1940년 1월 13일, 내부성으로부터 이와나미서점에 쓰다의 저서에 관한 인쇄, 제본 상황을 보고하라는 명령이 떨어졌다. 1월 21일에는 이와나미가 도쿄지방검사국에 불려가 오전부터 오후 5시 반까지 심문을 받았다. 그 후에도 경시청이나 검사국으로부터 쓰다 저작물의 재고 상황을 보고하도록 명령하는 등 이와나미서점에 대한 압력이 강해졌다.

미노다가 문제시했던 것은 이해 2월 11일(기원절. 『일본서기』을 근거로 진무천황 즉위 일로 정해진 축일. 현재는 건국기념일)이 황기 2600년이라는 중요한 해에 해당한다는 사실이었다. 그는 기원절까지는 정부 당국이 대응하도록 몇

번에 걸쳐 경고를 보냈다.

2월 3일 이와나미서점은 검사국으로부터의 명령으로 쓰다의 저서 출판에 대한 '시말서'를 제출했다. 이와나미는 '오랜 기간 발행이 합법적으로 허가되었던 것을 판매했음에도 불구하고 시말서를 쓰게 하는 것은 도대체 무슨 일인가'라며 분개했다.[고바야시 1963:231] 그리고 기원절 전날(2월 10일), 『고지키 및 일본서기 연구』에 대해 발간 금지 처분이 내려졌다. 게다가 2월 12일에는 『신대사의 연구』, 『상대일본의 사회 및 사상上代日本の社會及思想』에도 발간 금지처분이 내려져 2월 14일에는 출판 인쇄를 위한 지형紙型도 압수당했다.

3월 8일 쓰다와 이와나미는 기소되었다. 두 사람은 다음 날 검사국에 출두했고 검사로부터 기소가 언도되었다. 기소 이유는 출판법 제26조 위반으로 쓰다의 저작물은 '황실의 존엄을 모독'하는 것으로 취급되었다.

이와나미는 궁지에 몰렸다. 그는 도쿄를 벗어나 아타미熱海에 있는 호텔에 틀어박혔다. 수일이 지나도 회사에 나타나지 않았기 때문에 고바야시가 걱정이 되어 어떻게 지내는지 보러 가자 그는 '사람을 만나는 것이 싫어'서 '누구와도 만나지 않은 채 지내고 있었다'고 말했다.[고바야시 1963:233]

다음 날 이와나미는 고바야시와 함께 호텔에서 가까운 분양지를 돌아다녔다. 그러다 어느 한 터에 멈춰 선 후 '여기가 무척 마음에 든다'고 말했다. 그는 이 분양지를 '사고 싶다'고 하며 그 날 바로 구입 신청을 했다.[고바야시 1963:233-234] 여기에 세운 별장이 '세키레키소惜櫟

ﷺ'라는 이름으로 불리게 된다.

한편, 미노다는 3월 25일 발행하는 『원리일본』(제16권 제2호)의 '편집소식'에서 쓰다의 발간 금지 처분에 대해 언급하며 '사상적 비판을 교육과 학문, 여론에 이르기까지 철저히 하지 않는다면 진정한 목적 달성에는 이르지 못한다'며 한층 더 사상전에 매진할 각오를 표명했다.[미노다 2004c:451] 그리고 이 호에 '쓰다 문제와 이와나미 시게오 씨의 책임'이라는 제목의 논고를 게재하여 다그치듯 비판 공세를 이어갔다.

미노다는 다시금 이와나미신서의 '간행사'를 물고 늘어졌다.

일본 신민으로서 '일본의 행동도 또한 어디까지나 공명정대, 동양도덕의 정신에 따르지 않으면 안 된다'고 하며, '동양도덕의 정신' 혹은 '동양 정신의 진수'라는 것을 공공연히 떠들며, 이를 일본의 행동 준칙으로 삼지 않으면 안 된다고 함부로 말하는 이와나미 씨의 태도는 '교만'을 뛰어넘어 분수를 모르는 불경이다. '일본'이란 '대일본제국'이다. 대일본제국의 진로를 '일개 장사꾼'이라 자칭하면서 명령하려는 따위의 태도는 교만의 극치, 분수를 모르는 불경이다. 이와나미 씨는 과연 무엇을 믿고 이와 같은 태도로 나오는 것일까? 유대인은 돈의 힘을 구사하여 갖은 책략과 음모를 심히 획책하고 있지만, 일본 신민은 '신국 일본'의 가히 헤아릴 수 없는 신의 뜻을 경외하고 받들어야 한다.[미노다 2004b:868-869]

미노다는 이와나미가 말하는 '동양 정신'과 쓰다의 『중국사상과 일본』의 모순을 공격했다. 쓰다의 '일본 문화의 독자성' 논리와 '동양 문화의 맹신 배격론'은 이와나미의 아시아주의와 '정면충돌'한다고 지적하며 이와나미신서의 '간행사'와 신서에 수록된 내용의 '모순 자가당착'을 문제시했다.[미노다 2004b:870]

미노다의 비판은 더욱더 격렬해진다.

'이와나미신서'의 집필자 가운데에는 미노베 다쓰키치, 야나이 하라 다다오씨 또는 요코타 기사부로, 미키 기요시 등 외에 사사키 소이치, 스에카와 히로시, 쓰네토 교 등과 같이 교토대학 사건 파면교수나 오쓰카 긴노스케大塚金之助처럼 공산당 사건의 형을 받은 사람들이 이름을 올리고 있다. 특히 야나이하라 씨 따위는 이와나미총서에 세 편이나 집필을 담당하고 있다. 일본 국민은 오늘날 야나이하라 씨 같은 반국체 반군 반전론자로부터 '나의 존경하는 사람들'의 가르침을 듣지 않으면 안 되는 것일까? (중략) 이 이와나미 씨가 '요시다 쇼인 전집' 따위를 발행했던 것도 돈을 벌기 위한 목적과 더불어 그 본성을 속이기 위한 카무플라주임에 틀림없다. 그렇지 않다면 나가노 선거 운동에서 적화 무산당을 지지, 응원하거나 미노베 씨나 쓰다 씨 그 외 교토대학 적화 교수 등의 저서 따위를 발행하고 또한 이렇게 문제가 된 후에도 전혀 근신이나 참회 없이 앞에 쓴 것과 같은 배은망덕한 태도를 보일 리가 결단코 만무할 터이다. 바야흐로 이와나미서점에서 발행

한 저서는 전국 서점에 범람하여 '마르크스 보이' 대신에 '이와나
미 보이'라는 단어가 나올 지경이다.[노다 2004b:872-873]

미노다의 이와나미에 대한 갖은 욕설은 그치지 않는다. 출판자
이와나미의 리버럴리즘은 반대 의견이라 해도 그 주장을 전개할 권
리를 지키고 일정한 수준 이상의 것이라면 출판의 기회를 만든다는
것이었다. 그러나 그 논리는 미노다에게는 통하지 않았다. 미노다
는, 그것은 일본 국체에 반하는 견해를 조장, 확장하는 범죄 행위
로서 단호히 감독하지 않으면 안 된다. 『요시다 쇼인 전집』의 출판
도 돈을 벌기 위함과 카무플라주의 수단에 지나지 않았고, 천황기
관설 사건, 야나이하라 사건, 쓰다 사건이 일어나도 '참회'의 태도
가 보이지 않고 반성이 부족하다고 주장했다.

미노다는 이와나미를 철저히 적대시하고 권력에 대해서 관리·
감독을 요구하는 것으로 궁지에 몰아갔다.

재판

1940년 6월 27일 도쿄 지방 재판소에 이와나미와 쓰다가 함께 출
두하여 예비 심사가 시작되었다. 이로부터 긴 재판 투쟁이 시작된다.

이와나미는 모두 진술에서 스스로 황실에 대한 경의를 표하고 천
지신명에 대해 부끄러워할 만한 일은 하지 않았다고 말했다. 그리
고 쓰다는 인격이나 학식이 세계에 자랑할 만한 학자라고 강조하며

그 저작물은 학계에 그치지 않고 국가 사회를 위해 의의가 있을 것이라 언급했다. 단 쓰다의 학설에 대해서 상세하게는 알지 못한다고 말하며 내용에 대해 언급하지는 않았다.

그는 『문예춘추文芸春秋』 1940년 10월호에 기고한 글에서 애국자야말로 자유를 사수해야 한다고 호소하며 자기가 스승으로 받드는 스기우라 주고의 교육 이념을 말했다. 스기우라는 '방임주의'라 일컬어지며 학교에서의 규칙을 최소한으로 억제하고 있었는데 '그 감화 육성의 실적은 온통 규칙투성이인 다른 여러 학교의 그것보다도 훨씬 우위에 섰었다.' 이와나미는 이 예를 드는 것으로 애국이라는 미명 아래 통제를 강화하는 시국을 비판했다.[이와나미 1940c]

이해 10월에 대정익찬회大政翼贊会가 성립하자 다음과 같이 경고했다.

새로운 체재에서 종종 신구新舊, 좌우左右, 개인과 전체, 자유와 통제 등등의 목소리를 듣는데, 어디까지나 국민의 부화뇌동을 경계하고 옳고 그름, 바름과 사악함, 공과 사의 구별을 명확히 해야 한다. 무서운 적은 다른 나라에 있는 것이 아니라 바로 우리 내부에 있는 적이다. 국내 안에서 통일되지 못함이다. 국민의 교만한 마음이다. 시국에 대해서 분별하지 못하는 자에게 극도의 탄압을 가하거나 하나의 충성이 다른 충성을 배격거나 하는 따위의 일은 결단코 있어서는 아니 된다.[이와나미 1940d]

또한 『제국대학신문帝國大學新聞』 인터뷰에서는 다음과 같이 대답했다.

학내에서 일어난 사건에 대해서도 우리들의 이해에 괴로워하는 사람이 적지 않다. 다년간, 수십 년에 걸쳐 국가가 신용해 온 학설이 일부 극히 소수 사람들의 반대 의견에 의해 순식간에 반역의 학설로 뒤바뀌고 그 학자가 사회적 지위까지 잃는다는 것은 거의 생각할 수도 없는 일이다. 일찍이 교토대학 사건이라는 것이 있었다. 그 때 문부 당국은 그 학설을 국가에 유해하다고 인정하였지만, 교토제국대학 법학부에서는 반대의 의견도 있었다. 그때 문제가 되었던 저자는 당시의 대심원장이 직접 신문에 당당히 소개하고 추천했을 뿐만 아니라, 좋은 책이라며 수십 부를 사서 이것을 부하에게 나누어 준 적도 있다. 이러한 때야말로 다른 대학에서 그 견해를 발표해야 했다. (중략) 우리 제국대학신문은 이러한 경우에도 오히려 진리를 위해 힘껏 싸워야하지 않을까.[이와나미 1940b]

이와나미는 거듭거듭 언론 통제를 받으면서도 권력에 아부하지 않았다. 그는 때로는 타협하고 때로는 교섭하면서 끈기 있게 언론의 자유를 지켜내고자 분주히 노력했다. 그리고 스스로가 애국자라는 것을 전면에 내세우며 국민 동포의 다양한 견해를 존중하고자 했다.

제1회 공판은 1941년 11월 무렵으로 설정되었고 그때까지의 기간 중 재판 준비가 진행되었다. 쓰다는 기타카루이자와北軽井沢의 별장에 틀어박혀 상고서 작성에 분투했다. 7월 16일 이와나미에게 보낸 편지에서는 다음과 같이 쓰고 있다.

공판에서는 학문과 학문의 연구법을 판사에게 이해시키도록 하는 것에 주력을 두고 싶습니다. 그런 의미에서 최대한의 노력을 할 작정입니다. 저도 그를 위한 준비를 하고 있습니다.

또한 진작에 말씀드리려고 생각은 하면서도 차마 말씀드리지 못한 채 지내왔습니다만, 저와 연좌되어 이렇게 큰 폐를 끼치게 되었을 뿐만 아니라 모든 점에서 곤혹스럽게 해 드린 점 저로서는 너무나도 괴롭게 생각하고 있습니다. 여러 생각을 하고 있습니다만 모든 것은 사건이 끝난 후로 미루고 당장은 아무 말씀도 올리지 않은 채 일체 신세를 지고 있는 형편입니다. 저로서는 호의에 너무 의지하고 있다고 느끼고 있습니다만, 이 또한 아무쪼록 너그러이 용서해주시길 부탁드립니다.[이와나미서점 편집부 2003:156-157]

그리고 9월 1일의 편지에서는 이 재판이 '학교 전체의 사활이 걸린 문제'라고 쓴 후 특별 변호사가 중요한 의미를 가진다는 의견을 피력하고, 난바라 시게루와 의논해 주길 바란다고 의뢰했다.[이와나미서점 편집부 2003:158] 최종적으로 특별 변호사는 와쓰지 데쓰로가 맡게 되는데 난바라는 무죄 탄원의 상고서를 작성하고 마루야마는 서명을 모으러 사방으로 뛰어다녔다.

10월 30일 오전 11시 제1차 공판이 도쿄 형사 지방재판소 제4호 법정에서 시작되었다. 이날 법정에 섰던 이와나미는 재판장의 질문에 답변했다.

재판장은 쓰다의 저작물에 관한 출판 경위를 거듭 물었다. 재판장이 집착했던 것은 출판이 이와나미의 의지에 의한 것이었는지, 쓰다의 의뢰에 의한 것이었는지 하는 점이었다. 이와나미는 기억이 선명하지 않다는 점을 전제로 하면서도 처음에는 쓰다 관계자가 원고를 가지고 왔고 이후에는 이와나미로부터 원고 의뢰 형식을 취했다는 경위를 말했다. 이와나미는 쓰다의 인격과 학자로서의 태도에 매료되었기 때문에 '선생님의 책은 전부 저희 출판사에서 계속 출판하고 싶다는 마음을 가지고 있습니다'라고 답변했다.[이와나미 1941a]

재판자는 출판 당시 서적 내용이 출판법에 저촉되지 않는가를 심사하는 회사 내부 기관이 존재하는지를 물었다. 이와나미는 이전에는 그런 일이 없었는데 최근 몇 년 동안 다소 신경이 쓰이게 되었노라고 말하며 다음과 같이 언급했다.

> 제 머리로는 그러한 특별 조직이 없어도 상식적으로 생각해서 정말로 훌륭한 선생님들의 책을 내는 경우에는 아무런 걱정을 하지 않아도 된다고 여태껏 믿고 있습니다.[이와나미 1941a]

이와나미는 쓰다의 저작물에 대해서 저자를 신뢰하기 때문에 내용에 대한 의심을 가진 적이 없었고 또한 문제가 될 때까지 책의 내용을 한 번도 읽은 적이 없었다고 말했다. 이날은 12시 50분에 법정이 끝나 이와나미는 풀려났다.

공판을 싸우는 동안 그는 다음과 같이 말하고 있다.

언론인으로서는 세상에 아부하고 세속에 아양을 떠는 일을 피하며 국가의 영원을 바라는 입장에서 일세를 지도하고 사회를 이끄는 것이야말로 그 진정한 사명이지 않으면 안 된다. 목숨을 걸고라도 뜻을 굽히지 않고 소신대로 사는 것이 그 직역봉공職域奉公(어떠한 직업도 어떠한 지역도 국가 목적을 무시해서는 존재할 수 없다는 뜻)의 길이다.[이와나미 1941b]

재판은 '대동아전쟁' 발발을 사이에 두고 계속되었다. 재판장은 이와나미서점이 출판에 임하여 어떠한 심사를 해왔는가에 집착하며 질문을 반복했다. 12월 23일 제20회 공판에서는 검사 논고가 읽혀진 후 쓰다에게는 금고 8개월, 벌금 400엔, 이와나미에게는 금고 4개월, 벌금 400엔이 구형되었다.

1942년 1월 15일 최종진술이 행해졌다. 이와나미는 반복해서 황실에 대한 경의를 표하고 일찍이 스기우라 주고에게 배웠던 것을 언급한 후 불경스러운 의도 따위는 털끝만큼도 없다는 것을 강조했다. 그리고 공판을 통해 무죄를 확신했다고 말한 뒤 황실에 대한 존엄 모독에는 해당하지 않는다고 진술했다.

판결은 5월 21일 나왔다. 쓰다에게 금고 3개월, 이와나미에게 금고 2개월(모두 2년의 집행유예) 이라는 판결이 내려져 통지되었다.

신문에서 판결을 알게 된 니시다 기타로는 5월 22일 자로 이와나미에게 편지를 보냈다.

오늘 아침 신문 판결을 보았다.

생각 외로 관대했다.

검사의 항소 없이 끝나면 다행이지만

사법관에게 아직 올바른 마음이 있기는 한 것 같다.[이와나미서점 편집

부 2003:168]

그러나 검찰은 5월 23일 항소했다. 이에 대해 피고 측도 뒤따라 항소하여 재판은 계속되게 되었다. 이와나미는 이 당시 상황을 다음과 같이 회상하고 있다.

참회의 마음이 없음은 물론 피고인 두 사람 모두 그 바른 주장을 한순간도 굽히지 않았음에도 불구하고 집행유예가 된 것은 이해가 가지 않았다. 그러나 박사는 나이 든 몸에 병약하고 게다가 귀한 세월을 재판에 끌려다니며 허비해 버리는 것도 싫었다. 나도 일본의 재판 정의에 대해서 의문을 가진 채 그냥 재난이었다고 생각하며 무익한 항쟁 따위 그만둘 작정으로 있었는데 어찌 된 일인지 죄가 가볍다는 것에 실망했다며 오히려 검사 쪽에서 항소하였기에 변호사가 말하는 대로 이쪽에서도 항소하기로 했다.[이와나미 1988:26-27]

결국 재판은 전쟁 중의 혼란 속에서 공판이 열리지 못한 채 1944년

11월 4일 시효에 의해 소송이 말소되었다. 이와나미는 '이것은 정의를 사랑하는 신의 재판인가'라고 생각했다고 한다.[이와나미 1988:27]

전후 미노다는 고향 구마모토에서 자살하는데 그 소식이 이와나미에게 전해지자 '그렇다면 미노다는 진짜였나'라며 유족에게 금일봉을 보냈다.[고바야시 1963:346]

시국과의 격투

한편 1930년대 말부터 40년대 초반 무렵의 이와나미의 발언과 활동을 확인해 보도록 하자.

1938년 5월 5일 제1차 고노에 내각에 의해 국가총동원법이 시행되었다. 이와나미는 내각정보부로부터 총동원체제 강화에 대해 의견을 말해보라는 요구를 받고 회답했다.

이와나미는 '어떻게든 장병들의 희생을 헛되이 하지 않고 전쟁을 유의미하게 끝내기 위해 국민은 총동원하지 않으면 안 된다'고 표면적으로는 긍정적으로 답했다. 그러나 그를 위해서는 국민(특히 군인)에게 5개조의 서약문을 침투시킬 필요가 있고, '부흥 일본의 영원한 국시'로서 또한 '지금 전쟁에서의 지도 원리'로서 엄수하지 않으면 안 된다고 말했다.[이와나미 1939a]

일본에서는 '위에서 하는 바를 아래에서 따르는' 경향이 있으므로 '위에 선 자들이 먼저 그 모범을 보이는 것이 빠른 길이며 효과가 있다'고 말하면서 관리의 태도가 가장 문제라고 지적했다. 그리고 언론의 자유를 지키는 것이야말로 중요하다고 지적하고 '황국 발전에 자본을 대는 자는 겸허한 태도'로 다양한 의견을 배울 필요가 있다고 논하였다.[이와나미 1939a]

이와나미가 거듭 강조한 것은 여기서도 애국과 국민주권의 논리였다. 그는 애국자야말로 국민의 다양성을 존중하고 언론의 자유를 옹호한다고 주장했다. 그는 어디까지나 리버럴 내셔널리스트로서의 자세를 굽히지 않았다.

이와나미는 이 무렵 무산정당인 사회대중당을 지지하고 있었다.

> 나는 정당과 무관한 사람이지만 기성 정당의 폐해를 바로잡는 데
> 있어서도, 사회혁신의 일보를 나아가는 데에도 사회당 세력의 확
> 대, 강화는 국가 대국의 입장에서 필요하다고 믿습니다.[이와나미 1939a]

사회대중당은 1940년 3월 사이토 다카오斎藤隆夫의 반군연설反軍演說 문제로 사이토에 대한 징벌동의에 반대했던 당수 아베 이소오安部磯雄, 니시오 스에히로西尾末広, 가타야마 데쓰片山哲, 미즈타니 조자부로水谷長三郎, 스즈키 분지鈴木文治 등 8명을 제명 처분했다. 7월에는 다른 당에 앞서 당을 해산하고 대정익찬회에 가입했다.

이와나미에게는 1941년 1월 9일 자로 아베 이소오로부터 편지가 도착했다. 아베는 그 전년도 12월에 의원직을 사직하고 정치의 일선에서 물러나 있었다.

아시는 바와 같이 저는 지난 12월에 중의원 의원을 사직하게 되었습니다. 이에는 여러 이유가 있습니다. 일전에 저희 열 명의 동지는 사이토 문제를 위해 사회대중당과 분리하여 국민노동당을 조직했습니다. 이것은 어떤 사람들의 무고로 인해 적색정당이라 하여 해산당했습니다. 마침내 신체제라는 것이 시작되었지만 저희는 여전히 냉대당하고 있었던 것입니다. 저야 어찌 되었든 다른 9명이 정계로부터 완전히 소외당하는 것은 너무나도 유감스러워 여러 가지로 진력한 결과 의원클럽에 입회할 수 있게 되었습니다. 이것으로 일단락되었기 때문에 저는 나이도 들고 해서 이 기회에 정계 은퇴를 결심했습니다. 과거 선거마다 크나큰 원조를 해 주셨던 것은 평생 잊을 수 없을 것입니다. 이에 다시금 깊이깊이 감사의 인사말씀을 올립니다.[이와나미서점 편집부 2003: 150-151]

1939년 8월 30일에는 아베 노부유키阿部信行(1875-1953. 육군대장. 제36대 내각총리대신. 제60대 외무대신. 익찬정치회 초대 총재. 제10대 조선총독 등 역임) 내각이 발족했고, 직후인 9월 1일 유럽에서 제2차 세계대전이 발발했다. 아베 내각은 세계대전에 개입하지 않을 것을 표명하고 중일전쟁을 조기에 해결하고자 하고 있었다.

이와나미는 아베 내각에 다음과 같이 요망하였다.

중국과의 전쟁을 성전, 중국을 위한 전쟁이라고 칭하면서 국민에게 원성을 샀을 뿐더러 구미는 일본을 침략국이라고 간주하고 있다. 일본 국민으로서 이처럼 유감스러운 일은 없다. 이 슬퍼할 만한 오해를 훌륭하게 일소할 수 있는 정정당당한 태도를 이번 전쟁에 취할 수 있게 되길 무엇보다 먼저 신 내각에 희망한다.[이와나미 1939d]

이와나미는 중일전쟁에 '도의'를 주입함으로써 '동양평화'를 위한 전쟁으로 회귀시키려고 하고 있었다. 그를 위해서는 중국인들에게 일본의 입장을 설명할 필요가 있고 그에 합당한 행동과 방침을 보여야 한다고 호소했다.

제2차 세계대전에 대해서는 나치스 독일에 대한 영국과 프랑스의 우위를 논했다. 그러나 영국과 프랑스 양국에 대해서는 '인도人道라는 핑계로 식민지를 학대하는 배짱과, 기름진 토지를 경작하지 않고 방치하여 근면한 국민의 입국을 거부하고 아무렇지도 않게 세계 정의를 주창할 수 있는 강인한 심장의 소유자에게, 이해타산 이외의 본질적인 조리를 기대하는 것은 불가능하다'며 시니컬한 태도를 표명했다.[이와나미 1939e]

1940년 10월 이와나미는 기초과학을 연구하는 유능한 소장파 학자들의 생활지원을 하고자 '후주카이風樹会'라는 단체 설립을 구상했다. 중일전쟁 이후 세계는 눈앞의 일에 우왕좌왕하며 장기적 시야를 잃어버리고 있었다. 그는 이러한 경향을 근심하여 사재를 털어 장래 일본을 위해 소장파 연구자들에 대한 지원에 착수했다.

11월 2일 저녁 무렵 그는 직원들을 옥상으로 불러 모아 놓고 말했다.

어릴 적 아버지를 여의고 세상에 제대로 서기도 전에 어머니를 잃었다. 그 한탄은 지금에 이르러 더더욱 깊어진다. 나는 제군들의 도움으로 오늘날 출판업에 종사하고 있으나 그로 인해 얻은 이익을 가능한 한 나의 것으로 해서는 안 된다고 생각하고 있다. 오늘날 일본은 중대한 기로에 서 있으나 기초과학 연구는 단 하루도 잊어서는 안 된다. 그러함에도 그 연구에 종사하는 젊고 능력 있는 학자들은 연구비도 적고 생활도 어렵다. 본의 아니게 시국에 영합한 연구를 해야 하는 사람도 있다. 그러한 사람들을 남몰래 원조하는 모임을 만들었다.[고바야시 1963:254]

여기까지 말하자 이와나미의 목소리가 낮아지더니 이윽고 흐느낌으로 바뀌었다. 그는 하얀 손수건으로 얼굴을 덮고 한번 고개 숙여 인사를 하더니 계단을 내려갔다.

후주카이는 이사장에 니시다 기타로를 영입하고 이사에 오카다 다케마쓰岡田武松, 다카기 데이지高木貞治, 다나베 하지메, 고이즈미 신조 등을 앉혀 발족했다. 후에 후주카이의 존재를 알게 된 이케다 시게아키池田成彬는 이와나미에게 편지를 보내 절찬했다.

재단의 조직 · 운용 등에 있어서 보통 세간의 그것과는 달리 배울 점이 적지 않으며 목적으로서 철학, 수학, 물리학 등 기초적 방면의 연구에 중점을 둔 것은 커다란 식견으로 더할 나위 없이

탄복하고 있습니다.[이와나미서점 편집부 2003: 179-180]

1941년 가을에는 NHK 해외방송에 출연하여 '일본의 출판 사업에 대해서'라는 제목으로 발언했다. 그는 여기서 '이와나미문고가 전장으로 향하는 병사들의 가장 좋은 반려가 되고 있다'고 말한 후 다음과 같이 언급했다.

중국 대륙에서 싸우고 있는 병사들의 호주머니나 품속 깊은 곳에서 앞서 말한 중국 철학자들(공자나 노자나 장자)의 전적이나 나아가 이백이나 두보 같은 당나라 시인의 시집이 담겨 있습니다. 그런 사실은 우리가 장제스와 그 일파를 적으로 삼아 싸우고 있다고는 해도 결코 중국 민중에 대해 증오를 품고 있는 것은 아니라는, 우리의 성명声明을 뒷받침하고 있는 것은 아닐는지요.[이와나미 1941c]

이와나미는 여기서도 5개조의 서약문을 들어 '지식을 세계에서 구하여 크게 황국의 기틀을 떨쳐 일으켜야 한다'고 하는 조문을 다시 한 번 확인한 후 세계로 열린 일본 문화의 존재 방식을 강조했다. 그리고 '우리들의 애국심은 편협한 배타주의와는 거리가 먼 것이라고 주장할 수 있다'고 말했다.[이와나미 1941c]

그는 다른 곳에서도 배타주의를 우려하며 '외국어를 경시'하는 경향을 격렬히 비판했다. 그리고 이미 '통용어가 된 외국어'를 '난해한 일본어 역으로 바꾸려고 하는' 조류를 문제시하며 '적국에게도 배

워야 할 것은 배운다'는 자세의 중요성을 강조했다.[이와나미 1941b]

도야마 미쓰루에 대한 경의

1940년대에 들어서자 이와나미는 갑자기 도야마 미쓰루頭山滿에게 접근했다. 그는『문예춘추』1940년 10월호에서 도야마에 대해 언급하며 다음과 같이 논하였다.

> 나는 폐하의 백성이라는 자각에 한 치의 변화가 없는 한, 사상이 우경이라든지 좌경이라든지 하는 구별에 그다지 관심을 가지지 않는다. 우경도 좌경도 진짜는 모두 하나로 귀납되는 것이 아닐까 생각한다. 현대의 거성 도야마 미쓰루 옹처럼 진정성이 있으며 사리사욕이 없는 인격에 대해서는 우경도 좌경도 한결같이 고개를 숙이리라. 그래서 내 생각에서 보자면 자유라든가 통제라든가, 개인이라든가 전체라든가 하는 것에 너무 연연하기보다는, 진짜인지 가까인지, 옳은 것인지 그른 것인지를 명확하게 구별하는 것이 통제에 있어서도 중요하지 않을까 생각한다.[이와나미 1940c]

1941년 2월 9일, 이와나미서점에서『정본 도사일기 이본 연구 및 교주定本 土左日記 異本研究並びに校註』(1935년)을 출판하고 있던 국문학자 고노 다마河野多麻의 중개로 이와나미는 도야마 저택을 방문했다.[고노 1947] 도야마는 이때 시부야渋谷의 곤노하치만구金王八幡宮 근처 저택에서 살고 있었다.

이와나미는 중학교 시절 스기우라 주고를 동경하여 상경했다는 이야기를 했다. 그리고 일본중학교 입학 시 스기우라 앞으로 보냈던 청원서를 도야마에게 보여주었다. 도야마는 스기우라와는 옛날부터 알던 사이였고 스기우라가 한 달에 한 번은 도야마를 방문하여 환담했었노라고 추억을 이야기했다.[고노 1946] 85세의 도야마는 몸 상태가 나빴고 침상에서 이야기를 이어갔다. 이때 두 사람은 중일전쟁에 대해 서로 이야기를 나누었다. 아시아주의자인 도야마는 일본과 중국이 서로 다투는 상황에 대해 비판적이어서, 길어지는 중일전쟁에 대해 평소에도 쓴소리를 아끼지 않았다. 이와나미는 일본이야말로 큰 태도로 중국과 '손을 잡아야 하는 게 아닐까요'라고 동의를 구했다. 그러자 도야마는 '장제스는 이번 전쟁에서도 딱히 싸울 의지는 없었다고 생각한다'라고 말하고, 개전 1년 후에 스스로 화평공작을 시도했지만 잘 되지 않았다는 사실을 전했다. 그뿐만 아니라 이와나미가 '이번 전쟁은 그다지 탐탁스럽지 않습니다'라고 말하며 '저 따위도 이번에 일본이 중국에게 보인 태도는 불만족스럽습니다'라고 말하자 도야마는 '장제스도 전쟁을 하고 싶지 않지만 아무래도 복잡한 사정이 있어서 생각처럼 되지 않는 것이다'라고 대답했다.[고노 1946]

이와나미에게 있어서 도야마는 사상적으로 공감할 수 있는 상대였을 것이다. 젊은 날 도야마는 번벌정치에 반발하여 무장투쟁을 시도했지만 세이난전쟁에서 패배하여 언론투쟁으로 작전을 바꾸어 자유민권운동을 일으켰다. 그에게 있어서 일부 인간이 권력을 독점하는 정치 형태는 애국 논리의 일탈이었다.

도야마의 사고는 '일군만민'의 논리에서 비롯한 것이었다. '일군만민'이란 천황의 초월성이 인정된다면 다른 만민은 계급을 뛰어넘어 일반화될 수 있다는 원리이다. 그는 이 천황주의와 내셔널리즘을 국민주권과 연결해 자유민권운동에 가세했다.

도야마는 동료들과 함께 겐요샤를 건립했다. 겐요사는 다음과 같은 '3원칙'을 내세우고 민선의원설립 운동에 최선을 다했다.

첫째, 황실을 경배해야 한다
둘째, 본국을 사랑하고 존중해야 한다.
셋째, 인민의 주권을 고수해야 한다.

겐요샤에 있어서 천황주의, 내셔널리즘, 국민주권은 삼위일체의 존재였다. 그들에게는 국민을 신분에 의해 분단하는 구체제는 비판의 대상이었고 천황 아래 평등한 것이야말로 진정한 목표였다. 그들은 군신일체의 내셔널리즘에 의한 통합을 지향하고 국민주권의 주장을 강조했다.

도야마는 조선 개화파 김옥균과의 만남을 통해 아시아주의에 눈떴다. 봉건제 타파를 활동 원리로 하는 도야마는 동아시아 민중이 서양 제국의 제국주의와 함께 국내의 구체제에 의해 이중의 곤경에 놓여있다고 파악했다. 그는 아시아 혁명가와 연대하여 청조나 조선

도야마 미쓰루頭山滿 집안과 이와나미 시게오 집안. 앞줄 왼쪽부터 이와나미, 두 사람을
사이에 두고 도야마 미쓰루, 도야마 미쓰루 부인. 가운데 열 오른쪽으로부터 두 번째가
이와나미 요시岩波ヨシ. 1941년 2월, 도라노몬虎ノ門 반스이켄晩翠軒에서

의 봉건지배 타파를 목표로 함과 동시에 구미 열강의 식민지 지배
에 대항하는 아시아주의로 기울어져 갔다. 그는 쑨원이나 R·B·
보스Rash Behari Bose(인도의 과격파 독립운동가. 지명 수배되어 일본으로 망명. 일본에 본격적인 인도 카레를 전
한 인물로 유명)를 도우며 운동을 지원했다.

　이와나미는 동향 사람이자 신주쿠 나카무라야의 주인인 소마 아
이조와 창업 당시부터 친하게 지내던 사이였고 1938년에는 소마의
저서 『일개 상인으로서－商人として』를 이와나미서점에서 출판했었다.
나카무라야는 R·B·보스를 숨겨주었던 곳으로 알려졌었는데 소
마의 딸 도시코俊子는 보스와 결혼했다. 소마에게 있어서 보스는 가
족이었고 보스를 궁지에서 구해 준 도야마는 가족 모두가 경애하는
인물이었다.

이와나미에게 있어서 도야마의 내셔널리즘과 아시아주의는 공감의 대상이었으리라. 두 사람 사이에는 사이고 다카모리를 존경한다는 공통점도 있었다. 두 사람은 의기투합하였고 이와나미의 도야마에 대한 존경심은 깊어갔다.

이 면회로부터 얼마 되지 않아 이와나미는 양가 모두를 불러 회식 자리를 마련했다. 이와나미는 고바야시에게 몇 번이고 몇 번이고 '도야마는 큰 인물'이라며 칭찬을 아끼지 않았다. 거기에 도야마가 나카에 조민中江兆民(프랑스 사상가 장 자크 루소를 일본에 소개한 자유민권운동의 이론적 지도자)이나 오이 겐타로大井憲太郎 등과 친한 관계임을 이야기하자 큰 감명을 받았다고 한다.[고바야시 1963:261]

1942년 3월 20일 우에노에 있는 프랑스 음식점인 우에노세이요켄上野精養軒에서 동남아시아로 떠나는 R·B·보스를 위한 격려회가 개최되었다. 이와나미는 도야마와 함께 발기인에 이름을 올리고 오카와 슈메이나 야스오카 마사히로安岡正篤 등과 함께 자리를 지켰다.

이 해 이와나미는 미수를 맞이하는 도야마에 대해 경하의 인사를 보냈다.

　　내가 처음으로 도야마 옹을 뵈었을 때 나의 은사 스기우라 주고 선생님을 비롯하여 오이 겐타로, 나카에 조민 등의 분들께서 그 옛날 자주 찾아오셨다는 말씀을 하셨다.
　　옹과 국수론자이신 스기우라 주고 선생님과의 관계는 천하가 주지하는 바이지만, 자유민권론자나 오늘날 말로 하자면 빨갱이라고도 일컬어질 법한 사람들과의 교제는 나에게는 의외라고 느껴졌다. 동시에 이게 가능할까 하는 생각도 들었다. 그것은 인생의 지극한 경지에 이르러서는 우경도 좌경도, 빨갱이도 빨갱이가 아닌 것도 상관없을 거라는 나의 평소 소신이 살아있는 사람을 통해 뒷받침되었기 때문이다.

이렇게 나는 망망대해와 같은 옹의 커다란 인격에 경도되는 마음을 새삼 깊이 느끼는 것이다. 옹을 우경 진영의 총수로만 보는 것은 옹을 작게 만드는 것이다. 옹께서는 좌우 양쪽 날개 모두를 초월하여 천지의 대의에 사는 국보적 위인이신 존재이다.

아시아 부흥의 대업에 매진할 때 충성의 권화, 무아의 전형인 옹 같은 분을 폐하의 백성으로서 기다리는 것은 신국일본이 세계를 향해 자랑할 수 있는 자부이지 않으면 안 된다.

옹의 미수에 즈음하여 나는 메이지 시대에 태어나 자란 사람으로서 옹과 동시대에 이 나라에 사는 행복을 느낌과 동시에 부흥하는 일본을 위해 더할 나위 없이 옹의 건강을 기도해 마지않는다.[이와나미 1942c]

겐요사에서는 도야마의 미수를 축하하여 '정전을 편찬해야 한다'는 목소리가 높아져 다음 해 1월 도야마 미쓰루 옹 정전 편찬위원회가 발족했다.[도야마 미쓰루 옹 정전 편찬위원회 1981:6] 위원회에서는 발행처로 이와나미서점이 후보가 되어 오가타 다케토라緒方竹虎가 이와나미에게 의논을 하게 되었다. 오가타가 이야기를 꺼내자 이와나미는『도

야마 미쓰루 옹 정전』 간행을 흔쾌히 수락하여 이와나미서점에서 출판하기로 결정했다.[오가타 1947]

아시즈 우즈히코葦津珍彦를 중심으로 도야마의 담화가 다루어져 복수의 사람들에 의해 집필이 진행되었는데 도야마의 죽음(1944년 10월)과 시국의 악화에 의해 간행은 실현되지 못했다.(전후. 원고는 오랜 기간에 걸쳐 행방불명되었지만, 예비본이 겐요사 관계자 집에서 발견되어 1981년 아시쇼보로부터 간행되었다)

'대동아전쟁'의 발발

1941년 12월 8일, '대동아전쟁'이 발발했다.

고바야시에 의하면 이와나미는 '미국과 영국을 치는 거라면 나도 찬성이다'고 말했다고 한다. 또한 전세가 우위라는 사실이 전해지자 '오랫동안 아시아를 압박하던 미국과의 전쟁이라 생각해서 흥분하고 있었다.' 다음 해 1월 5일의 시무식에서는 옥상에 직원들을 모아 새해 첫 인사를 하며 '일본은 큰 위기를 맞이하고 있지만 중국을 괴롭히는 것보다는 이편이 낫다'고 말했다.[고바야시 1963:271-272] 또한 잡지로부터 '최근 즐거운 일'은 무엇이냐는 질문을 받자 '중국에 대한 정책이 180도 바뀐 것'이라고 대답하고 '동지와 축배를 올렸습니다'라고 말하고 있다.[이와나미 1943c]

전후 다케우치 요시미竹內好는 이 시기의 이와나미의 태도를 거론하며 '이와나미 시게오도 심정적으로는 비 침략적 아시아주의자이다'고 논하고 있다.[다케우치 1993:337] 다케우치 자신도 개전 직후 '대동아

다케우치 요시미竹内好

전쟁과 우리들의 결의(선언)'를 쓰고 '대동아전쟁'을 전적으로 지지했다. 그는 일본이 아시아에서 약한 자를 괴롭히고 있는 게 아닐까 하는 의심을 가지고 있었는데 '대동아전쟁'에 의해 아시아로부터 침략자를 물리친다는 결의가 관철될 수 있다고 기뻐하며 동아 해방 전쟁을 기대했다. 다케우치는 전후가 되어 이와나미의 개전 당시의 태도를 알고 솔직한 공감을 표시했다.

전쟁이 시작되었고 서점에는 시국에 편승하는 출판물이 넘쳐났다. 한편 출판사는 물자 부족의 영향으로 용지 공급이 늦어지고 인쇄나 제본도 큰 영향을 받게 되었다. 이와나미서점에서는 재고 보급이 불가능했고 품절되는 책들이 계속 나왔다.

그러나 독서계의 기대는 이와나미서점으로 몰렸다. 시류에 편승하는 책들이 즐비한 가운데 이와나미의 책들은 독특한 존재감을 지니고 있었다. 덕분에 창업 이후 최고의 호경기를 맞으며 회사 안은 활기로 넘쳤다.

한편 직원들의 징용이 계속되었다. 이와나미는 전쟁터로 가는 직원들이 나올 때마다 환송회를 열어 주었다. 단 '아마도 다른 어느 회사의 환송회보다도 이와나미서점의 환송회는 가라앉아 있는 분위기'였다. 무거운 공기가 회사 안을 휘감고 있었다.[고바야시 1963:272]

이와나미는 '대동아전쟁'을 평화를 위한 전쟁으로 간주하며 그 이념을 고무했다.

출정하는 직원을 현관에서 전송하는 이와나미. 1941년

팔굉일우의 건국 정신도 일시동인—視同仁의 큰 마음도 앵글로색슨의 세계 제패와 달리 인류에게 평화를 주고 세계에 정의를 초래하며 인도를 번영시키고자 하는 것임에 틀림없다. 이러한 큰 이치를 국민에게 수립하고 전쟁 목적에 대한 확고한 신념을 심어주는 것이 사상전에 있어서 승리라고 말할 수 있으리라. 이는 단순히 시국을 다루는 책에 그치지 않고 철학서를 비롯한 동서고금의 서적들을 내팽개쳐서는 안 된다.[이와나미 1942d]

그는 '대동아전쟁'의 대의를 '5개조의 서약문'의 연장선상에 두었다. 일본에 있어서 아시아 여러 나라를 제국주의로부터 해방하는 것은 메이지유신에 의해 봉건사회를 타도한 지사들의 위업과 평행선상의 관계에 존재했다. 거기에서 일본의 침략행위는 부정되었고 전후의 독립과 평화가 지향되었다.

이와나미는 '대동아전쟁'의 대의에 기대를 걸었다. '대동아전쟁'은 아시아에서 자유민주주의를 확대할 수단이라고 생각했다. 그는 언론 탄압을 계속하는 군부 지도자들에게 반발하며, 그들의 정책에는 비판적이었지만 전쟁이 끝난 후 그 끝에 있을 이상에 희망을 담았다.

그는 전시하에서 영리 목적의 출판을 비판하고 시국물을 조잡하고 형편없게 출판하는 것을 꾸짖었다. 그리고 '마지막 종이 한 장까지 국가 봉사를 위해 바치도록 해야 한다'고 말하며 총동원체재에 있어서 출판의 의의를 강조했다.[이와나미 1942d]

이와나미는 '대동아전쟁'을 '학술전·문화전'이라고 파악했다. 출판은 전쟁과 손을 잡고 국민을 감화시키지 않으면 안 되며, 국민에게 '이념'을 주입해야 한다고 생각했다.

'대조봉대일大詔奉戴日', 직원들을 옥상에 모아 이야기를 하는 이와나미, 1942년 12월 8일

예를 들어 철학 같은 것은 전쟁에는 관계가 없는 것처럼 생각되지만 그렇지도 않다. 역시 장기전에 견디기 위해서는 진정 높은 이념으로 시작해야만 전쟁에 견딜 수 있다. 진정으로 승리하기 위해서는 높은 이념을 가지고 출발해야 한다. 우리들의 사명은 그러한 높은 이념을 국민들에게 주입하는 것이라 생각한다. (중략) 우리들의 임무는 전쟁에 임해 가장 기초가 되는 것을 제공하는 것이다.[이와나미 1943b]

그는 '좋은 책을 많이 출판해서 다소나마 국가를 위한 일을 하고 싶다'고 말하며 출판으로 충군애국을 실천할 의욕을 표명하고 있다.[이와나미 1943c]

1943년 가을에는 육군과 해군에 전투기를 한 대씩 헌납했다. 이것은 이와나미 호라고 명명되었으며 헌납식에도 직접 출석했다.[고바야시 1963:298]

창업 30주년

1943년 이와나미서점은 창업 30주년을 맞이하게 되었다. 이와나미는 이에 앞서 감사 만찬회를 1942년 11월 3일 개최하기로 하였다. 이날은 존경하는 메이지 천황의 탄신일(메이지 기념일)이었다.

회장은 대동아회관(도쿄회관)으로 내빈은 500명을 넘었다.

단상에 선 이와나미는 스와에서의 어린 시절의 추억부터, 제일고

시절의 번민 생활, 여학교 교사 시절, 이와나미서점의 창업, 사업의 확대까지를 줄줄이 이야기하고 친교를 나눈 사람들에 대한 감사의 마음을 전했다.

그리고 인사의 마지막을 다음과 같이 언급했다.

여전히 송구한 일입니다다만 제가 지금까지 사업을 계속하면서 국민 된 도리로 항상 받들고 지표로 삼아 왔던 것은 메이지 천황의 5개조의 서약문이었습니다.

생각해 보건대, 그 5개조 서약문은 개국의 지표일 뿐만 아니라 황국의 영원한 이념이라고 저는 굳게 믿고 있습니다. 이 뜻을 받들어 학술 발전과 교양 향상을 위해 부단한 노력을 쏟는 것이 국난을 돌파하기 위해 우리에게 부여된 직역봉공의 길이라고 믿고 있습니다. 이 감사만찬회를 특히 이 메이지 기념일이라는 경사스러운 날로 정했던 것은 다소나마 이 뜻을 명백히 밝히고자 함입니다. 저는 남은 생애를 이 정신에 바쳐 이 이념으로 마지막까지 폐하의 백성으로서, 국민의 한사람으로서 유감없이 살아가도록 염원하고 있습니다.[이와나미 1942d]

만찬회에서는 이날에 맞추어 만들어진 '이와나미 회사 사가'가 공개되었다. 작사는 다카무라 고타로高村光太郞였으며 당초에는 직원이 노래를 부를 예정이었는데 곡이 어려워서 잘 부를 수 없었기 때문에 음악학교 학생이 불렀다.

사회는 아베 요시시게가 맡았으며 식사 중에는 미야케 세쓰레이나 마키노 노부아키牧野伸顕, 고이즈미 신조, 고다 로한幸田露伴, 다카무라 고타로, 아마노 데이유 등이 마이크를 잡았다. 니시다 기타로는 참가하지 않았지만 메시지가 대독되었다. 회장에는 쓰다 소키치나 야나이하라 다다오의 모습도 있었다. 이 모임은 '자유주의자 최후의 만찬회'라고 불리기도 했다.

화려한 모임의 한편에서 전황은 악화하고 있었고 언론 통제는 더더욱 강화되었다. 1944년 3월에는 잡지 『교육』이 용지를 할당할 수 없어 어쩔 수 없는 휴간을 하게 되었다.

이와나미는 말한다.

> 옛날 소크라테스는 독배를 들고 조용히 죽어갔다. 나도 정부에 의해 생명과 재산을 보호받고 있는 한 사람으로서 정부 의지에 반항하는 것은 불가능하다. 또한 그렇게 해서도 안 된다고 생각한다. 단 나의 양심과 의지는 '교육'이 명백한 이유도 없이 멈춰지는 것을 이해할 수 없다.[이와나미 1944]

이와나미는 문부성 일부가 『교육』 집필진을 곱게 보지 않았던 것이 그 원인일 거라고 추측했지만 휴간 결정을 뒤엎을 수는 없었다.

이와나미서점의 출판물은 연이어 게재 불가 처분을 받게 되었다. 사원은 차츰 전쟁에 소집되거나 징용을 당했고, 업무는 늦어지게 되었다. 창고는 텅 비었고 신간 출판이나 기존 도서의 중판도 자유

회고 30년 감사만찬회를 개최. 회장 전경. 1942년 11월 3일. 대동아회관에서

롭지 못했다.

이와나미는 공식적인 자리에서는 '대동아전쟁'의 의의를 고무하면서도 한편으로는 편협한 전시 체제에 초조해져 갔다. 그는 1930년대 이후 계속되는 언론 탄압을 비판하고 정치 상황을 근심했다.

이와나미에게 있어서 '대동아전쟁'은 양의적인 존재였다. 그는 구미 제국주의의 타도라는 대의를 지지했지만 그것을 수행하는 정치 체제에는 회의적이었다. 그는 전시 중에도 반복해서 5개조의 서약문으로 돌아갈 것을 호소했고 그 배경에는 공론을 탄압하고 지식을 세상에서 넓게 구하려 하지 않는 국수주의에 대한 초조함이 있었다.

'대동아전쟁'의 이상에 대한 동의와 전쟁 수행 주체에 대한 반발──.

이와나미는 두 갈래로 찢어져 고뇌했다.

귀족원의원으로

1945년 2월 11일 전황이 한층 격렬해지는 가운데 이와나미는 도쿄도 다액 납세자의 귀족원의원 보결선거에 입후보하게 되었다. 그는 중일 친선, 문화향상의 실현과 함께 국민 일치단결을 호소하며 선거에 도전하게 되었다.

이와나미는 말한다.

> 우경이라고 할 수 있는 사람들은 좌경의 당을 국적이라 간주하고, 또 좌경의 사람들은 우경의 사람을 벽창호라며 바보 취급하는 것처럼 일억일심—億—心이라 말하면서도 사회 각계에 있어서 융합하고 일치단결하는 모습이 부족하지 않은가, 하는 생각을 합니다. 이상과 같은 저의 생각을 가장 적절하고 유효하게 발언하고 실현하여 이 방면에 조금이나마 기여하기 위해서는 의회 정치 단상에 서는 것이 가장 적절하다고 믿고 이에 출마를 결심하게 되었습니다.[이와나미 1945f]

그는 인쇄물을 만들어 관계자에게 보냈다. 그 가운데 그는 메이지 시대를 추억하고 '유신의 지사'가 가지고 있던 '순국의 정신'을 상기하여 입후보한다고 전했다.[이와나미 1945b]

추천자에는 오가타 다케토라, 가케이 가쓰히코, 다카무라 고타로, 소마 아이조, 고이즈미 신조, 고다 로한, 고지마 가즈오古島—雄, 미야케 세쓰레이 등과 함께 흑룡회黑龍会(1901년 설립된 국가주의 단체)의 중진 구즈 요시히사葛生能世(쇼와 우익의 중신 도야마 미쓰루의 왼팔로 불리던 우익사상가)가 들어와 있었다. 도야마는 그 전년에 세상을 떠났고 그 대신으로 구즈가 들어온 것으로 생각된다. 선거 활동은 미키 기요시가 전면적으로 보좌해 주었고 편지 원고 등을 작성했다.

3월 27일 이와나미는 당선되어 귀족원의원이 되었다. 그러나 다음날인 28일 미키가 가석방중에 도망친 다카쿠라 데루高倉輝(당시 조르게 사건 등의 치안유지법 위반 혐의로 집행 중이었다)를 숨겨준 용의로 체포되었다. 그때 그 자리에 있던 고바야시 이사무는 미키로부터 '딸을 부탁한다'는 말을 들었다.[고바야시 1963:315]

선거 기간 중인 3월 10일에는 도쿄대공습이 있었고 10만 명 이상의 사상자가 나왔다. 도쿄는 초토화되었고 살아남은 사람 대부분은 폭격을 피해 도쿄를 떠났다.

4월부터 5월에 걸쳐 도쿄에서 공습이 계속되었다. 그러한 와중에 이와나미는 '미국과 영국에 보낸다'라는 글을 썼다.

여기서 그는 다시 한 번 '대동아전쟁'의 대의명분을 확인한다.

> 금번 대동아전쟁은 평화스럽게 이야기가 끝나지 않아 자위 자존을 위해 지도자로서 동아 민족 해방을 위해 어쩔 수 없이 우리가 일으켰다는 것이 폐하의 말씀에 이미 나타나 있는 바와 같다.[이와나미 1945a]

한편 미국은 '인도'와 '정의'의 이름을 내걸고 '자유를 위해 싸운 다'고 주장한다. 그리고 그 목적을 위해 일본을 '섬멸'시키려 하고 있다. 그러나 진정으로 미국은 인도적인 나라인가. 그 진정한 목적 은 자유의 달성인가?

이와나미는 미국의 '인디안'이나 영국의 인도 지배에 대해 언급하 며 그들의 비인도성을 주창했다. 그리고 안전항해가 보장되어 있던 아와마루阿波丸가 격침당해, 2000명 이상이 사망한 사건을 거론하며 미국의 '불의 배신' '잔인무도'를 지적했다.

> 아와마루 폭격 따위는 짐승만도 못한 행위라 해도 변명의 여지
> 가 없지 않은가. 무슨 확신으로 일본 국민을 비방하고 이를 멸하
> 려 하는가.[이와나미 1945a]

그는 미국이 '정의, 인도, 자유'를 들먹이면서도 '약육강식'의 논 리로 다른 나라를 침략하는 모순을 지적한다. 그리고 그 행위가 '인 류 국가의 이념'에 합치하고 있는지 아닌지를 미국인 스스로가 다 시 한 번 되물어야 한다고 주장한다.

이와나미는 힘주어 말한다.

> 군국을 위해서라면 일본인은 마지막 한 사람까지 싸울 결의가
> 있다는 것을 제군들은 각오하라. 의를 위해서라면 일본인은 몸에

남은 마지막 피 한 방울까지 기꺼이 흘려 마지않을 기백이 있다
는 것을 제군들은 마음 깊숙이 명심하라. 사대주의는 다수이지만
정의는 고독하다. 그러나 제군들이 배운 것처럼 정의는 최후의
승리자이다.[이와나미 1945a]

이와나미는 '대동아전쟁'의 이상을 지속적으로 주장했다. 그러나
패배의 발걸음 소리는 확실히 다가오고 있었다.

그리고 그에게 있어서 쓰라리고 힘든 사건들이 계속해서 이어지
게 된다.

고바야시 이사무의 구속

1945년 5월 9일 고바야시 이사무가 검거되었다. 혐의는 치안유
지법 위반. 요코하마橫浜 히가시가나가와東神奈川 경찰서로 연행된다.
심문 중 맨 먼저 문제가 되었던 것은 이와나미신서였다. 경찰은 신
서가 '반전적反戰的'이고 '공산주의의 사고로 편집되고 있다'고 비난했
다.[고바야시 1963:322]

취조관은 이와나미신서를 한 권씩 집어 들며 어떠한 생각으로 편
집했는지를 되물었다. 그 질문은 유도적이었다. 또한 이와나미가
쓴 '발간사'도 문제가 되었다. '당신 장인은 귀족원의원 따위가 되어
대충 넘어가려고 하나 본데, 아주 악질이다'라고 호통을 치며 위협
했다.[고바야시 1963:322]

1942년 이후 요코하마사건橫浜事件(공산주의를 조장한다는 이유로 일어난 전시 최대의 언론 탄압 사건)이 일어나 미디어에 대한 탄압이 강해지고 있었다. 편집자, 신문기자가 연속으로 체포되었고 4명이 감옥에서 고문으로 죽었다. 잡지『개조改造』,『중앙공론』은 폐간에 몰렸고 출판사도 해산명령을 받았다. 그리고 그 다음 저격대상이 이와나미서점이었다. 취조관 한명이 고바야시에게 '이와나미서점을 없앨 예정이다'라고 말했다. 법적 근거 없는 체포가 용인되고 언론 자유는 없는 거나 마찬가지가 되었다.

고바야시는 죽도로 매일같이 맞았다. 이와나미신서가 반국가적 방침으로 편집됐다는 진술을 하도록 강요받았지만 단호히 거절했다.

이와나미는 관계자들을 찾아다니며 고바야시의 석방을 요구했다. 그러나 사태를 타개하지는 못했다. 고다 로한은 7월 15일 구금 중인 고바야시에게 편지를 보내 '실로 나의 무력함, 도울 길 없음을 부끄러워 할 따름'이라고 썼다.[이와나미서점 편집부 2003:208]

6월 7일에는 니시다 기타로가 세상을 떠났다. 이와나미는 비탄에 잠겼다.

종전 직전인 8월 8일 이와나미는 원고 하나를 완성했다. 그는 여기서 미군에 의한 '필요 이상의 인명의 살상'을 비판하고 '문화적 유산 파괴'에 분개했다. 그리고 남은 힘으로 최후의 기세를 올렸다.

군국을 위해서라면 일본인은 마지막 한 사람까지 싸울 결의가 있다. 의를 위해서라면 일본인은 몸에 남은 마지막 피 한 방울까지 기꺼이 흘려 마지않을 기백이 있다. 공전의 위기 국면을 맞아 설령 도시 전체가 잿더미가 된다 해도 일본인의 양심이나 기백까지 망칠 수는 없다.

지렁이도 밟으면 꿈틀한다고 한다. 우리의 숨이 꺼지지 않는 한 무력에 의한 폭압에는 결단코 복종하지 않을 것이다. 그리고 다른 어떤 것에도 의지할 수 없는 사태에 이른다 해도 도의를 관철하는 불굴의 정신은 일본민족으로 하여금 마지막까지 싸우게 할 것임에 틀림없다.[이와나미 1945b]

이와나미는 이 논고를 '최후에 이기는 것은 정의여야 한다'라는 문장으로 끝마치고 있다. 그는 전시 체제에 대한 반발을 심화시키면서도 '대동아전쟁'의 대의를 버리려고 하지 않았다.

그러나 이날 소련이 중립조약을 파기하고 일본에 선전포고한다. 이틀 전에는 히로시마에 원자폭탄이 투하되었고 다음날에는 나가사키도 원자폭탄에 의해 불바다로 변했다.

이미 일본에게 승리의 가능성은 남아 있지 않았다.

패전

1945년 8월 15일 일본 국민들은 천황의 항복 방송, 이른바 옥음玉音 방송으로 패전을 알았다. 이와나미는 깜짝 놀랐지만 22일에는 직원들을 불러 모아 회의를 열고 금후의 출판 방침을 협의했다. 29일에는 고바야시가 석방되었고 다음 날 이와나미와 재회했다.

그러나 불행은 계속되었다.

9월 3일 장남 유이치로雄一郎가 세상을 떠났다. 향년 29세였다. 그는 도쿄제국대학을 졸업한 후 도쿄 시바우라 전기 제작소東京芝浦電気製作所에서 진공관 연구에 종사하고 있었다. 그러나 몸이 약해 전년도부터 몸 상태가 좋지 못했다.

사망 당시 이와나미는 침대 옆에서 임종을 지키고 있었다. 그리고 '침통하고 쓸쓸한 안색'을 보이더니 침울해졌다.[고바야시 1963:330]

그러나 귀족원의원으로서 할 일이 기다리고 있었다. 다음 날인 4일에는 용하게도 의장에 나와 첫 등원의 임무를 다했다. 의회는 7일 폐원식까지 계속되었다. 이와나미는 '귀족원 질문사항'을 준비했지만 실제로는 질문의 기회가 주어지지 않았다.

그는 이 메모에서 다음과 같이 적고 있다.

장남 유이치로岩波雄一郎, 사녀 스에코岩波末子와 이와나미

일본정부의 중화민국에 대한 태도는 일정한 방침을 가지지 않았고, 특히 만주사변 이후에 보인 행태는 이웃 나라의 은혜에

대한 도리를 저버린 것으로 생각된다. 이번 패전도 깊이 생각해

볼 사항으로 일본은 중국민이 일본을 배척한다고 비난하지만 중

국 국민의 입장에서는 당연한 일이다. 내가 만약 중국인이었다면

일개 병졸로라도 일본배척의 최전선에 서서 일어났을 것으로 생

각한다. 나는 만주사변도 중일전쟁도 중국인에게 미안한 일을 했

다고 생각하는데 정부의 소신은 어떠한가.[이와나미 1945c]

이와나미는 우선 만주사변 이후의 대중국 정책을 총괄해야 한다고 생각했다. 아시아주의자인 그에게 있어서 중국에 대한 침략행위는 실정 이외의 그 무엇도 아니었다. '대동아전쟁' 이후는 대의명분의 관철에 의해 중국 문제를 해결할 수 있다고 생각했지만 그 꿈은 깨졌다. 이와나미는 중국침략을 반성하는 것으로부터 전후 일본의 재출발을 시도했다.

8일에는 유이치로의 장례식이 거행되었다. 그리고 다음 날 곧바로 나가노를 향해 떠났다. 이것은 4일 세상을 떠난 죽마고우 후지모리 세이고藤森省吾의 장례식을 위해서였다.

10일 이와나미는 장례식에서 조문사를 낭독했다. 그러나 이상했다. 예복 정장에서 조문사를 꺼내다가 단상에 봉투를 떨어뜨렸다. 그리고는 양손으로 들고 읽으려고 했지만 왼쪽 손을 제대로 들 수 없었다. 어떻게든 읽기 시작했지만 잘 알아들을 수가 없었다.[니시오 1947]

이때 이와나미는 가벼운 뇌출혈 발작을 일으키고 있었다. 결국 그대로 나가노에 머물러 잠시 휴양하며 심신을 돌보기로 하였다.

병은 심각하지는 않았지만 말은 꼬이고 왼쪽 손은 저렸다. 그러나 기력은 충분했고 병상에서도 '병상만록病床漫録'이라는 제목의 일지를 적었다.

25일에는 평론가 사카니시 시호坂西志保에게 보내는 편지를 썼다. 그는 중일전쟁 이후의 전쟁에 대해서 목숨을 걸고 저지하지 않았던 것을 후회했다. 그리고 '반국이라는 소리, 국적이라는 소리를 들을 것을 두려워해서, 혹은 끌려가 사형당할 것을 두려워해서 할 말을 하지 않고 지냈던 것'을 참회하며 '피로써 이를 저지하지 않았던 책임은 우리에게 있다'고 격하게 자기비판했다.[이와나미 1998:159]

26일 미키 기요시가 도요다마 구치소豊多摩拘置所에서 세상을 떠났다. 이와나미는 10월 2일이 되어 그 죽음을 알고 '병상만록'에 적었다.

미키 기요시 군의 옥사 소식을 비로소 알고 놀라다.
책임자를 명확히 하여 여기까지 이르게 된 사정을 모두 알아야
한다.
사인에 의심이 가는 바가 있다고 신문에 기사가 있다.[이와나미 1945d]

하니 고로는 10월 3일 자로 이와나미에게 편지를 보냈다. 이 안에 '미키 기요시의 옥사는 언론의 자유, 학문 연구 발표의 자유, 아니, 진리의 자유를 위한 원자폭탄과도 같습니다.'라고 언급하고 다음과 같이 적었다.

오늘 그의 집에서 장례식(진짜 장례식은 선생님이 귀경하시기를 기다렸다가 행해지겠지요)이 있었기에 꽃을, 그리고 조의금을 싼 종이에 이름을 쓰고 있노라니 뜨거운 눈물이 솟구쳐 왔습니다. 그리고 그가 가장 힘든 시절, 아니 처음부터 마지막까지 그를 학계에서 일할 수 있도록 하셨던 수십 년 동안 한결같았던 선생님의 그에 대한 원조, 지지를 생각하고, 선생님께서 지금 어떤 심정이실지를 생각하며, 병상에 계실 선생님께 조금이라도 폐가 될 말을 쓰지 말아야지 하고 생각하면서도 저도 모르게 참을 수 없어 —— 달리 누구를 향해 현재의 저희의 마음을 말하리이까— 선생님께 펜을 들었습니다.[이와나미서점 편집부 2003:218]

이와나미는 10월 5일 자로 사카니시 시호에게 보낸 편지에서 다음과 같이 말한다.

미키 씨 같은 분은 요시다 씨가 헌병대 유치장으로부터 나오자마자 곧바로 외무대신이 된 것처럼 옥사로부터 나와 곧바로 신일본의 중요한 직책(대학교수로서도 우수하고 또한 문화 방면 고관이 되어도 충분히 그 책임을 다할 수 있는 분으로 생각합니다)에 올랐으면 했던 사람입니다. 지금에 와서는 다 소용없는 일이지만 앞으로 이런 일이 어떤 경우에도 생기지 않도록 미키 군의 죽음을 의의 있는 일로 만들어야 합니다.[이와나미 1998:161-162]

다이쇼 시기의 이와나미서점을 이끈 브레인이 아베 요시시게, 아베 지로였다면, 쇼와 시기를 지탱했던 것은 미키 기요시였다. 미키의 옥사는 이와나미에게 있어서 커다란 상처였고 견디기 어려운 슬픔이었다.

이 무렵 이와나미는 『아사히클럽ｱｻﾋｸﾗﾌﾞ』의 취재를 받고 있었다. 그는 '진실을, 울적하기만 했던 애국심을 솔직하게 토로할 수 있어 정말 기쁘다'고 하며 다음과 같이 말했다.

나는 이번 패전은 몽고 침략 때 우리를 도와주었던 신풍神風이 형태를 바꾸어 일본의 자만심을 벌한 것으로 새롭게 태어날 절호의 기회라고 생각한다──메이지 유신으로 돌아가 서약문에 따라 살도록 하자. 이것이야말로 새롭게 태어나는 일본의 근본원리이다. 무조건항복에 의해 진정으로 일본이 다시 태어난다면 어떠한 배상도 값비싼 수험료가 아니다.[이와나미 1945g]

이와나미는 전후가 되어도 자기 이상을 굽히지 않았다. 그는 일본의 자만심을 반성하고 다시 태어나지 않으면 안 된다고 주장하는 한편, 전전戰前·전쟁중과 마찬가지로 5개조의 서약문으로 회귀해야 한다는 견해를 거듭 거듭 반복했다.

이와나미에게 있어서 '대동아전쟁'의 패전은 편협한 전시체제의 종언이었지 대의명분의 패배가 아니었다. 오히려 언론 통제 등의 강권적 지배가 붕괴함으로써 보다 이상주의를 관철할 수 있다고 생각했다.

이와나미는 동시기에 썼다고 생각되는 문장에서 다음과 같이 말한다.

국가권력을 증강하여 세계를 지배하려고 하는 생각보다도 천지의 공도公道를 걸어 불타오르는 열정을 가지고 진리를 추구하고 국가권력에 의지하지 않고 진리로서 팔굉일우를 이루어낼 것을 희망합니다.[이와나미 n.d.c]

그는 전후에도 일부러 '팔굉일우'라는 단어를 사용했다. 이와나미에게 있어서의 '팔굉일우'는 5개조의 서약문에 나타난 리버럴 마인드의 부연적 단어였다. 그 개념은 천황에 의한 세계통일이 아니라, 일부 특권계급에 의한 독점 정치를 배제하고 공론을 중시하는 자유민주주의의 확대를 의미했다. 그리고 그것은 내셔널리즘에 지탱되었던 국민국가에 의해 담보된 것이었다. 그는 아시아의 독립운동을 지지하고 제국주의 타파와 함께 민주적 체제 확립을 염원했다. 이와나미는 마지막에 이르기까지 리버럴 내셔널리스트로서의 자세를 굽히지 않았다.

이와나미가 이 시기에 힘주어 말했던 것은 비굴해지면 안 된다는 것이었다. 그는 '남아는 당당한 태도를 잃어서는 안 된다'고 말하고 미국이 일본 문화의 장래를 방해할 행위에 이르면 '단호히 배격하지 않으면 안 된다'고 호소했다. 또한 맥아더가 부분적이지만 언론결사의 자유를 인정했던 것을 평가하면서 '일본 군국주의를 멸망시키고 대신 미국의 군국주의가 이를 대신한다면 이것은 용서할 수 없다'며 미국의 군사적 지배에 대한 추종을 거절했다.

『세계』 창간

이와나미는 나가노의 병상에서 종합잡지 창간을 구상했다. 제안 자는 아베 요시시게였다. 그는 동료들과 함께 동심회同心會를 발족하고 올드 리버럴리스트의 결집을 꾀하고 있었다. 그리고 그 멤버를 중심으로 한 언론 공간을 구축하고자 획책했다.

9월 말 요양 중이던 이와나미와 상의한 끝에 잡지 창간이 최종 결정되었다. 아베는 10월 19일 고바야시에게 보낸 편지에서 다음 과 같이 말한다.

동심회라고 하는 것이 생겨 그것이 중심이 되기는 하지만 기관 지라는 형태는 아니고 가능한 한 젊은 사람들을 끌어내어 글을 쓰게 할 작정입니다. 중앙공론, 개조 등과 연합하자는 이야기도 있었지만 저는 종합잡지로서의 새로운 성격을 만들기 위해서는 이와나미에서 새롭게 나올 것을 주장했습니다. 그 결과 나가노에 있던 이와나미를 찾아가 그 승낙을 받았습니다. 이와나미가 승낙 해 주기 위해서는 제가 책임을 지지 않으면 안 되었기에 우선 편 집주간을 맡기로 하였습니다. 편집원은 그 외에도 시가志賀, 야마

모토 유조山本有三, 다나카 고타로田中耕太郎, 다니카와谷川, 와쓰지, 니시나仁科, 오우치大內가 하기로 되어 있습니다.[고바야시 1963:341]

잡지명은 다니카와 데쓰조谷川徹三의 아이디어에 따라『세계世界(세카이)』로 결정되었다. 편집 실무는 이와나미서점의 요시노 겐자부로가 담당하게 되었고 창간을 향해 움직이기 시작했다.

그리고 1946년 1월 1일『세계』창간호가 발행되었다.

이와나미는 '『세계』창간에 즈음하여'라는 글을 발표하고 의욕을 표명했다. 그는 '무조건항복은 천지개벽 이래 최대의 국가적 굴욕이다'라는 문장에서 시작하여 메이지 유신의 정신이 시대와 함께 후퇴한 과정을 되짚었다.[이와나미 1945e]

이와나미는 일본 전체가 청일·러일 전쟁의 승리에 도취한 나머지 '부당한 자부심으로 정신을 좀먹고 다른 나라에게서 배우는 겸손함을 잃었다'고 말한다. 그리고 만주사변 이후 군벌이 대두하고 5개조의 서약문 방침이 크게 왜곡되었다. 군벌 관료에 의해 결정된 국책은 국민으로부터 유리되고 마침내 패전을 맞이하게 되었다.

『세계世界』창간. 1946년 1월.

그러나 문제는 일부 지도자에게 환원할 수 없다. 책임은 자기 자신에게 있다. 언론인으로서, 출판인으로서의 자신이야말로 중대한 책임이 있다.

이와나미는 참회의 마음을 내비치며 다음과 같이 말한다.

수년에 걸쳐 오랫동안 일본과 중국의 친선을 추구해 왔던 나
는 대의명분 없는 만주사변에도 중일전쟁에도 애당초 절대 반대
였다. 또한 삼국동맹 체결에 임해서도 대동아전쟁 발발에 임해서
도 마음속에 근심을 금할 길 없었다. 그 때문에 자유주의자라 불
리고 비전론자라 불리고 때로는 국적이라고까지 비방당하고 자기
직역職域조차 빼앗길 지경이었다. 그런데도 대세에 항거할 수 없었
던 것은 결국 나에게 용기가 없었기 때문이다. 나의 마음에 동감
하는 사람은 틀림없이 전국에 몇백만이나 존재하고 있었으리라.
만약 그 가운데 수십 명이 결연히 일어나 마치 젊은 학도들이 특
공대원이 되어 적기나 적의 함대에 몸으로 부딪치는 행동을 감행
했을 때처럼 목숨을 걸고 주전론자들에게 항거했다면 어쩌면 명
분 없는 전쟁도 미연에 방지했을지도 모른다. 설령 그것이 불가
능하다고 해도 적어도 조국을 이 지경에 이르게 하지 않고 시국을
수습할 수 있었을지도 모른다. 의를 보고도 이를 행할 기개가 없
었던 것이 마음속 깊이 부끄러울 따름이다.[이와나미 1945e]

이와나미는 만주사변이나 중일전쟁 등을 몸으로라도 막았어야
했다고 되돌아보며 대세에 항거할 수 없었던 것을 반성했다. 용기
가 부족했고 기개가 없었다는 것을 반성했다. 이와나미는 '대동아

전쟁' 중에 취했던 태도가 부족했다는 통감했으리라. 지배세력에 대한 반발을 품으면서도 전쟁의 대의명분을 고무시켰던 것에 반성의 마음을 가졌을 것이다.

그러나 그는 전쟁이라는 행위를 부정해도 대의명분을 버려서는 안 된다고 생각했다. 그는 메이지 유신으로 드러난 '봉건제 타파'와 '자유민주주의의 확장'이라는 국민주권 내셔널리즘을 고무하고 새로운 전후 일본 건설에 매진해야 함을 호소했다.

이와나미는 말한다.

나는 메이지 유신의 진정성을 돌아보고 서약문의 정신으로 살

『세계』 집필자들. 왼쪽으로부터 와타나베 가즈오渡辺一夫, 스기 도시오杉捷夫, 가와모리 요시조河盛好蔵, 쓰루 시게토都留重人, 시미즈 이쿠타로淸水幾太郎, 구노 오사무, 가이노 미치타카戒能通孝, 다케다 기요코武田清子, 우카이 노부시게鵜飼信成, 히다카 로쿠로日高六郎. 1954년 2월경, 이와나미서점 회의실에서

아가는 것이 새로운 일본 건설의 근본원리라고 생각한다. 메이지 유신의 지침에 그치지 않고 천지의 공도에 바탕을 둔 이 큰 정신은 영구히 우리 국민의 지표가 될 이념이라고 믿는다.

　일본의 개전도 패전도 우리나라의 도의와 문화의 사회적 수준이 낮았기 때문에 기인한 일이다. 지금 이 국난에 임해, 새로운 일본 문화 건설을 위해 나 또한 조금이나마 미력을 바치고 싶다고 생각한다. 지금 『세계』를 창간하는 것도 이러한 염원의 일부분이다.[이와나미 1945e]

『세계』는 무사히 창간되었지만 직후에 문제가 발생했다. 편집주임이 된 아베에게 1946년 1월 13일 시데하라 내각幣原內閣의 문부대신 취임에 대한 타진이 온 것이다.

　아베는 이와나미를 찾아갔다. 그리고 '대신이 되면 『세계』를 편집할 수 없게 된다'고 의논했다. 그러자 이와나미는 기꺼이 대신 취임

쓰키지築地의 니시혼간지西本願寺에서 행해진 이와나미의 장례식. 1946년 4월 30일. 왼쪽은 아베 요시시게 장례위원장

을 권하고 자기의 예복 정장을 빌려주었다.[고바야시 1963:359]

그 결과 오우치 효에가 편집주간을 대행하게 되었지만 점차『세계』와 동심회 관계가 약해져 갔고 1948년 동심회는 생성회生成会로 개명하고 따로 잡지『마음心』을 발간했다.

> 시대의 격한 변천과 편집자 요시노와의 사고방식의 차이나 그 외의 이유 등으로 2, 3년 사이에 우리와『세계』와의 관계는 점차 소원해지고 우리는 주동자가 아니라 기고자가 되면서 그 관계도 더더욱 약해져서 우리는 무샤노코지 사네아쓰武者小路実篤를 중심으로 한 생성회를 만들고『마음』을 발간하게 되었다.[아베 1957:281-282]

『마음』에는 전전·전쟁중에 활약했던 올드 리버럴 세력이 집결하여 전후 민주주의적인『세계』와는 상이한 보수적 언론공간을 구성했다. 이와나미가 전후 한동안 건재했고 아베도 대신에 취임하지 않았다면『세계』의 집필진이나 논조는 상이한 것이 되었으리라.

아베가 편집주임에서 물러남으로써『세계』는 언론의 장의 세대교체를 연출하게 되고 마루야마 마사오를 비롯한 젊은 논객들의 활동의 장이 된다.

죽음의 순간

2월 11일 이와나미는 문화훈장을 받았다. 3월 3일에는 관계자들에게 인사장을 보내 자신의 인생을 돌아보았다.

그 가운데에서 그는 쓰다 사건을 돌아보고 다음과 같이 적고 있다.

존경하는 저자 쓰다 소키치 박사와 함께 고소되어 감옥에 갇히는 몸이 되었음에도 불구하고 그와 똑같은 이유로 최고의 국가훈장을 받은 것은 가치가 전도된 세상이 출현했기에 비로소 가능한 일로 완전히 세상이 바뀌었다고도 말씀 올릴 수 있지 않을까 생각합니다.[이와나미 1946b]

그러나 이와나미의 목숨은 얼마 남지 않았다. 4월 20일 그는 아타미에 있는 별장에서 쓰러졌다. 몸의 오른쪽 전체를 움직이지 못하게 되었고 말도 할 수 없었다. 그리고 25일 밤 조용히 숨을 거두었다.

유골은 기타카마쿠라北鎌倉 도케이지東慶寺에 있는 니시다 기타로 묘지 옆에 매장되었다.

64년 8개월의 생애였다.

마치며

　이와나미 시게오의 생애는 도대체 무엇이었을까.

　중학교 시절에는 사이고 다카모리와 요시다 쇼인에게 빠져 있었다. 메이지 유신을 이루어낸 내셔널리즘은 봉건제 타도와 자유민주주의의 전조를 함께 불러왔다. 폐쇄적이고 억압적인 학교 생활에 질려있던 이와나미에게 리버럴이라는 가치는 빛나 보였다.

　도쿠토미 소호의 『요시다 쇼인』을 탐독하고 번벌 정치에 대해서 반감을 품고 '제2의 유신'의 중요성을 통감했던 그는 스기우라 주고를 동경하여 상경했다. 메이지 제2세대의 밝게 열린 사상과 뜨거운 애국심은 이와나미의 마음을 사로잡았다.

　그러나 이와나미가 속한 세대는 이미 메이지 2세대를 뛰어넘었다. 제일고등학교 입학이 1901년. 메이지 유신으로부터 30년 이상이 경과되었고 근대화는 성숙기를 맞이하고 있었다. 헌법이 시행되었고 의회제 민주주의도 개시되었다. 부국강병, 식산흥업의 정책은 일정한 성과를 거두었고 청일전쟁에서도 승리했다. 치외법권도 철폐되어 일본은 국제사회에서 일정한 지위를 확립하고 있었다.

　이와나미는 메이지 제1세대, 제2세대와는 가치관을 달리하고 있었다. 입신출세를 첫 번째 목표로 하는 인생에 본질적인 의미가 있다고는 생각하지 않았다. 메이지의 가치관에 공감할 수 없었다.

그는 인생론적 번민에 사로잡혀 괴로워했다. 후지무라 미사오의 자살은 고뇌를 심화시켰다. 공부도 손에 잡히지 않았고 염세적 기분에 매몰되었다. 지카즈미 조칸의 구도학사나 우치무라 간조의 일요 강의를 들으러 다니며 종교에서 돌파구를 찾으려 했다. 그러나 확고한 신앙심을 가지지 못한 채 고민을 반복했다.

초국가주의자는 훗날 이러한 번민 청년들 사이에서 생겨났다. 이와나미와 동시기에 제일고등학교를 다녔던 미쓰이 고시는 민족이 액체처럼 일체화하는 절대적 경지를 추구하며 잡지 『원리일본』을 시작했다. 1886년 태어난 오카와 슈메이는 종교적 번민을 거듭하면서 국가개조와 '도의적 세계통일'을 추구했다. 쇼와 유신기의 초국가주의와 혁신운동을 지탱했던 이데올로기는 이와나미와 동시대의 번민 청년들이었다.

하시카와 분조橋川文三는 '초국가주의'를 '울트라 내셔널리즘'으로 파악하지 않고 '국가를 초월한 인간의 비전'으로 간주했다.

하시카와는 말한다.

> 이른바 초국가주의 중에는 단순히 국가주의가 극단적으로 표출된 것 말고도, 어떠한 형태로든 현실의 국가를 초월한 가치를 추구하는 것이 포함되어 있다고 해도 좋다.[나카지마 2011:199]

하시카와는 이 '초국가주의'의 배경에 메이지 후반 이후의 '당시 청년에게 광범위하게 인정된 인생론적 번민'이 있다는 점을 날카롭

게 지적했다. 아사히 헤이고朝日平吾나 이노우에 닛쇼井上日召 등의 초국
가주의 테러리스트들의 심정은 후지무라 미사오의 고뇌와 같은 선
상에 있었다. 중일전쟁 직후에 증가한 번민 청년들은 자신의 행복
을 추구하는 연장 선상에서 타자나 초월적 존재와의 일체를 희구하
고 국가를 초월한 '하나의 세계'를 구상했다.

한편 이와나미는 초국가주의자가 되지는 못했다. 그는 쇼와 유신
운동과 거리를 두고 리버럴한 태도를 계속 견지했다. 그는 메이지의
국민주권 내셔널리즘을 방패 삼아 쇼와의 팽창주의적 내셔널리즘에
항거했다. 그리고 그 최대의 근거를 '5개조의 서약문'에 두었다.

이와나미에게 있어서 '널리 논의를 일으키고 천하의 정치는 공론
으로 결정해야 한다'고 선포한 메이지 천황은 리버럴한 애국자이자
이상적인 군주였다. 이와나미는 '폐하의 백성'이라는 것을 평생 자
랑스러워했다. 그리고 스스로야말로 메이지 천황의 유지를 이은 리
버럴 내셔널리스트라는 자부심도 품고 있었다.

언론의 자유를 짓밟는 국수주의자와의 사투는 내셔널리즘의 정
통성을 둘러싼 투쟁이었다. 이와나미의 '5개조의 서약문'에 의거하
는 내셔널리즘은 다양한 가치에 관용적인 리버럴리즘과 같은 의미
였고 전제 정치를 타파하는 국민주권의 주장과도 다를 바 없었다.

이와나미는 리버럴 내셔널리스트로서의 투쟁을 구체적인 출판 활
동을 통해 전개했다. 그리고 그 고투 안에서 태어난 것이 '이와나미
문고'나 '이와나미신서' 등 새로운 출판 형태였다. 현대 일본 출판계
가 따르고 있는 형식 대부분은 이와나미의 땀의 결정체인 것이다.

이와나미는 고서점을 창업할 당시 '참되고 진실한 생활을 하고 싶다는 욕구'에 바탕을 두고 서점을 경영하고자 생각했다. 그에게 있어서 이와나미서점은 자기의 '개성 위에 세워진 성'이었다.

그 성이 2013년으로 백 년을 맞이했다. 이와나미서점은 지금 무엇과 싸우고 있을까. 이와나미 시게오의 혼은 여전히 숨 쉬고 있는 걸까?

이와나미는 많은 동시대인으로부터 사랑받았다. 넓은 도량과 섬세함을 겸비하고 있던 그는 도저히 미워할 수 없는 인간이었다. 그의 솔직함은 당대 제일의 저자들의 신뢰를 얻어냈고 이와나미서점은 눈 깜짝할 사이에 일본을 대표하는 출판사가 되었다. 현재의 출판계는 이와나미 시게오의 유산 위에 성립되고 있다.

우리는 이와나미에 의해 구축되고 사수된 지적 아레나를 지켜내고 발전시켜나가야 한다. 시대에 아첨하지 않고 현명하게 살아간 이와나미의 발걸음을 되돌아보는 것은 의미 있는 작업이 되리라.

이와나미였다면, 지금, 어떤 책을 내려고 할까—.

그 물음 끝에 미래를 이끌어갈 학문과 비평이 있을 것으로 생각된다. 나는 고인이 된 이와나미 시게오를 곁에서 느끼면서 걸어가고 싶다.

후기

본문에서도 언급한 바와 같이 이와나미는 야나이하라 다다오가 대학에서 쫓겨났을 때 쑥스러운 표정으로 금일봉을 건넸다. 다키가와 사건이 일어났을 때는 탄압을 두려워하지 않고 신문 투고란에 다키가와 옹호의 글을 투고했다. 중일전쟁이 한창일 때에는 한층 더 중국에서 온 유학생을 지원했다.

나는 그런 이와나미가 너무나도 좋다.

이와나미서점이 현재의 지위를 구축할 수 있었던 것은 이와나미의 기질 덕분이다. 이와나미는 매력적이었고 유쾌한 인물이었다. 본서 집필을 끝마친 지금, 나는 너무나도 상쾌한 기분에 휩싸여 있다.

이와나미는 완벽하게 논리적인 사람은 아니다. 그의 발언에는 문제도 많았다. 논리가 부족한 부분도 분명히 있었다. 그러나 그가 시대 안에서 보인 태도는 훌륭한 것이었다. 그리고 실로 따뜻했다.

그런 인물을 감정에 휘둘리지 않고 담담히 써보고 싶다고 생각했다. 이 책이 성공적이었는지 아닌지는 독자 여러분들의 판단에 맡기고 싶다.

이 책에서 사용한 사료 대부분은 이와나미서점에서 보관해둔 것으로, 이와나미 사후, 전기 집필에 착수했던 아베 요시시게를 위해 보내졌던 문서들이다. 정리는 당시 이와나미서점의 직원이 한 것인데, 단순히 자료를 모으기만 한 것이 아니라 악필인 이와나미의 글자를 해독하고 깔끔하게 타자를 쳐서 보관했다.

실로 정성스러운 작업 흔적들을 보면서 이와나미가 얼마나 직원들에게 사랑받았는지를 절실히 느꼈다. 그리고 그 사료를 이어받아 전기를 쓰는 압박감에 짓눌려버릴 지경이었다.

아베가 『이와나미 시게오전岩波茂雄伝』을 쓴 지 50년 이상의 세월이 흘렀다. 그동안 사료는 서고 안에서 계속 잠들어 있었다. 전기 집필을 위해서는 우선 이 자료를 정리해야 했다. 열 개 정도의 박스에 가득 채워져 있던 문서는 무질서하게 쌓여 있었고 전체를 파악하는 데에 많은 시간을 필요로 했다. 아마도 아베가 반환했을 때의 상태 그대로 오랫동안 방치된 것이리라. 상자 안의 시간은 멈춰 있었다.

그 하나하나를 연대순으로 다시 정리하고 분별함으로써 기존에 보이지 않던 이와나미의 실상이 떠올랐다. 그 프로세스는 실로 즐거웠다.

사료를 읽고 해독하는 작업은 이와나미와의 싸움임과 동시에 아베와의 싸움이기도 했다. 『이와나미 시게오전』은 이와나미의 정사이며 제일고등학교 시절부터 인생을 함께 걸어온 절친한 벗의 작품이었다.

그 프로세스에서 알게 된 것은 아베의 탁월한 역량과 함께 그가 피하며 지나친 사료의 존재였다. 아베가 쓴 이와나미 상과 내가 쓰고자 하는 이와나미 상이 충돌했다. 시간을 뛰어넘은 무언의 토론은 아슬아슬한 스릴이었다.

마지막으로 이 책을 담당해 준 이와나미서점의 바바 기미히코馬場公彦 씨에게 감사의 마음을 전하고 싶다. 큰 그릇임을 느끼게 하는 바바 씨의 포용력 안에서 실은 이와나미 시게오를 연상한 적이 종종 있었다. 저자의 태만함으로 촉박한 일정이 되어 버린 점에도 사죄드린다.

또한 마쓰자키 가즈히로松崎一優 씨에게는 사료의 복사 등 작업에 많은 도움을 받았다. 마쓰자키 씨의 섬세한 보좌가 없었다면 본서를 완성하지 못했으리라. 진심으로 감사의 마음을 전하고 싶다.

그리고 이와나미서점 모두에게 백 주년의 축하 인사를 드리고 싶다. 앞으로 더욱 더더욱 발전하길 기원하며 글을 마치고 싶다.

2013년 8월

나카지마 다케시中島岳志

역자 후기

그러고 보니 제법 오래전 일이다. 20대 중반부터 30대 초반에 걸친 6년간 일본에서 유학생활을 경험한 적이 있다. 흥미로운 시간이었다. 책을 통해 배운 것들도 많았지만 일본 사회 속에서 실제로 사람들과 만나며 배운 것들은 살아가는 데 무척 도움이 되었다. 이에 대해서는 술잔을 기울이며 이야기하면 더더욱 흥미로울 것이다.

한 대학원 선배는 책에 대한 조언을 이렇게 해 주었다. 어떤 책을 고를지 고민스러울 때는 그냥 이와나미서점의 책을 사면 된다고. 왜냐하면 이와나미는 최고니까. 이것이 개인적으로 이와나미와의 첫 만남이었다.

그런 탓인지 이와나미의 책들은 정말 각별하게 느껴졌다. 서점이나 도서관에서 만나는 이와나미의 책들은 강렬한 존재감을 발산했으며 그 내용에 대해서도 확고한 믿음을 주었다. 철학서나 인문서 등 학술 분야에서 탁월한 책들이 많았고 이와나미문고나 이와나미신서도 크기는 작았지만 내용은 실로 광활했다. '진리는 만인에 의해 추구됨을 스스로 원하고 예술은 만인에 의해 사랑받을 것을 스스로 바란다'고 말하는 이와나미문고는 유학 시절 나의 가장 가까운 벗이기도 했다.

학술서로서 최고라는 이미지를 가지고 있지만, 그에 못지않게 좌파적인 출판사라는 인상을 지울 수 없는 곳이 이와나미서점이다. 잡지『세계』가 공산권 국가에 대해서는 비교적 우호적 인 태도를 보이면서도 자본주의에는 비판적이었으며 특히 70년대 한국의 정치적 상황에 대해 많은 비판 기사를 남겼다는 것은 널리 알려진 바와 같다.

 서두가 길어졌지만 부끄러움을 무릅쓰고 이상의 개인적인 기록을 남기는 이유는 이와나미 시게오라는 출판인에 관한 평전 번역이 역자에게 어떠한 의미를 가졌는지를 우선 밝혀두기 위함이다. 그러나 그 이상으로 이야기하고 싶은 것은 번역 작업을 지속하며 느꼈던 당황스러움과 의아함이다. 각별한 기대 속에 출발했던 번역은 책의 첫 장을 펼치는 순간 큰 혼돈에 빠졌다. 이와나미와 도야마 미쓰루의 인연에 대해서부터 시작되는 도입부에는 겐요샤, 요시다 쇼인, 신도, 전투기 헌납 등 불편한 단어들이 사방에 어지럽게 놓여 있었다. 도야마 미쓰루라니, 지금도 전설로 불리고 있는 일본 우익의 원조가 아닌가. 예상은 적중하였다. 책을 읽어 가면 읽어갈수록 한 출판인의 개인적인 생애에 그치지 않고 일본 근대사를 아우르는 복잡하고 거대한 이야기로 전개되어 갔다.

 출판대국 일본에서도 특히 굴지의 출판사인 이와나미서점. 창업주에 대한 관심은 지대하여 이미 아베 요시시게나 고바야시 이사무 등 많은 사람이 그의 전기를 다루었다. 그 중 이와나미서점 창업 100주년을 맞아 소장파 정치학자로 두각을 나타내고 있는 나카지마 다케시씨에 의해 새롭게 시도된 평전이 바로 이 책이다. 역자를 당황하게 했던 책의 도입부는 저자 나카지마씨의 가장 근본적인 문제의식이기도 했다. 나카지마씨는 기존의 평전들이 담아내지 못했던 내셔널리스트로서의 면에도 주목하며 언뜻 보면 상반된 것처럼 보이는 리버럴리스트로서의 측면과 내셔널리스트로서의 측면이 어떻게 상호보완적인 관계로서 그의 안에 존재했는지를 다양한 사료들을 통해 담담히 고찰해 간다. 감정이 극도로 절제된 건조한 문체는 이와나미 시게오 상을 정확히 끌어내기 위해 저자가 얼마나 진지하게 본 작업에 임했는지를 보여주며 역설적으로 이와나미 시게오에 대한 뜨거운 마음을 느끼게 해 주었다.

참고로 본서의 원제목은 『이와나미 시게오 리버럴 내셔널리스트의 초상岩波茂雄 リベラル・ナショナリストの肖像』이었으나 '리버럴 내셔널리스트'라는 명명 자체가 아직 일본에서조차 생경한 말로, 한국어로 옮기기 위해서는 좀 더 무르익어야 할 필요가 있는 개념인지라 번역에 많은 고민이 있었다. 본서는 원래 이와나미서점 창업 100주년 기념서로 출판되었지만 한국 번역본의 경우 (주)AK커뮤니케이션즈 기업스토리 브랜드인 AKstory, 기업인의 경영이념과 철학을 담은 시리즈로 출판되었다. 몽벨mont-bell에 이은 이와나미서점의 이야기인 것이다. 이는 이와나미 시게오를 어디까지나 출판 사업을 이끈 기업경영자로서 주목하겠다는 한국 측 출판사의 의지가 담겨있다고 할 수 있다. 그런 점에서 편집부와의 협의를 거친 표제, 『이와나미서점 창업주 이와나미 시게오』는 원제와 비교하면 지나치게 심플한 감도 없지 않으나 매우 담담히 한 전설적인 출판인의 인생을 따라

갔다는 점에서 본서에 오히려 더 어울릴 제목일지도 모르겠다.

출판에 대한 열정이 넘치시는 (주)AK커뮤니케이션즈의 이동섭 대표님 이하 모든 출판사 가족분들께 깊은 감사의 말씀을 드린다. 특히 편집에 임해주신 이민규, 김진영 선생님에게 진심으로 감사드린다. 100주년 기념서를 출판할 수 있을 때까지 진리와 예술을 벗 삼아 걸어가실 것을 기도드린다.

이와나미 시게오 연보

*아베 요시시게 『이와나미 시게오전 개정판岩波茂雄伝 新裝版』(이와나미서점, 2012)에 게재된
'이와나미 시게오 연보'를 참조로 작성.

1881년(메이지 14년- 출생)

8월 27일　나가노 현長野県 스와 군諏訪郡 나카스무라中洲村 나카가네코中金子에
　　　　　서 태어나다. 아버지 요시모토, 어머니 우타.

1887년(메이지 20년- 6세)

4월　　　나카스무라中洲村 시모가네코下金子의 심상소학교에 입학.

1891년(메이지 24년- 10세)

4월　　　나카스무라中洲村 진구지神宮寺의 고등소학교에 입학.

1895년(메이지 28년- 14세)

4월　　　스와실과중학교에 입학.

1896년(메이지 29년- 15세)

1월 5일　아버지의 갑작스러운 죽음.

1월 23일　상속을 받아 호주가 되다.

1897년(메이지 30년-16세)

12월 30일　마을의 이세고 총 대표가 되어 단신으로 이세신궁 참배를 위해
　　　　　출발하다.

1898년(메이지 31년-17세)

1월 2일　이세신궁 참배를 마친 후 교토에 들러, 고향 선배 사쿠마
　　　　　조산 성묘. 가고시마까지 가서 사이고 다카모리 성묘.
　　　　　일본중학교 교장 스기우라 주고에게 탄원서를 보내다.

1899년(메이지 32년- 18세)

3월 26일　스와실과중학교 4년을 수료한 후 상경.

4월 4일　일본중학교 5학년으로의 편입을 위한 수험. 특례에 의한 입학 허가.

1900년(메이지 33년- 19세)

3월	일본중학교 졸업.
7월	제일고등학교 입학시험 수험, 불합격.
8월	나가노 현 우와다에서 우치무라 간조의 강연을 청강하다.
10월	신경 쇠약으로 이즈伊豆의 이토로 옮기다.
연말	이토에서 정양 중 우치무라 간조와 함께 아타미까지 걷다.

1901년(메이지 34년- 20세)

1월 1일	20세기의 시작을 도쿄에서 맞이하기 위해 전날 이토에서 돌아와 혼고의 하숙집에서 새해를 맞이하다.
7월	제일고등학교 입학시험을 통과하여 합격. 9월 입학(동급생에, 아베 지로, 이시하라 겐, 우에노 나오테루, 오키와라 세이센스이荻原井泉水, 구토 소헤이工藤壮平, 시라네 다케스케白根竹介, 스즈키 소에키鈴木宗奕, 하토야마 히데오, 하야시 히사오 등)
가을	제일고등학교 보트부에 들어가다.

1902년(메이지 35년- 21세)

9월	제일고등학교 2학년으로 진급. 이 무렵부터 번뇌가 시작되다.
10월	구도학사에 다니다. 지카즈미 조칸의 권유로 톨스토이의 『나의 참회』를 읽고, 감동하다.
12월	일요일에 열린 우치무라 간조의 성서강의에 출석하기 시작하다.

1903년(메이지 36년- 22세)

5월 22일	후지무라 미사오가 게곤노타키에 몸을 던져 자살.
7월 13일	노지리 호수의 비와지마에 틀어박히다.
7월 23일	어머니 우타, 이와나미의 학업 포기를 걱정하여 섬을 찾아오다.
8월 23일	노지리 호수를 떠나다.
9월	시험 포기로 제일고등학교 3학년 진급 실패. 아베 요시시게와 동급생이 되다.

1904년(메이지 37년- 23세)

9월 12일	제일고등학교를 2년 연속 낙제하였기 때문에 제명되다.

1905년(메이지 38년- 24세)

7월	간다 구 기타진보초의 아카이시 요시 집에서 하숙.
9월	도쿄제국대학 문학부 철학과 선과로 입학.

1906년(메이지 39년−25세)

봄　　　　　아카이시 요시와 약혼

1907년(메이지 40년− 26세)

3월 25일　　숙부 이노우에 젠지로井上善次郎 저택 간다 사쿠마초神田佐久間町에서 아카이시 요시와 혼례를 올리다.

10월　　　　혼고 야요이초本郷弥生町에서 신혼살림을 시작. 생계를 위해 아내 요시는 집에서 바느질 일을 하고, 시게오는 기야마 구마지로의 『내외교육평론』의 편집을 도와주다.

1908년(메이지 41년− 27세)

4월　　　　　오쿠보 햐쿠닌초大久保百人町로 이전.

6월 25일　　어머니 우타 타계.

7월　　　　　도쿄제국대학 문학부 철학과 선과 졸업.

8월 14일　　장녀 유리百合 출생.

1909년(메이지 42년− 28세)

3월　　　　　간다고등여학교에 봉직.

1911년(메이지 44년− 30세)

8월 11일　　차녀 사유리 출생.

1913년(다이쇼 2년− 32세)

7월 22일　　오쿠보 햐쿠닌초에서 간다 미나미진보초神田南神保町로 이전.

7월 29일　　서점 개업을 위해 간다고등여학교 퇴직. 간다고등여학교 송별식을 마치고 바로 직접 손수레를 끌고 고서점 시장에서 책을 사 오다.

8월 5일　　간다 미나미진보초 16번지에서 고서점을 개업. '고서적 정찰 판매'를 관철하다.

1914년(다이쇼 3년− 33세)

4월 27일　　삼녀 미도리美登利 출생.

9월 20일　　나쓰메 소세키 『마음』 간행.

연말　　　　연말부터 다음 해에 걸쳐 대만 총독부 도서관으로부터 1만 엔 분량의 도서납입을 위탁받다.

1915년(다이쇼 4년− 34세)

3월	『아라라기』 발매소가 되다.
10월 1일	'철학총서' 창간.

1916년(다이쇼 5년 - 35세)

봄	점포와 거주지를 분리하여 가족은 고지마치 후지미초로 옮기다.
10월 4일	장남 유이치로 출생.
12월 9일	나쓰메 소세키 타계.

1917년(다이쇼 6년 - 36세)

1월 26일	나쓰메 마지막 작품 『명암』 간행
5월 1일	『사조』 창간. 주간은 아베 지로.
6월	아이들의 건강을 위해 가족들은 가마쿠라로 이주.
6월 10일	구라타 햐쿠조의 『출가와 그 제자』 간행.
10월	니시다 기타로의 이와나미서점에서의 최초의 서적 『자각에 있어서의 직관과 반성』 간행.
12월	『소세키 전집』(전12권) 간행.

1918년(다이쇼 7년 - 37세)

6월	아베 지로의 『합본 산타로의 일기』 간행.

1919년(다이쇼 8년 - 38세)

5월	와쓰지 데쓰로의 『고찰순례』 간행.
6월 15일	차남 유지로雄二郎 출생

1920년(다이쇼 9년 - 39세)

4월	사사키 소이치 『보통선거』 간행. 선전을 위한 대형 간판을 가게 앞에 세우다.
4월 24일	고바야시 이사무 입사.
11월 15일	고이시카와 구小石川区 고히나타스이도초小日向水道町의 나카 간스케中勘助 소유의 주택을 양도받아 거주지로 삼다.

1921년(다이쇼 10년 - 40세)

10월 1일	잡지 『사상』 창간.
10월 22일	사녀 스에코 출생.
12월	데라다 도라히코寺田寅彦, 이시와라 아쓰시石原純 편집 '과학총서'

간행.

1922년(다이쇼 11년– 41세)

8월 14일   야외 승마 중, 요요기 연병장에서 낙마 부상하여, 입원.

1923년(다이쇼 12년– 42세)

9월 1일   관동대지진. 점포, 창고 소실.

10월   고이시카와 저택을 임시 사무실로 삼아 출판 부흥에 착수.

11월   간다 서점가의 첫 번째 주자로 미나미진보초의 불탄 자리에 건물을 세우다.

1924년(다이쇼 13년– 43세)

12월   다액 납세자가 되다.

1926년(다이쇼 15년– 45세)

6월   미키 기요시 『파스칼에 있어서의 인간 연구』 간행.

11월   구라타 햐쿠조 『붉은 영혼』 발간 금지 처분. 이와나미서점 간행서 중 첫 발간 금지 처분

1927년(쇼와 2년– 46세)

7월   '이와나미문고' 창간

7월 24일   아쿠타가와 류노스케 자살.

8월   처음으로 교과서, 가메이 다카요시龜井高孝 『중등서양사中等西洋史』 간행.

10월   마르크스 『자본론』(이와나미문고)을 가와카미 하지메 번역으로 간행 개시.

11월   『아쿠타가와 류노스케 전집』(전 8권) 간행.

12월   조선반도, 중국 동북부를 미키 기요시와 함께 여행.

1928년(쇼와 3년– 47세)

1월   이와나미강좌의 제1차 『세계사조』(전 12권) 간행.

2월   고향 스와 군 나카스무라 나카가네코에 수도 시설 기부.

3월 12일   이와나미서점에서 대우개선요구의 노동쟁의가 발생하다.

5월   『연맹판 마르크스·엥겔스 전집』 간행 발표. 7월 말, 5개 회사 연맹 탈퇴.

8월 27일   고바야시 이사무가 회사를 떠나 뎃토쇼인을 시작하다.

8월   『사상』 휴간.

1929년(쇼와 4년 - 48세)

4월   『사상』 재간. 와쓰지 데쓰로, 다니카와 데쓰조, 하야시 다쓰오 편집.

1930년(쇼와 5년 - 49세)

2월   고향으로부터 중의원 의원 입후보 권유가 있었으나 고사.

         사항 색인, 참조 조문 기입된 『이와나미 육법 전서』 간행.

12월   『경제학 사전』(전5권) 간행.

1931년(쇼와 6년 - 50세)

4월   잡지 『과학』 창간.

5월   가와카미 하지메 역 마르크스 『자본론』, 『임금 노동과 자본』, 『임
         금 · 노동 및 이윤』 폐간 선언.

11월   이와나미강좌 『철학』(전 18권) 간행.

1932년(쇼와 7년 - 51세)

4월   『우치무라 간조 전집』(전 20권) 간행.

5월   『일본 자본주의 발달사 강좌』(전 7권) 간행.

9월   차녀 사유리, 고바야시 이사무와 결혼.

11월   『일본 자본주의 발달사 강좌』 제4권이 발간 금지 처분 당하다.

1933년(쇼와 8년 - 52세)

2월4일   나가노 현 교원 적화 사건.

4월   잡지 『문학』 창간.

         잡지 『교육』 창간.

4월 22일   다키가와 사건 시작되다.

10월   이와나미강좌 『일본역사』(전 18권) 간행.

12월   '이와나미전서' 창간.

1934년(쇼와 9년 - 53세)

6월   이와나미강좌 『동양사조』(전 18권) 간행.

8월   가케이 가쓰히코 『신도』 간행.

10월   『요시다 쇼인 전집』(전 10권) 간행.

11월   고바야시 이사무, 이와나미서점에 복귀.

1935년(쇼와 10년- 54세)

2월   미노베 다쓰키치의 천황기관설에 대한 공격이 격화.

5월 5일   구미 여행길로 출발.

12월 13일   귀국.

1937년(쇼와 12년- 56세)

7월 7일   루거우차오 사건. 중일전쟁 발발.

8월 15일   요시노 겐자부로 입사.

12월 1일   야나이하라 다다오 도쿄대 교수 사직.

1938년(쇼와 13년- 57세)

2월 7일   야나이하라 다다오『민족과 평화』가 발간 금지 처분 당하다.

3월   헌병대의 간섭에 의해 아마노 데이유『도리의 감각』절판.

4월   이와나미문고 마르크스, 엥겔스, 레닌의 여러 저작들이 절판이
             되다.

11월   '이와나미신서' 창간.

1940년(쇼와 15년- 59세)

1월 21일   쓰다 소키치 저서 건으로 도쿄 지방 검사국에 불려가 심문당하다.

3월 8일   쓰다 소키치와 함께 기소당하다.

             아타미 시熱海市 이즈 산伊豆山 히가시아시카와東足川에 토지 입수.

10월 30일   쓰다 소키치 저서에 대한 재판의 예심 개시.

11월2일   학술 장려를 위해 재단법인 '후주카이' 설립.

1941년(쇼와 16년- 60세)

2월 9일   도야마 미쓰루 저택 방문.

9월   아타미 시 이즈 산에 별장을 신축하고 '세키레키소'라 칭하다.

11월 1일   쓰다 사건 공판 개시.

12월 8일   '대동아전쟁' 발발.

1942년(쇼와 17년- 61세)

5월 21일   쓰다 사건 공판, 제1심 판결.

             쓰다 금고 3개월, 이와나미 금고 2개월, 모두 집행유예 2년.

5월 23일	쓰다 사건 판결에 대해 검찰로부터 항소 있어 이와나미 측에서도 항소하다.
11월 3일	창업 30년의 감사만찬회 개최

1944년(쇼와 19년 – 63세)

3월	잡지 『교육』 휴간.
6월 4일	장남 유이치로 발병.
11월4일	쓰다 사건 항소 재판, 시효에 의해 소송 소멸.

1945년(쇼와 20년 – 64세)

2월 1일	도쿄 도 다액 납세자 · 귀족원의원 보결 선거에 입후보.
3월 27일	보결 선거에 당선되어 귀족원 의원이 되다.
5월 25일	고이시카와의 주택, 공습으로 완전히 불타 소실되다.
6월 7일	니시다 기타로 타계.
8월 15일	'대동아전쟁' 패전.
9월 3일	장남 유이치로 사망.
9월 4일	귀족원 첫 등원.
9월 8일	장남 유이치로 장례식.
9월 10일	나가노 시에서의 후지모리 세이고 장례식에 참석하여 조문사를 읽고 있다가 갑자기 뇌출혈을 일으키다. 그대로 나가노에서 10월 17일까지 정양.
9월 26일	미키 기요시 타계.

1946년(쇼와 21년 – 65세)

1월	『세계』 창간.
2월 11일	문화훈장 수여.
4월 20일	아타미 세키레키소에서 발병. 두 번째 뇌출혈.
4월 25일	타계.
4월 30일	도쿄 쓰키지 니시혼간지東京 築地 西本願寺에서 장례식. 법명 문유원강당종무거사文献院剛堂宗茂居士, 기타카마쿠라 도케이지에 매장.

인명색인

서명 · 잡지명 색인

ㄱ

ㄴ

ㄷ

304

인용문헌

가나이 도미자부로 1947 「무제」 (이와나미서점 소장) 「無題」(岩波書店所蔵)

가라타니 고진 1980 『일본근대문학의 기원』 고단샤 『日本近代文学の起源』講談社

가메이 다카요시 1947 「무제」 (이와나미서점 소장) 「無題」(岩波書店所蔵)

가와카미 하지메 1984 『가와카미 하지메 전집·제25권』 이와나미서점 『河上肇全集·第25巻』岩波書店

가지 류이치 1947 「무제」 (이와나미서점 소장) 「無題」(岩波書店所蔵)

고노 다마 1946 「이와나미 시게오와 도야마 미쓰루의 회견」 (이와나미서점 소장) 「岩波茂雄と頭山満の会見」(岩波書店所蔵)

──────── 1947 「무제」 (이와나미서점 소장) 「無題」(岩波書店所蔵)

고바야시 이사무 1963 『세키레키소 주인』 이와나미서점 『惜櫟荘主人』岩波書店

구도 쇼헤이 1947 「무제」 (이와나미서점 소장) 「無題」(岩波書店所蔵)

구라타 햐쿠조 2008 『사랑과 인식의 출발』 이와나미문고 『愛と認識との出発』岩波文庫

기야마 구마지로 1900 「무제」 (이와나미서점 소장) 「無題」(岩波書店所蔵)

나쓰메 소세키 1957a 「나의 개인주의」 『소세키 전집·제21권』 이와나미서점 「私の個人主義」『漱石全集·第21巻』岩波書店

──────── 1957b 『소세키 전집·제31권』 이와나미서점 『漱石全集·第21巻』岩波書店

나쓰메 교코 1947 「자비출판 "소세키의 추억"」 (이와나미서점 소장) 「自費出版 "漱石の思ひ出"」(岩波書店所蔵)

나카지마 다케시 편 2011 『하시카와 분조 셀렉션』 이와나미문고 『橋川文三セレクション』岩波文庫

니시오 미노루 1947 「발병 전후」 (이와나미서점 소장) 「発病の前後」(岩波書店所蔵)

다나베 하지메 1947 「이와나미 군과의 추억」 (이와나미서점 소장)

「岩波君の憶出」, (岩波書店所蔵)

다케우치 요시미 1993 「일본의 아시아주의」『일본과 아시아』치쿠마 학예문고 『日本とアジア』ちくま学芸文庫

도메오카 기요오 1947 「내가 보고 들은 이와나미 시게오 선생님의 언행」 (이와나미서점 소장) 『私の見ききした岩波茂雄先生の言行』 (岩波書店所蔵)

도야마 미쓰루 옹 정전 편찬위원회 편 1991 『도야마 미쓰루 옹 정전』아시쇼보 『頭山満翁正伝』葦書房

마루야마 마사오 1996 「어떤 날의 쓰다 박사와 나」『마루야마 마사오 집·제9권』이와나미서점 「ある日の津田博士と私」『丸山眞男集·第9巻』岩波書店

마루야마 마사오· 후쿠다 간이치 편 1989 『듣고 쓰는 난바라 시게루 회고록』도쿄대학 출판회 『聞き書 南原繁回顧録』東京大学出版会

마쓰오 다카요시 1991 「이와나미 시게오와 다키가와 사건」『도서』 1991년 7월호 『岩波茂雄と瀧川事件』『図書』1991年7月号

모리야 마사치 1947 「이와나미 씨의 초등학교부터 일본중학교 시절」 (이와나미서점 소장) 『岩波さんの小学校から日本中学の時代』 (岩波書店所蔵)

모리조노 도요키치 1947 「출가와 그 제자가 출판되었을 무렵의 일」 (이와나미서점 소장) 『出家とその弟子が出版された頃のこと』 (岩波書店所蔵)

미노다 무네키 1934 「이와나미 시게오 편 서간」 (1934년 10월 8일자, 이와나미서점 소장) 『岩波茂雄宛書簡』 (1934年10月8日付, 岩波書店所蔵)

——————— 2004a 『미노다 무네키 전집·제2권』가시와쇼보 『蓑田胸喜全集·第2巻』柏書房

——————— 2004b 『미노다 무네키 전집·제4권』가시와쇼보 『蓑田胸喜全集·第4巻』柏書房

——————— 2004c 『미노다 무네키 전집·제7권』가시와쇼보 『蓑

田胸喜全集・第6巻』柏書房

미야사카 아키라	1947	「무제」(이와나미서점소장) 『無題』(岩波書店所蔵)
베네딕트 앤더슨	1997	『상상의 공동체』NTT출판 『想像の共同体』NTT出版
사이토 모키치	1947	「무제」(이와나미서점 소장) 『無題』(岩波書店所蔵)
소마 아이조	1947	「추억」(이와나미서점 소장) 『思ひ出』(岩波書店所蔵)
스즈키 노리히사	1980	『구라타 햐쿠조〈증보판〉』다이메도 『倉田百三〈増補版〉』大明堂
아라이 쓰네오	1902	「교풍이란 무엇이냐」『교우회잡지』119호 『校風とは何ぞや』『校友会雑誌』119号
아리시마 다케오	1984	『아리시마타케오 전집・제13권』치쿠마쇼보 『有島武郎全集・第13巻』筑摩書房
아베 요시시게	1903	「후지무라 미사오 군을 추억하다」『교우회잡지』128호 『藤村操君を憶ふ』『校友会雑誌』128号
───────	1957	『이와나미 시게오전』이와나미서점 『岩波茂雄伝』岩波書店
아카시 히로타카・마쓰우라 소조	1975	『쇼와 특별고등경찰 탄압사1 지식인에 대한 탄압』다이헤이출판사 『昭和特高弾圧史1 知識人にたいする弾圧』太平出版社
야나이하라 다다오	1947	「이와나미 씨의 추억」(이와나미서점 소장) 『岩波さんの思ひ出』(岩波書店所蔵)
야마모토 요시아키	2000	「이와나미 시게오와 나쓰메 소세키」『소세키연구』13호 『岩波茂雄と夏目漱石』『漱石研究』13号
야마자키 야스오	1961	『이와나미 시게오』시사통신사 『岩波茂雄』時事通信社
오가타 다케토라	1947	「무제」(이와나미서점) 『無題』(岩波書店)
오사다 아키라	1947	「이와나미 시게오 라는 사람」『岩波茂雄といふ人』
왕펑밍	1947	「무제」(이와나미서점) 『無題』(岩波書店)
요네하라 겐	2003	『도쿠토미 소호—일본 내셔널리즘의 궤적』중앙공론신서 『徳富蘇峰—日本ナショナリズムの軌跡』中公新書
이와나미서점 편	1996	『이와나미서점 80년』이와나미서점 『岩波書店八十年』岩波書店

이와나미서점
편집부 편　　　　 2003　　　『이와나미시게오에게 보내는 편지』 이와나미
　　　　　　　　　　　　　　　서점 『岩波茂雄への手紙』岩波書店

이와나미 시게오　 1913　　　「개점안내」 (엽서, 이와나미서점 소장) 「開店案
　　　　　　　　　　　　　　　内」 (はがき,岩波書店所蔵)

─────────　1914a　　　「교사에서 시민으로」『독서세계』 1914년 6월
　　　　　　　　　　　　　　　1일호 「教師より市民へ」『読書世界』1914年 6月 1日号

─────────　1914b　　　「교사에서 서점으로」『독서세계』 1914년 7월
　　　　　　　　　　　　　　　1일호 「教師より本屋へ」『読書世界』1914年 7月 1日号

─────────　1915　　　「철학총서 간행에 대해서」 (이와나미서점 소
　　　　　　　　　　　　　　　장) 『哲学叢書』刊行に就いて」(岩波書店所蔵)

─────────　1917　　　「니시다 기타로『자각에 있어서의 직관과 반
　　　　　　　　　　　　　　　성』광고문」 (이와나미서점 소장) 「西田幾多郎『自
　　　　　　　　　　　　　　　覚に於ける直観と反省』広告文」(岩波書店所蔵)

─────────　1922　　　「과학총서 간행사」『사상』 1922년 1월호 「科学
　　　　　　　　　　　　　　　叢書刊行の辞」『思想』1922年 1月号

─────────　1923　　　「근고」『사상』 1923년 11월호 「謹告」『思想』1923年
　　　　　　　　　　　　　　　11月号

─────────　1927a　　　「이와나미문고 발간에 즈음하여」『사상』 1927년
　　　　　　　　　　　　　　　7월호 「岩波文庫発刊に際して」『思想』1927年7月号

─────────　1927b　　　「아쿠타가와 류노스케 전집 간행의 경위에 대
　　　　　　　　　　　　　　　해서」 (전집 내용견본, 이와나미서점 소장) 「芥
　　　　　　　　　　　　　　　川龍之介全集刊行の経緯に就て」(全集内容見本, 岩波書店所蔵)

─────────　1927c　　　「마르크스 자본론 제1권 제1분책 간행사」 (이
　　　　　　　　　　　　　　　와나미서점 소장) 「マルクス資本論 第一巻第一分冊 刊行
　　　　　　　　　　　　　　　の辞」(岩波書店所蔵)

─────────　1928a　　　「마르크스 · 엥겔스 전집 간행 연맹 탈퇴에 대
　　　　　　　　　　　　　　　한 성명」 (이와나미서점 소장) 「マルクス · エンゲル
　　　　　　　　　　　　　　　ス全集刊行聯盟脱退についての声明」(岩波書店所蔵)

─────────　1928b　　　「점원 제군에 고함」 (이와나미서점 소장) 「店員
　　　　　　　　　　　　　　　諸君に告ぐ」(岩波書店所蔵)

	1929	「근하신년」 (이와나미서점 소장) 「謹賀新年」(岩波書店所蔵)
	1930	「소신을 밝히다」 (이와나미서점 소장) 「所信を明にす」岩波書店所蔵
	1931a	「이와나미문고『자본론』독자에게 고함」『출판신문』1931년 5월 30일 「岩波文庫『資本論』の読者に告ぐ」『出版新聞』1931年5月30日
	1931b	「다 저의 식견부족 어찌할 도리 없는 바 이와나미 시게오 씨가 말하다」『출판통신』1931년 6월 1일호 「不明の致す所 已むを得ぬ次第と 岩波茂雄氏語る」『出版通信』1931年波書店所蔵 6月1日号
	외 1932a	「고향 지사에게 격문을 보냄」 (이와나미서점 소장) 「郷党の士に檄す」(岩波書店所蔵)
	1932b	「재간행 사」 (이와나미서점 소장) 「再刊の辞」(岩波書店所蔵)
	1933a	「『인물평론』편집부의 질문」 (이와나미서점 소장) 「『人物評論』編集部からの質問」(岩波書店所蔵)
	1933b	「전집 완료에 즈음하여」『우치무라 간조 전집』(월보·제20호), 이와나미서점 「全集完了に際して」『内村鑑三全集』(月報·第20号), 岩波書店
	1933c	「여러 감정」『아라라기』1933년 1월호 (25주년 기념호) 「雑感」『アララギ』1933年1月号 (25周年記念号)
	1933d	「소감」 (초고, 이와나미서점 소장) 「所感」(草稿, 岩波書店所蔵)
	1933e	「『일본자본주의발달사강좌』간행 사정」 (이와나미서점 소장) 「『日本資本主義発達史講座』刊行の次第」(岩波書店所蔵)
	1933f	「교원 사상범 사건에 대해」 (이와나미서점 소장) 「教員思想犯事件に就いて」(岩波書店所蔵)
	1933g	「학자의 태도」『도쿄아사히신문』1933년 7월 14일 「学者の態度」『東京朝日新聞』1933年7月14日

———————	1933h	「문제의 핵심－교토대 마쓰이 총장에게」(초 고, 이와나미서점 소장)「問題の核心ー京大松井新総 長に」(草稿, 岩波書店所蔵)
———————	1934a	「요시다 쇼인 전집 간행에 즈음하여」(내용견 본, 이와나미서점 소장)「吉田松陰全集刊行に際して」 (内容見本, 岩波書店所蔵)
———————	1934b	「조사」(이와나미서점 소장)「弔辞」(岩波書店所蔵)
	1934c	「교토제국대학신문의 질문」(이와나미서점 소 장)「京都帝国大学新聞からの質問」(岩波書店所蔵)
	1934d	「『신도』반포에 즈음하여」(이와나미서점 소 장)「『神ながらの道』頒布に際して」(岩波書店所蔵)
	1935a	「무제」『서재』창간호 1935년 3월호「無題」『書 窓』創刊号 1935年3月号
———————	1935b	「외유의 추억」(이와나미서점 소장)「外遊の思い 出」(岩波書店所蔵)
	1935c	「언뜻 본 소련」(이와나미서점 소장)「瞥見の蘇連 邦」(岩波書店所蔵)
	1936a	「인사」(이와나미서점 소장)「ご挨拶」(岩波書店所蔵)
	1936b	「소감」『시 제도 혁신』1936년 1월 15일호「所 感」『市制革新』1936年1月15日号
———————	1936c	「『구미만유담』을 이와나미 시게오씨에게 듣 는다(속)」『일본고서통신』1936년 3월 1일 호「『欧米漫遊談』を岩波茂雄氏に聞く(続)」『日本古書通信』 1936年3月1日号
———————	1936d	「간행사」(이와나미서점 소장)「刊行の辞」(岩波書店 所蔵)
	1936e	「신슈의 청년제군들에게」『신슈 청년』1936년 11월 1일호「信州の青年諸君へ」『信州青年』1936年11 月1日号
———————	1937a	「독서주간에 즈음하여 소회를 말하다」『대만 일일신보』1939년 1월 11일「読書週間に際して所

懐を述ぶ」『台湾日日新報』1939年1月11日

—————————— 1937b 「아베 이소오 선생님을 추천하다」(이와나미
서점 소장) 「安部磯雄先生を推薦す」(岩波書店所蔵)

1937c 「흑색사건을 직시하며」『도쿄 아사히 신문(나
가노판)』 1937년 1월 16일 「黒色事件を直視して」
『東京朝日新聞(長野版)』1937年1月16日

—————————— 1937d 「근하신년」(이와나미서점 소장) 「謹賀新年」(岩波
書店所蔵)

1937e 「청년수련의 지도표」『사회교육신보』1937년
1월 15일 「青年修練の指導標」『社会教育新報』1937年1月
15日

1937f 「문화시평・통제에 빠지는 신문」『日本読書
新聞』1937년 11월 15일 「文化時評・統制に堕せる
新聞」『日本読書新聞』1937年1月15日

1938a 「성인이 된 후 도움이 된 어릴 적 인상」『보육』
6월호 「成人してからためになつた幼き頃の印象」『保育』6月号

—————————— 1938b 「근하신년」(이와나미서점 소장) 「謹賀新年」(岩波
書店所蔵)

1938c 「고전의 보급 중국도 존중 신세계관 창조로」
『국민신문』1938년 9월 19일 「古典の普及支那をも
尊重新世界観の創造へ」『国民新聞』1938年9月19日

—————————— 1938d 「이와나미신서 간행에 즈음하여」『사상』1938년
11월호 「岩波新書を刊行するに際して」『思想』1938年11月号

1939a 「국민정신총동원의 강화에 관한 의견을, 내각
정보부로부터 받았을 때의 회답 (1939년 3월
13일 의뢰 초고)」(이와나미서점 소장) 「国民精
神総動員の強化に関する意見を、内閣情報部より徴せられた時
の回答(昭和14年3月13日依頼さる下書)」(岩波書店所蔵)

—————————— 1939b 「녹음방담-5개조 서약문 이 정신을 체득하라」
『신문의 신문』1939년 5월 3일 「緑蔭放談-五箇条
の御誓文この精神を体得せよ」『新聞之新聞』1939年5月3日

314

—————— 1939c 「하야시 도라오 군을 추천한다」(엽서, 이와나미서점 소장) 「林虎雄君を推薦す」(はがき,(岩波書店所蔵)

—————— 1939d 「아베내각에 요청한다」『대륙』 1939년 10월호 「阿部内閣に要請する」『大陸』1939年10月号

—————— 1939e 「무제」『과학지식』 1939년 11월 5일호 「無題」『科学知識』1939年11月5日号

—————— 1940a 「성실을 가르치신 어머니」『신흥부인』 1940년 2월호 「誠実を教へた母」『新興婦人』1940年2月号

—————— 1940b 「초대에 대한 인사, 신문에 대한 감상. 제국대학신문에 대한 희망, 대학의 국가적 사명」『제국대학신문』 1940년 12월 1일(원고, 이와나미서점 소장) 「御招待に対する挨拶 新聞に対する感想 帝大新聞に対する希望 大学の国家的使命」『帝国大学新聞』1940年12月1日(原稿, 岩波書店所蔵)

—————— 1940c 「출판계의 입장에서 문화통제에 관해 당국에 대한 구체적 희망」『문예춘추』 1940년 10월호 「出版界の立場から文化統制に関して当局への具体的希望」『文藝春秋』1940年10月号

—————— 1940d 「"대정익찬운동" 지도자들에 대한 요망」『개조(시국판)』 1940년 10월호 「"大政翼賛運動" 指導者たちへの要望」『改造(時局版)』1940年10月号

—————— 1941a 「출판법 위반 피고 사건 제1회공판 속기 기록」(이와나미서점 소장) 「出版法違反被告事件第一回公判速記録」(岩波書店所蔵)

—————— 1941b 「5000호를 축하하다」『문화정보』 1941년 12월 3일 「五千号を祝す」『文化情報』1941年12月3日

—————— 1941c 「일본의 출판 사업에 대하여」(원고, 이와나미서점 소장) 「日本の出版事業について」(原稿, 岩波書店所蔵)

—————— 1941d 「만주사변 하에서의 출판과 그 이념」『일본전보』 1941년 3월 15일 「事変下の出版と其理念」『日本電報』1941年3月15日

	1942a	「회고 30년 감사만찬회에 앞선 좌담회」 (이와 나미서점 소장) 「回顧三十年感謝晩餐会に先立つ座談会」 (岩波書店所蔵)
	1942b	「회고 30년 감사만찬회 인사」 『도서』 1942년 12월호 「回顧三十年感謝晩餐会の挨拶」 『図書』 1942年12月号
	1942c	「도야마 미쓰루 옹의 미수를 축하하며」 (이와 나미서점 소장) 「頭山満翁の米寿を祝して」(岩波書店所蔵)
	1942d	「전쟁과 출판의 방향, 영리주의를 배격」 『요미 우리 통신』 1942년 12월 24일 「戦争と出版の方向 営利主義を」 『読売報知』 1942年12月24日
	1943a	「신시샤 맑은 규정의 회고」 (이와나미서점 소 장) 「新詩社清規の回顧」(岩波書店所蔵)
	1943b	「출판인은 이렇게 생각한다」 (『일본독서신문』 좌담회에서의 발언, 1943년 2월 27일) (이와 나미서점 소장) 「出版人は斯く考へる」(『日本読書新聞』座 談会での発言、1943年2月27日)(岩波書店所蔵)
	1943c	「질문에 대한 회답」 『가까이에서』 제7권 제4호 (1943년 4월) 「質問への回答」 『近きより』 第7巻 第4号 (1943年4月)
	1944	「『교육』 폐지에 대해」 (이와나미서점 소장) 「『教 育』の廃止につき」(岩波書店所蔵)
	1945a	「미국과 영국에게 보낸다」 (미발표, 이와나미 서점 소장) 「米英寄す」(未発表、岩波書店所蔵)
	1945b	「인쇄서장」 (1945년 기원절, 이와나미서점 소 장) 「印刷書状」(1945年紀元節、岩波書店所蔵)
	1945c	「귀족원 질문 사항」 (이와나미서점 소장) 「貴族 院質問事項」(岩波書店所蔵)
	1945d	「병상만록」 (이와나미서점 소장) 「病床漫録」(岩波 書店所蔵)
	1945e	「『세계』 창간에 즈음하여」 (초고, 이와나미서 점 소장) 「『世界』の創刊に際して」(草稿、岩波書店所蔵)

	1945f	「쇼와 10년」 (이와나미서점 소장) 「昭和廿年」 (岩波書店所蔵)
	1945g	「일관된 지조의 서적 상인」 『아사히그라프』 1945년 12월 5일호 「操守一貫の書商」 『アサヒグラフ』 1945年12月5日号
	1946a	「요시노 군과 나」 (이와나미서점 소장) 「吉野君と自分」 (岩波書店所蔵)
	1946b	「문화훈장수상의 인사장」 (이와나미서점 소장) 「文化勲章受賞の挨拶状」 (岩波書店所蔵)
	1998	『이와나미 시게오, 시게오 유문 초』 일본도서센터 「岩波茂雄 茂雄遺文抄」 日本図書センター
	n.d.a	「위험사상」 (이와나미서점 소장) 「危険思想」 (岩波書店所蔵)
	n.d.b	「일개 상인으로서의 소감」 (이와나미서점 소장) 「一町人としての所感」 (岩波書店所蔵)
	n.d.c	「무제」 (1945년 후반 혹은 1946년 전반 집필) (이와나미서점 소장) 「無題」 (1945年後半もしくは1946年前半の執筆) (岩波書店所蔵)
이와나미 요시	1947	「노지리 호수에 틀어박힐 무렵부터 고서점 개업 당시까지」 「野尻湖にこもる頃より古本屋開業当時まで」
제일고 자치 기숙사 백년위원회 편	1994	『제일고등학교 자치기숙사 60년사』 제일고등학교 동창회 「第一高等学校 自治寮六十年史」 一高同窓会
차이페이훠	1937	『동아의 아들 이렇게 생각한다』 이와나미서점 「東亜の子かく思ふ」 岩波書店
하라다 와사부로	1947	「무제」 (이와나미서점 소장) 「無題」 (岩波書店所蔵)
하야시 도라오	1947	「이와나미 선생님의 추억」 (이와나미서점 소장) 「岩波先生の思ひ出」 (岩波書店所蔵)
히라이시 노리코	2012	『번민 청년과 여학생의 문학지―「서양」을 다시 읽으며』 신요샤 「煩悶青年と女学生の文学誌―「西洋」を読み替えて」 新曜社

이와나미 시게오 —이와나미서점 창업주—

초판 1쇄 인쇄 2015년 10월 20일
초판 1쇄 발행 2015년 10월 25일

저자 : 나카지마 다케시
번역 : 김수희

펴낸이 : 이동섭
편집 : 이민규, 김진영
디자인 : 이은영, 이경진
영업·마케팅 : 송정환
e-BOOK : 홍인표, 이문영
관리 : 이윤미

㈜에이케이커뮤니케이션즈
등록 1996년 7월 9일(제302-1996-00026호)
주소 : 121-842 서울시 마포구 서교동 461-29 2층
TEL : 02-702-7963~5 FAX : 02-702-7988
http://www.amusementkorea.co.kr

ISBN 979-11-7024-389-2 03320

한국어판©에이케이커뮤니케이션즈 2015

IWANAMI SHIGEO —LIBERAL NATIONALIST NO SHOUZOU—
by Takeshi Nakajima
Copyright©2013 by Takeshi Nakajima
First published 2013 by Iwanami Shoten, Publishers, Tokyo.
This Korean edition published 2015
by AK Communications, Inc., Seoul
by arrangement with the Proprietor c/o Iwanami Shoten, Publishers, Tokyo.

이 책의 한국어판 저작권은 일본 IWANAMI SHOTEN과의 독점계약으로
㈜에이케이커뮤니케이션즈에 있습니다.
저작권법에 의해 한국 내에서 보호를 받는 저작물이므로 무단전재와 무단복제를 금합니다.

이 도서의 국립중앙도서관 출판예정도서목록(CIP)은 서지정보유통지원시스템
홈페이지(http://seoji.nl.go.kr)와 국가자료공동목록시스템(http://www.nl.go.kr/kolisnet)에서
이용하실 수 있습니다. (CIP제어번호: CIP2015025048)

*잘못된 책은 구입한 곳에서 무료로 바꿔드립니다.